遊びを中心とする幼児教育における指導計画作成の難しさは、子どもの主体性と指導の計画性をバランス良く絡ませていくことにあります。子どもの自発的な活動としての遊びを大事にするからといって、ざっくりとした指導計画で偶然に任せるような保育では、子ども一人ひとりが発達に必要な体験を得る機会を保障していくことはできません。しかし、反対に、経験させたい内容を指導計画にたくさん書き込んだとしても、必ずしも子どもの主体的な活動を引き出すことができるわけではありません。おそらく保育者が指導計画に縛られ、子どもの心が離れてしまうことになるでしょう。まさに、幼児教育・保育を実践する保育者には、指導計画作成において、常に「子どもの視点」に立ち戻りながら、具体的なねらいや内容、環境の構成、援助を考え、子どもの主体性と指導の計画性をバランス良く絡ませていくことが求められているのです。

本書は、よりよい保育をめざす保育者たちのために、「子どもの視点」に沿って具体的なねらいや内容、環境の構成、援助を考えていくプロセスが見えるように編集の工夫をしています。若い保育者の場合は、指導計画で使うフレーズに慣れていないため、なかなか適切な表現ができないために本書を手にするかもしれません。また、ベテランの保育者であっても、子どもの見方や保育の進め方に悩み、多面的な子ども理解や保育の考え方を求めて本書を手にすることもあると思います。

本書が、多くの保育者に活用されて、質の高い幼児教育・保育を創り出すための参考の書となることを願っています。

神長 美津子

本書の特長

子どもたちの姿やねらい、必要な援助や環境構成などがわかり、指導計画への理解が深まる1冊です！

1 「ねらい」の関連がわかり、「環境づくり」や「援助」の例がたっぷり！

月・週・日の計画での「ねらい」の関連がよくわかり、「環境づくり」や「援助」の例を多く掲載。「反省・評価」のポイントは大事な視点を押さえられ、次の指導計画へとつなげられます。

2 どんな園でも応用しやすい文例で、自分の園に合わせて書きやすい！

幼稚園、保育園、認定こども園に対応した年・月・週・日の指導計画で、どの園でも応用しやすいので、自分の園に合わせて書けます。

3 指導計画の基本、発達の基本をわかりやすく、丁寧に解説しているので、保育の基礎力もアップ！

巻頭ページでは、指導計画を書くための基本をわかりやすく説明。避難訓練や食育など、保育に必要な計画例も豊富です。

第1章

指導計画の基本を学ぼう

新任
指導計画立案が苦手。でも、子どもたちのことが大好きな新任保育者。

先輩
ベテラン先輩保育者。指導計画作成のコツをわかりやすく解説。

さぁ！
指導計画を書いて、
今月も頑張るぞ！
子どもの姿、今月のねらい、内容、
環境構成、援助…。
今月は保育でどんなことしようかな？
行事に合わせて
製作をする？
外で遊ぼうかな？
でも雨が多いから
なぁ…。
子どもの発達も考えて…、
一人ひとり、でも、
クラス全体の動きも
あるし…。
もう！
どこから考えたら
いいの～！
あら、
どうしたの？
指導計画を書こうと
思うのですが、どこから
考えていいのか…。
子どもの一人ひとりの発達や
興味も知りながら、
クラス全員のこともと思うと難しくて…。
「子どもたちの成長のためにどうしたら
いいのか」という思いがあれば大丈夫！
ポイントはふたつ。「子どもの主体性」
と「指導の計画性」です。
計画を立て、実践をして、振り返る、
そうして保育の質は高まっていくの。
まずは、
子どもたちの姿から
見ていきましょう。
はい！

※ここでは、3歳児の5月の計画の立案を例に紹介します。

項目別！立案のポイント

子どもの姿

立案のポイント

よく見られる姿に注目して！

これまでに見られない、今の時期に特に現れてきた姿を抜き出して、記載します。また、クラス全体を見渡し、よく見られる姿、あるいは共通に見られる姿などに絞って取り上げます。そういった姿こそが、子どもたちが「育とうとしている」姿です。

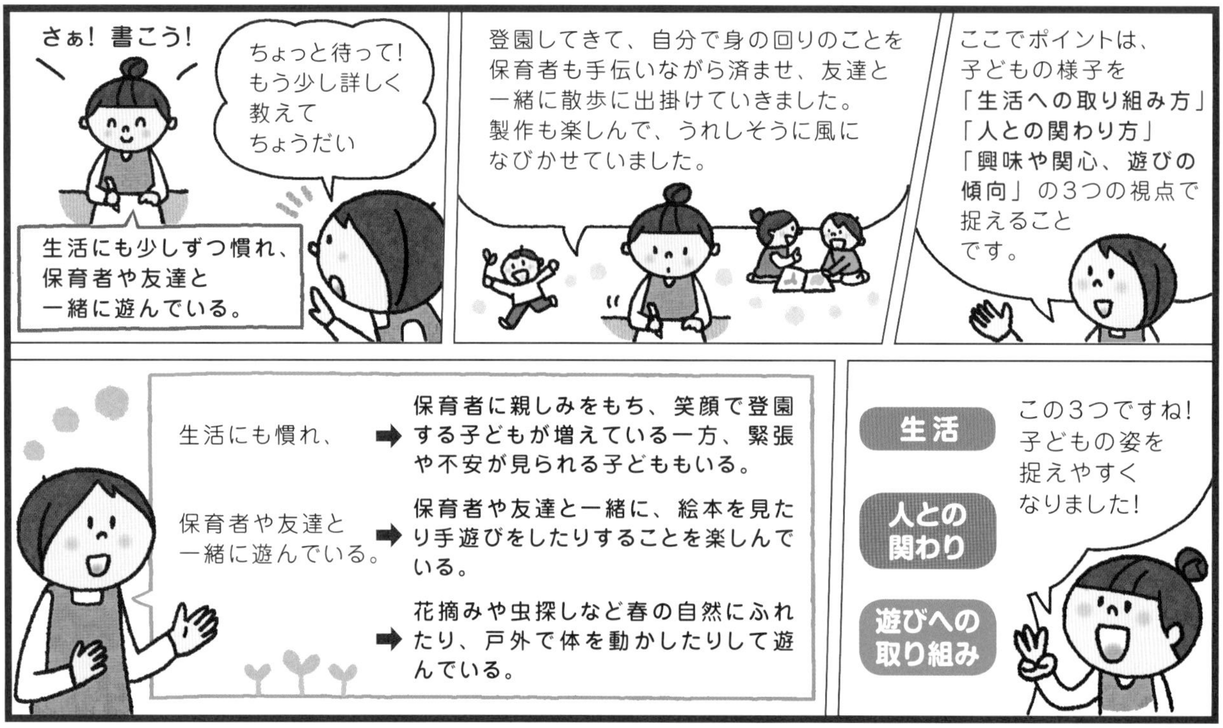

さぁ！書こう！
ちょっと待って！もう少し詳しく教えてちょうだい
生活にも少しずつ慣れ、保育者や友達と一緒に遊んでいる。
登園してきて、自分で身の回りのことを保育者も手伝いながら済ませ、友達と一緒に散歩に出掛けていきました。製作も楽しんで、うれしそうに風になびかせていました。
ここでポイントは、子どもの様子を「生活への取り組み方」「人との関わり方」「興味や関心、遊びの傾向」の3つの視点で捉えることです。
生活にも慣れ、 ➡ 保育者に親しみをもち、笑顔で登園する子どもが増えている一方、緊張や不安が見られる子どももいる。
保育者や友達と一緒に遊んでいる。 ➡ 保育者や友達と一緒に、絵本を見たり手遊びをしたりすることを楽しんでいる。
➡ 花摘みや虫探しなど春の自然にふれたり、戸外で体を動かしたりして遊んでいる。
生活
人との関わり
遊びへの取り組み
この3つですね！子どもの姿を捉えやすくなりました！

➡ P. 8 のマンガへ

書き方のヒント

個人とクラスの両面から見て3つの視点から書いてみよう

前月末の子どもの生活する姿の記録を読み返してみましょう。子どもの「生活への取り組み方」、「人との関わり方」、「興味や関心、遊びの傾向」などを具体的な３つの視点として重点的に見ていくと、まとめやすいでしょう。

生活への取り組み方
興味や関心、遊びの傾向
記録
人との関わり方

例文

- **生活** 保育者に親しみをもち、笑顔で登園する子どもが増えている一方、緊張や不安が見られる子どももいる。
- **人との関わり** 保育者や友達と一緒に、絵本を見たり手遊びをしたりすることを楽しんでいる。
- **遊びへの取り組み** 花摘みや虫探しなど春の自然にふれたり、戸外で体を動かしたりして遊んでいる。

気になるこんなQ&A

Q 4月の初めの姿はどう捉えて書けば良いのでしょうか？

A 前年の担任や保護者とのやり取りをヒントに！

進級児の場合は、前年のクラス担任に話を聞いておき、新入園児の場合は、年間指導計画にそって書きますが、入園式やその次の日の様子を見ながら、適宜修正していきます。

書き方のヒント

抽象的 → 具体的に書こう！

	抽象的	具体的
生活	● 園での生活に慣れ、自分でしようとする。	● 園での生活の流れが分かってきて、自分でしようとしたり、保育者に促されながらしたりしている。
生活	● 後片付けや着替えなど、自分でする子どもが増えてきている。	● 遊んだ後の片付けや支度、汚れていることに自分で気付いて着替えをするなど、進んでしようとする子どもが増えてきている。
人との関わり	● 保育者に親しみ、一緒に遊んでいる。困ったことがあると伝えている。	● 保育者に親しみをもち、話し掛けたり一緒に遊んだりすることを喜んでいる。困ったことを言葉や表情などで伝えている。
人との関わり	● 友達と一緒に遊びを楽しんでいる。	● 友達と一緒に、簡単なルールのある遊びやかけっこなどで思い切り体を動かすことを楽しんでいる。
遊びへの取り組み	● 友達と一緒に遊んでいると、トラブルになることもある。	● 友達と同じ場で遊ぶことを喜んでいる一方で、遊具の取り合いになり、トラブルになることもある。
遊びへの取り組み	● 秋の自然にふれて遊ぶ異年齢児の姿をまねたりしている。	● 落ち葉を集めて焼きイモごっこをしたり、イモのツルで遊ぶ4・5歳児の姿を見てまねたりしている。ドングリや落ち葉を集めて遊ぶことを楽しんでいる。

項目別！立案のポイント

ねらい

立案のポイント

どのような育ちを期待する？

「子どもの姿」の中から分かる育ちつつあるもの（こと）を踏まえて、そこに保育者が育てたいもの（こと）を加え、ねらいとして記載します。月の計画、週の計画、日の計画となるにつれ、具体性がより増していきます。

➡ P. 10 のマンガへ

書き方のヒント

保育者の願いもあるけれど、子ども主体の表現で書こう

子どもがどのような思いをもって成長していってほしいか、という方向性を書くため、「～を楽しむ。」や「～を感じながら」といった子ども主体の表現を用いるとすっきりするでしょう。

例文

- 生活 ● 園生活の仕方を知り、保育者に手伝ってもらいながら、自分でやってみようとする。
- 人との関わり ● 保育者や友達に親しみを感じ、一緒に過ごすことを楽しむ。
- 遊びへの取り組み ● 身近な自然にふれながら、戸外で遊ぶ心地良さを感じる。

書き方のヒント

よく使う文末表現

指針、教育・保育要領のねらいの文末表現を特に抜き出しました。参考にしましょう。

3歳以上児

- ～を味わう。
- 進んで～しようとする。
- ～をもって行動する。
- ～を身につける。
- ～に興味や関心をもつ。
- ～を生活に取り入れようとする。
- ～を豊かにする。
- ～な感性をもつ。
- ～を楽しむ。

項目別！ 立案のポイント

内容

立案のポイント ねらいに向かうために必要な経験は？

ねらいに書いた方向性に向けて育っていくためには、子どもがどのような経験を積み重ねていけばよいか、また、保育者が指導することについても書いていきます。子どもの生活の流れに沿って考えましょう。

例えば、人との関わりでは…
自分のしたいことや、
やってほしいことを、
言葉や動作で伝えることを
経験してほしいなぁ。
そうね、それもOKよ。
他にも考えられるかな？
他にも？
そう！ ねらいを達成するための経験は
ひとつではないのよ！
いろいろな経験が、そのねらいに
向かうのよ。
なるほど～！

ねらいを達成するための
- **保育者が適切に行なう事項**
- **保育者が援助して子どもが環境に関わって経験する事項**

➡ P. 10 のマンガへ

が内容です。
決して保育者側からの押し付けにならないように、「子どもが自ら関わって」経験できるように考えましょう。

書き方のヒント ねらいひとつに対して、いくつかを思い浮かべて書いてみよう

ねらいに対して、それを達成するための経験はひとつとは限らないため、複数の内容が出てくることもあります。

例文

生活
- 身支度、排せつ、着脱など身の回りのことを、保育者と一緒に行なう。
- 遊具の使い方や片付け方などの園内の約束事を知る。

人との関わり
- 保育者や友達がしている遊びに興味をもち、同じ場で遊んだり、まねようとしたりする。
- 保育者や友達と一緒に手遊びをしたり、体を動かしたりする。

遊びへの取り組み
- 戸外で保育者と体を動かして遊ぶ。
- 夏野菜の苗を植えたり、夏に咲く花の種をまいたりする。

書き方のヒント よく使う文末表現

指針、教育・保育要領の内容の文末表現を抜き出しました。参考にしましょう。

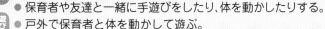

3歳以上児
- 行動する。
- 遊ぶ。
- 取り組む。
- 楽しむ。
- 身に着(付)ける。
- 自分でする。
- 進んで行なう。
- 味わう。
- ～しようとする気持ちをもつ。
- 共感し合う。
- 気付く。
- 親しみをもつ。
- 表現する。
- 尋ねたりする。
- 話す。

項目別! 立案のポイント

環境の構成

立案のポイント

しぜんと関わっていけるように

前月の子どもの姿から、今月のねらいや内容と関連する子どもたちの活動を予想してみましょう。そこから、それぞれの活動について、「ひと」や「もの」、「ば」をどのように構成していけば、子どもたちの主体的な活動を引き出していくことができるのかを様々にシミュレーションしていきます。

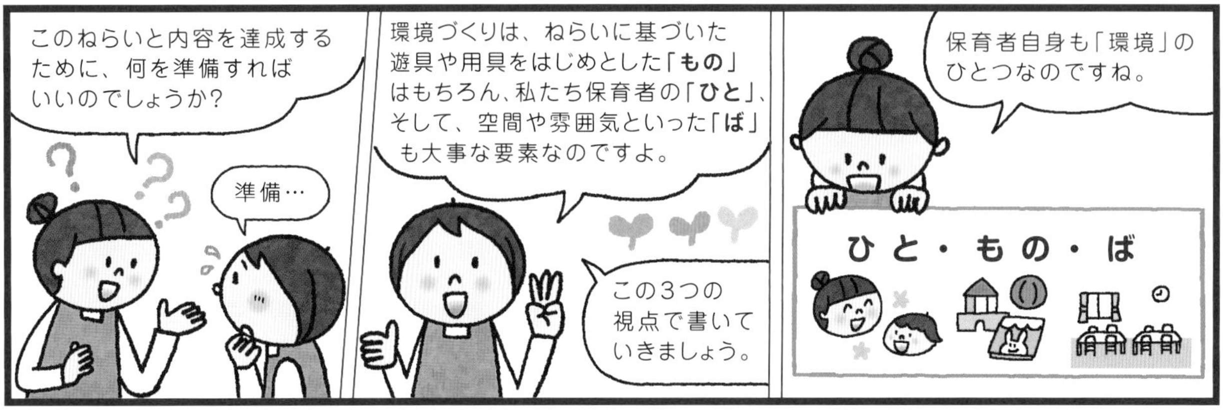

このねらいと内容を達成するために、何を準備すればいいのでしょうか?
準備…
環境づくりは、ねらいに基づいた遊具や用具をはじめとした「もの」はもちろん、私たち保育者の「ひと」、そして、空間や雰囲気といった「ば」も大事な要素なのですよ。
この3つの視点で書いていきましょう。
保育者自身も「環境」のひとつなのですね。
ひと・もの・ば

➡ P. 12 のマンガへ

書き方のヒント

「ひと」「もの」「ば」と子どもの興味や関心から書いてみよう

三つの視点からみましょう。

ひと … 人的環境

保育者や友達など、「ひと」の立ち位置をどうするか?

各時期の遊びに取り組む姿や、保育者との関係などが環境の構成に関わってきます。子ども自らが遊びだせるのであれば、保育者の立ち位置は少し離れた所になります。しかし、子どもが主体的に活動するためのモデルや誘い掛けが必要であれば、保育者は環境の要因となりますから、子どもたちからよく見える所に立ちます。また友達のおもしろそうな遊びの姿も環境の要因となり広がっていきます。

気になる
こんなQ&A

Q 初めに立てた環境と子どもの姿がずれてしまったらどうしたら良いでしょうか。

A 子どもに寄り添って環境を再構成する。

活動の途中で子どもの興味や関心が変わったり、夢中になって関わり、物が足りなくなったりすることがあります。柔軟の捉え、必要に応じて物の補充を行なったり、コーナーをつくっている場合はその内容を変更したりするなど、子どもの実現したいことに寄り添いながら再構成しましょう。また、子ども自身で環境を発展させていけるようにしておくことが大切です。

もの…物的環境

遊具や素材などの「もの」は何が今の発達に合っているか？

ねらいに向けて子どもの活動が発展するために必要な「もの」は何ですか？　また、どのくらい必要ですか。更に、どこに置いておくと、子ども自らが選択して使うことができるでしょうか。同じ「もの」でも、大きさや材質、また置き方などによっても、子どもの活動は変化していくことに留意します。

ば…空間・雰囲気

時間や空間などの「ば」はどのように構成するか？

予想されるそれぞれの活動は、どのような場の雰囲気があると発展するでしょうか。活動に参加してくる子どもの人数や、遊び方、遊びや生活の動線によって、広さや場所が異なります。場の構成では、隣接する遊びとの関係にも配慮します。日頃からの子どもたちの遊びの観察がヒントです。また時間の設定によって、ゆったりとした雰囲気を楽しむ要因となります。

例文

生活

- 身の回りのことを自分でしようとする気持ちを受け止めながら、手伝ったりやり方を知らせたりする。「自分でできた」ことを十分に認め、安心感や満足感をもてるようにする。 ひと 援助
- 5歳児に場や遊具の使い方を教えてもらいながら園探検をし、園への安心感や興味をもったり、約束事を知ったりできるようにする。 ひと ば

人との関わり

- 友達や友達の遊びに興味をもてるように、同じ場で遊んでいる中で仲立ちをし、一人ひとりの名前を呼ぶ機会をもつ。 ひと ば
- 遊具や順番の取り合い、思いが通らないことなどから起きるトラブルでは、子どもの思いを丁寧に受け止め、友達の思いを伝え、関わり方を知らせていく。 ひと 援助

遊びへの取り組み

- 保育者が一緒に、体を動かして遊んだり、飼育物や身近な草花、虫を見たり触ったりする中で、戸外で遊ぶ楽しさや興味をもったことに共感していく。 援助 もの
- 夏野菜の苗や花の種まきを子どもと一緒にし、土に触れたり水やりをしたりしながら、生長に興味をもてるようにする。 もの ひと

項目別! 立案のポイント

援助

立案のポイント

受容的、応答的な関わりを心掛けよう

保育者の援助には、子どもがねらいの方向に向かうために、保育者がどのように関わっていけば良いかを記載します。

➡ P. 14のマンガへ

書き方のヒント

具体的にどのような場面で、どのように関わるかを書こう

子どもが自分からやってみようと思えるようにするために、見守ったり、受け止めたり、思いに応えたりする受容と応答の関わりが基本となります。また子どもの遊びが行き詰まるなどしたときには、子どもと一緒に考えたり、共に試行錯誤したりする保育者（共同作業者）としての関わりも必要でしょう。

例文

- **生活** ● 身の回りのことを自分でしようとする気持ちを受け止めながら、手伝ったりやり方を知らせたりする。「自分でできた」ことを十分に認め、安心感や満足感をもてるようにする。
- **人との関わり** ● 遊具や順番の取り合い、思いが通らないことなどから起きるトラブルでは、子どもの思いを丁寧に受け止め、友達の思いを伝え、関わり方を知らせていく。
- **遊びへの取り組み** ● 保育者が一緒に、体を動かして遊んだり、飼育物や身近な草花、虫を見たり触ったりする中で、戸外で遊ぶ楽しさや興味をもったことに共感していく。

気になる
こんなQ&A

Q 援助と指導の違いは？

A 環境を通して行なう教育のほとんどは「援助」

環境を通して行なう教育では、子どもが環境に関わって生み出す活動を通して指導を行なっていくので、指導のほとんどが「援助」となります。保育者から子どもに直接に働き掛ける指導の場面は少なく、ねらいを環境に込めて行なう間接的な指導が行なわれています。

気になる
こんなQ&A

Q 人的環境と援助の違いは？

A 保育者が援助する姿が人的環境となる

人的環境の中で、保育者は大きな環境の要因です。「保育の中で、保育者が様々に援助している姿」が、子どもの活動に意味をもつ人的環境となっていくのです。人的環境には、友達や園長先生や給食の調理員の方々、地域の方々などの様々な人々が、子どもの活動に意味をもつ環境の要因となる可能性があります。

書き方のヒント

援助の手立てと文末表現のヒント

	援助の内容	子どもの心に育つもの	文章表現
心のよりどころ	●温かなまなざし ●困っていることを察して動く	●人とつながる安心感 ●保育者との信頼関係を築く	例 ●思いが言葉にならないことに配慮して、その気持ちを受け止める
よき理解者	●心の動きに寄り添う ●言葉にできない思いを言葉にして知らせていく	●自分の思いを素直に表現する喜びや充実感を味わう	例 ●〜の気持ち受け止めていく
憧れのモデル	●少し大げさに、或いはゆっくり動きながら、遊び方ややり方を伝えていく	●喜んでいろいろな活動を楽しむようになる	例 ●保育者の動きをまねながら遊び方を知っていけるようにする
共同作業者	●一緒に行動しながら、そのおもしろさを伝える ●子どもが楽しんでいることを理解する	●共感が生まれ、心が豊かになる ●活動への意欲をもつ	例 ●一緒に行動しながら遊びの楽しさを感じ、遊びへの意欲をもたせていく
必要な援助	●考えるヒントを提供する	●やり遂げることの喜びを味わう	例 ●できないところを援助し、やり遂げようとする気持ちをもたせていく

項目別! 立案のポイント

反省・評価

立案のポイント

子どもの育ちと自らの振り返りから考えよう

反省・評価には、子どもがどのように育ったかの評価と、自らの保育の振り返りの両面があります。

書き方のヒント

ねらいに立ち戻って考えてみよう

子どもの育ちは、一人ひとりが計画を立てる前と保育をした後、どのような良さを発揮してどのように育ったかを見る「個人内評価」が基本です。また、保育の振り返りは、自分の立てた計画（特にねらい）が目の前の子どもの興味や関心に沿っていたか、発達の流れに合っていたかなどを見ながら、ねらいに立ち戻って考え、次の計画を立てる際、より良くなるように努めます。

書き方のヒント 次の保育に生かそう

子どもの姿から指導計画を立てて保育を行ない、それを反省し、また子どもの姿と発達の道筋からねらいを立てていく、というサイクルを繰り返し行ないます。保育の計画や記録は、次の日、週、月、年の計画に反映されて、ますます子どもの姿に沿った保育を行なっていけるようになります。

書き方のヒント 保育者間で共有しよう

保育者間でも振り返りを行なってみましょう。そうすることで、互いの理解と協働性が強まります。その保育の見通しが、日々の指導計画の見直し、ひいては全体的な計画の改善へとつながります。

ねらい 例文 反省・評価のポイント

	ねらい	反省・評価のポイント
生活	●身の回りのことを自分でしようとする気持ちを受け止めながら手伝ったりやり方を知らせたりする。「自分でできた」ことを十分に認め、安心感や満足感をもてるようにする。	●身の回りのことを自分なりに、やってみようとしていたか。
人との関わり	●遊具や順番の取り合い、思いが通らないことなどから起きるトラブルでは、子どもの思いを丁寧に受け止め、友達の思いを伝え、関わり方を知らせていく。	●好きな遊びを見つけたり、保育者や友達に親しみを感じながら遊んだりできるような援助や環境構成ができたか。
遊びへの取り組み	●保育者が一緒に、体を動かして遊んだり、飼育物や身近な草花、虫を見たり触ったりする中で、戸外で遊ぶ楽しさや興味をもったことに共感していく。	●身近な自然にふれ、戸外で遊ぶ心地良さを感じられたか。

※上記のようにねらいに沿ったポイントを押さえて、反省・評価を具体的に書いていきましょう。

健康・食育・安全

その月の大切なことを具体的に書く

それぞれの園の年間の計画を基に、その年齢・その月において特に大切なことを書きます。

書き方のヒント

季節の変わり目には衣服の調整を意識することや、旬の食材にふれることなどがあげられるでしょう。というように、健康・食育・安全それぞれに配慮することを具体的に思い浮かべながら書いていきます。

例文

- 保育時間が長くなることで疲れも出やすくなるので、体調を見ながらゆったりと過ごす時間を設けていく。
- 保育者や友達と食事をする楽しさを感じられるように環境の工夫をする。
- 場に慣れてきて行動範囲や動きが広がることから、保育者間の連携を密にし、安全に配慮する。

長時間保育

心身の疲れや午前中の保育との関連に留意

預かり保育や早朝・延長保育など、園で長時間にわたって保育を受ける子どものために考えます。

書き方のヒント

基本的には、午前中の保育で疲れた心と体を休め、切り替えていけるように、家庭的な雰囲気でゆったりと過ごすことを中心に書いていきましょう。

例文

- 安心して遊びを見つけて楽しめるように、ブロックや塗り絵など、親しみのある遊具を十分な数を用意する。

保育者等のチームワーク

様々な職種とのチームワークを心掛けて

クラス担任だけでなく、様々な職種との連携を取るために大切にしたいことを記載します。

書き方のヒント

クラス担任間、預かり保育担当、特別支援担当、早朝保育や延長保育の担当、看護師や栄養士など、いろいろな立場の人が子どもに関わって行なわれる保育が、スムーズにできるよう、チームワークがうまく働くようにしていきましょう。

例文

● 園や保育者に親しみをもって関われるように、子どもたちの遊びや様子の情報共有を図り、声を掛けたり見守ったりする。

家庭・地域との連携

保護者に伝えることと、地域の子育て支援の拠点であることを考えて

保護者に伝える園で行なっていることや、地域の子育て支援の拠点として家庭や地域との連携で特に留意することを記載します。

書き方のヒント

家庭への連絡や図書館や公園などの地域環境を生かすこと、地域の老人会など人と関わることなど、幅広く考えましょう。

例文

● 連休明けは、保護者から離れることを渋る姿が見られることもある。家庭での過ごし方を聞き援助に生かしたり、園で遊んでいる様子を伝えたりするなど、家庭との連携を密に取り、保護者も安心できるようにする。

指導計画作成の流れ

指導計画は、子どもたちの実態を把握し、発達と保育内容を見通して、『幼稚園教育要領』『保育所保育指針』『幼保連携型認定こども園教育・保育要領』に寄り添いながら、それぞれに計画を立案します。

指導計画ってなぜ必要？

指導計画とは、保育が行き当たりばったりにならないようにするためのものです。ざっくりとした計画を偶然に任せるような保育では、子どもが育つために必要な経験を得る機会を保障していくことはできません。しかし反対に、育てたい思いだけを書き込んだとしても、子どもの主体的な活動を確保できる訳でもありません。

一人ひとりの発達を保障する園生活をつくり出し、またそれが子どもの視点に立ったものであることを意識するために、指導計画は必要なのです。

カリキュラム・マネジメントって？

カリキュラム・マネジメントとは、計画を作り、それを基に保育を行ない、その後評価していく中で、保育の改善を重ねていく一連のサイクルのことです。

園で目指す子どもたちの育ちに向けて、教職員全体で組織的に行なう必要があります。

園全体で作る計画はもちろん、日々の月の計画・週の計画にも関わってくることです。作った計画が実情に合っていたかどうか評価し、常に改善していくことは、園の保育の質の向上とともに、保育者の専門性の向上につながります。

全体的な計画とは

全体的な計画は、子どもが園に在籍している期間の全体にわたって、保育の目標を達成するためにどのような道筋をたどり、保育を進めていくかを示すものです。発達過程に沿い、それぞれの時期の生活や遊びで、子どもがしていく経験と、その際の援助を明らかにすることを目的とし、園全体で作成します。

各施設での仕組み

年の計画、月の計画、週の計画など作成する指導計画は全て、この全体的な計画を基盤として考えていきましょう。

幼稚園

登園してから預かり保育を受けて降園する子どもがいる場合、従来の教育課程だけでは、預かり保育の計画や安全の計画をカバーし切れない面があります。ですから、学校保健計画、学校安全計画、預かり保育の計画などとともに、より関連させて作成する必要があります。

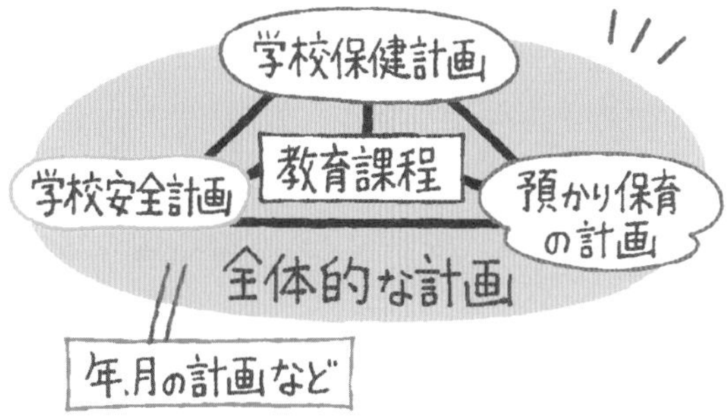

保育園

2018年施行の保育所保育指針で、乳児・1歳以上満3歳未満児にねらい・内容が示され、全年齢に内容の取扱いが示されたことから、改めてこれらを組み入れながら全体的な計画を作成する必要があります。なお、これに基づいて、毎月の指導計画、保健計画、食育計画を立てていきます。

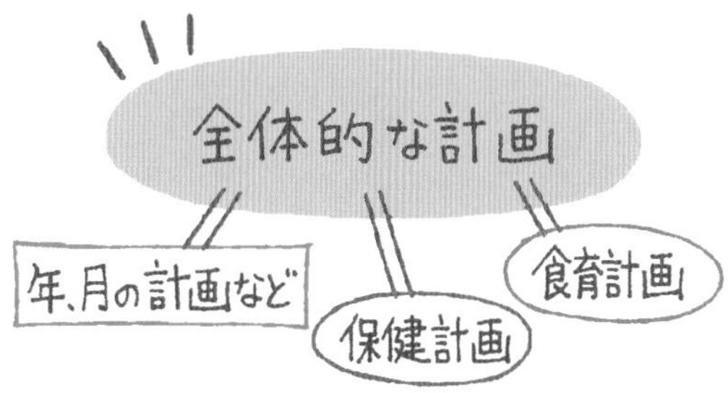

幼保連携型認定こども園

認定こども園は、教育及び保育を行なう学校としての機能と、児童福祉施設としての機能を併せもっており、更に特色として、子育て支援の義務化が挙げられます。そのため、右の図のように、一時預かり事業や延長・夜間・休日保育といった、子育て支援の計画も関連させながら作り上げる必要があります。

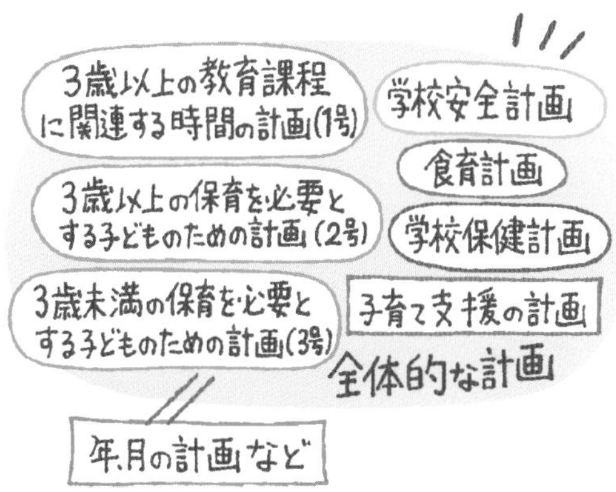

よくわかる! 指導計画の全体

各計画とそのつながり

指針　要領

↓

全体的な計画

子どもが園に在籍している期間の全体にわたって、保育の目標を達成するためにどのような道筋をたどり保育を進めていくか、園全体で示します。

↓

長期の指導計画

年の計画

全体的な計画で考えられる1年間の教育内容を基に、それぞれの時期に必要な子どもの経験を示します。

それぞれの計画は
歯車みたいに
連動しているんだ!

月の計画

その月における子どもの生活の流れを見通して具体的なねらいや内容、環境の構成などを中心に作ります。

短期の指導計画

週の計画

1週間の保育記録を読み返し、特によく見られる、またこれまで見られなかった子どもの姿から、「なぜこのような行動を取るのか」「何が育ちつつあるのか」「そのためにどうするのか」などについて検討します。

日の計画

特に、前日の子どもの姿から、一人ひとりの行動への理解を深め、それを基にその日の子どもの活動の姿を思い描きながら、場のつくり方や必要な遊具・用具、その配置、保育者の関わりなどを最も具体的に記入します。

それぞれの計画が
毎日の保育と
つながっているんだね!

↕

毎日の保育

よくわかる！指導計画の全体

年の計画

立案のポイント

一年間の子どもの発達や園生活を見通して

『幼稚園教育要領』『保育所保育指針』『幼保連携型認定こども園教育・保育要領』の趣旨を踏まえ、全体的な計画を基に作成します。一年間の発達や生活を見通し、Ⅰ～Ⅳ期に分け、それぞれの発達の時期に育てたいことやどのような保育内容を考えていくかについて明らかにします。月の計画の立案時のよりどころとなる重要なものなので、一年間、折に触れて参考にしましょう。

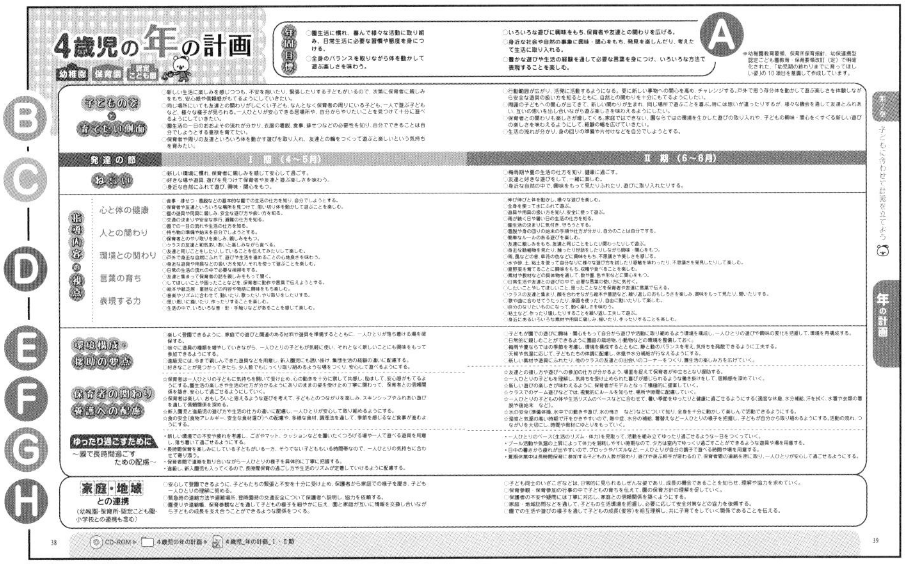

Ⓐ 年間目標

園の保育・教育目標に沿って設定します。入園から終了までを見通し、どのような過程を経て目標に向かうことができるのか、子どもの発達の視点から考えることが大切です。

Ⓑ 子どもの姿と育てたい側面

一年間の園生活の流れを予測し、その中で見せる子どもの姿です。各園において、毎年保育実践を重ねる中で捉えた姿なので、それぞれの時期に育てたい幼児の姿でもあります。

Ⓒ ねらい

全体的な計画を念頭に置き、この時期に育てたいことを、子どもの実態を踏まえて具体的に示します。

Ⓓ 指導内容の視点

ねらいを身につけていくために、指導する内容です。総合的に考えていくために、５つの発達の諸側面から捉えます。また、一年間という長いスパンなので、指導の「視点」として大まかに押さえましょう。

Ⓔ 環境構成・援助の要点

指導内容に沿って、具体的な環境の構成や、必要な保育者の関わりや援助の要点を記入します。

Ⓕ 保育者の関わり　養護への配慮

指導内容に沿って、必要な保育者の関わりや援助の中で、養護への配慮について記入します。

Ⓖ ゆったり過ごすために ～園で長時間過ごすための配慮～

心身の疲れへの配慮や午前中の保育との連携などの留意すべき事項を記載します。

Ⓗ 家庭・地域との連携（幼稚園・保育所・こども園・小学校との連携も含む）

家庭への連携事項も含め、それぞれの時期に連携すべき内容や連携の仕方を記入します。

よくわかる！指導計画の全体

指導計画とその展開

4月の計画
なじみの中にも新たな雰囲気を配慮して

年の計画の内容を基に、その月の保育の方向を示しています。月の計画、週の計画、日の計画を考えるときのよりどころにしてください。

月の計画にある「幼児の姿」を読み取る視点とリンクするように、〈生活〉〈人との関わり〉〈遊びへの取り組み〉にふれています。３歳児クラスの頃から徐々に、「幼児期の終わりまでに育ってほしい姿」への意識を高めていきましょう。

月の計画

立案のポイント

月の中で具体的に子どもの育ちを考える

年の計画をよりどころとして、その月における子どもの生活の流れを見通して作成するものです。子どもが充実した生活を送ることができるよう、具体的なねらいや内容、環境の構成を考えます。

「ねらい」を身につけるための「幼児の経験する内容」と、それに沿った「具体的な環境の構成と保育者の援助」の三者のつながりに留意し、作成することが大切です。一人ひとりを大切にしながら、集団としての育ちを図りましょう。

文末のアルファベットは、月の計画と週の計画のねらいの関連を示しています。

指導計画から学ぶ　～保育力アップ～
本書では、月の計画の中から、子どもたちの「学びの芽」が強く意識できる部分を特に抜き出してマーカーを引き、解説しています。立案の参考にしてください。

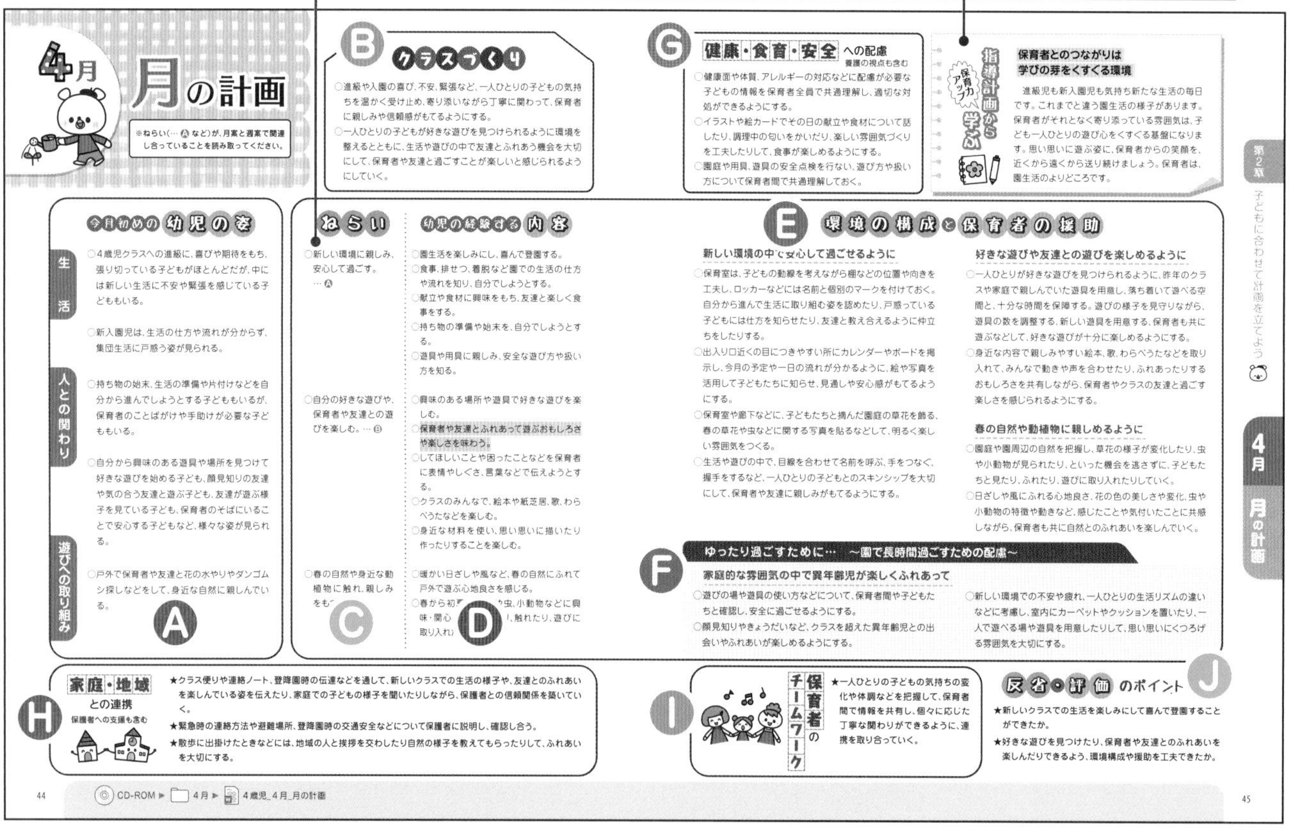

4月 月の計画

※ねらい（…Ⓐなど）が、月案と週案で関連し合っていることを読み取ってください。

B クラスづくり
○進級や入園の喜び、不安、緊張など、一人ひとりの子どもの気持ちを温かく受け止め、寄り添いながら丁寧に関わって、保育者に親しみや信頼感がもてるようにする。
○一人ひとりの子どもが好きな遊びを見つけられるように環境を整えるとともに、生活や遊びの中で友達とふれあう機会を大切にして、保育者や友達と過ごすことが楽しいと感じられるようにしていく。

G 健康・食育・安全への配慮 養護の視点も含む
○健康面や体質、アレルギーの対応などに配慮が必要な子どもの情報を保育者全員で共通理解し、適切な対処ができるようにする。
○イラストや絵カードでその日の献立や食材について話したり、調理中の匂いをかいだり、楽しい雰囲気づくりを工夫したりして、食事が楽しめるようにする。
○園庭や用具、遊具の安全点検を行ない、遊び方や扱い方について保育者間で共通理解しておく。

保育力アップ 指導計画から学ぶ
保育者とのつながりは学びの芽をくすぐる環境
進級児も新入園児も気持ち新たな生活の毎日です。これまでと違う園生活の様子があります。保育者がそれとなく寄り添っている雰囲気は、子ども一人ひとりの遊び心をくすぐる基盤になります。思い思いに遊ぶ姿に、保育者からの笑顔を、近くから遠くから送り続けましょう。保育者は、園生活のよりどころです。

A 今月初めの幼児の姿
生活
○4歳児クラスへの進級に、喜びや期待をもち、張り切っている子どもがほとんどだが、中には新しい生活に不安や緊張を感じている子どももいる。
○新入園児は、生活の仕方や流れが分からず、集団生活に戸惑う姿が見られる。
人との関わり
○持ち物の始末、生活の準備や片付けなどを自分から進んでしようとする子どももいるが、保育者のことばがけや手助けが必要な子どももいる。
○自分から興味のある遊具や場所を見つけて好きな遊びを始める子ども、顔見知りの友達や気の合う友達と遊ぶ子ども、友達が遊ぶ様子を見ている子ども、保育者のそばにいることで安心する子どもなど、様々な姿が見られる。
遊びへの取り組み
○戸外で保育者や友達と花の水やりやダンゴムシ探しなどをして、身近な自然に親しんでいる。

C ねらい
○新しい環境に親しみ、安心して過ごす。…Ⓐ
○自分の好きな遊びや、保育者や友達との遊びを楽しむ。…Ⓑ
○春の自然や身近な動植物に触れ、親しみをも…

D 幼児の経験する内容
○園生活を楽しみにし、喜んで登園する。
○食事、排せつ、着脱など園での生活の仕方や流れを知り、自分でしようとする。
○献立や食材に興味をもち、友達と楽しく食事をする。
○持ち物の準備や始末を、自分でしようとする。
○遊具や用具に親しみ、安全な遊び方や扱い方を知る。
○興味のある場所や遊具で好きな遊びを楽しむ。
○保育者や友達とふれあって遊ぶおもしろさや楽しさを味わう。
○してほしいことや困ったことなどを保育者に表情やしぐさ、言葉などで伝えようとする。
○クラスのみんなで、絵本や紙芝居、歌、わらべうたなどを楽しむ。
○身近な材料を使い、思い思いに描いたり作ったりすることを楽しむ。
○暖かい日ざしや風など、春の自然にふれて戸外で遊ぶ心地良さを感じる。
○春から初…虫、小動物などに興味・関心…、触れたり、遊びに取り入れ…

E 環境の構成と保育者の援助
新しい環境の中で安心して過ごせるように
○保育室は、子どもの動線を考えながら棚などの位置や向きを工夫し、ロッカーなどには名前と個別のマークを付けておく。自分から進んで生活に取り組む姿を認めたり、戸惑っている子どもには仕方を知らせたり、友達と教え合えるように仲立ちをしたりする。
○出入り口近くの目につきやすい所にカレンダーやボードを掲示し、今月の予定や一日の流れが分かるように、絵や写真を活用して子どもたちに知らせ、見通しや安心感がもてるようにする。
○保育室や廊下などに、子どもたちと摘んだ園庭の草花を飾る、春の草花や虫などに関する写真を貼るなどして、明るく楽しい雰囲気をつくる。
○生活や遊びの中で、目線を合わせて名前を呼ぶ、手をつなぐ、握手をするなど、一人ひとりの子どもとのスキンシップを大切にして、保育者や友達に親しみがもてるようにする。

好きな遊びや友達との遊びを楽しめるように
○一人ひとりが好きな遊びを見つけられるように、昨年のクラスや家庭で親しんでいた遊具を用意し、落ち着いて遊べる空間と、十分な時間を保障する。遊びの様子を見守りながら、遊具の数を調整する、新しい遊具を用意する、保育者も共に遊ぶなどして、好きな遊びが十分に楽しめるようにする。
○身近な内容で親しみやすい絵本、歌、わらべうたなどを取り入れて、みんなで動きや声を合わせたり、ふれあったりするおもしろさを共有しながら、保育者やクラスの友達と過ごす楽しさを感じられるようにする。

春の自然や動植物に親しめるように
○園庭や園周辺の自然を把握し、草花の様子が変化したり、虫や小動物が見られたり、といった機会を逃さずに、子どもたちと見たり、ふれたり、遊びに取り入れたりしていく。
○日ざしや風にふれる心地良さ、花の色の美しさや変化、虫や小動物の特徴や動きなど、感じたことや気付いたことに共感しながら、保育者も共に自然とのふれあいを楽しんでいく。

F ゆったり過ごすために…　～園で長時間過ごすための配慮～
家庭的な雰囲気の中で異年齢児が楽しくふれあって
○遊びの場や遊具の使い方などについて、保育者間や子どもたちと確認し、安全に過ごせるようにする。
○顔見知りやきょうだいなど、クラスを超えた異年齢児との出会いやふれあいが楽しめるようにする。
○新しい環境での不安や疲れ、一人ひとりの生活リズムの違いなどに考慮し、室内にカーペットやクッションを置いたり、一人で遊べる場や遊具を用意したりして、思い思いにくつろげる雰囲気を大切にする。

H 家庭・地域との連携 保護者への支援も含む
★クラス便りや連絡ノート、登降園時の伝達などを通して、新しいクラスでの生活の様子や、友達とのふれあいを楽しんでいる姿を伝えたり、家庭での子どもの様子を聞いたりしながら、保護者との信頼関係を築いていく。
★緊急時の連絡方法や避難場所、登降園時の交通安全などについて保護者に説明し、確認し合う。
★散歩に出掛けたときなどには、地域の人と挨拶を交わしたり自然の様子を教えてもらったりして、ふれあいを大切にする。

I 保育者のチームワーク
★一人ひとりの子どもの気持ちの変化や体調などを把握して、保育者間で情報を共有し、個々に応じた丁寧な関わりができるように、連携を取り合っていく。

J 反省・評価のポイント
★新しいクラスでの生活を楽しみにして喜んで登園することができたか。
★好きな遊びを見つけたり、保育者や友達とのふれあいを楽しんだりできるよう、環境構成や援助を工夫できたか。

第2章 子どもに合わせて計画を立てよう　4月 月の計画

44　CD-ROM ▶ 4月 ▶ 4歳児_4月_月の計画　45

A 前月末（今月初め）の幼児の姿

前月末（今月初め）の子どもの生活する姿の記録を読み返し、これまでには見られない、今の時期に顕著に現れてきた姿を特に捉え、記載します。
クラス全体を見渡し、よく見られる、あるいは共通に見られる姿に絞って取り上げます。特に、子どもの生活への取り組み方、人との関わり方、興味や関心・遊びの傾向などを具体的な３つの視点として重点的にまとめます。

幼児の生活する姿を捉えるポイントとして
幼児の姿を捉える際に、各園で保育者が共通の視点をもつように努めることが大切です。保育は総合的に指導されるものなので、５領域を踏まえますが、教科のように区切ることはしません。いきなり５領域で具体的な姿を読み取ることが難しいからです。本指導計画では、より子どもの姿を具体的に捉えやすい視点として「生活」「人との関わり」「遊びへの取り組み」の３点を挙げています。保育指針や教育・保育要領でも総合的に保育していくことの大切さが示されています。
参考文献：文部科学省『幼稚園教育指導資料第１集・指導計画の作成と保育の展開』平成 25 年 7 月改訂、P.43

B クラスづくり

クラスが子ども一人ひとりを生かす集団であるためには、保育者の働き掛けが必要です。一年間を見通し、時期に応じて適切な働き掛けをするための視点として今月のクラスがどうなってほしいかを記載します。

C ねらい

前月末（今月初め）の子どもの姿から、育ちつつあるもの（こと）や保育者が育てたいもの（こと）をねらいとして記載します。
ねらいを設定するには、一人ひとりの興味や関心などに目を向けることが大切です。

ねらいと内容は、園生活における子どもの発達過程を見通した、子どもの生活の連続性、興味や関心、発達の実情などに応じたものにします。

D 幼児の経験する内容

子どもがねらいを身につけていくためには、どのような経験を積み重ねていくことが必要なのか、具体的な子どもの生活に沿って考えます。
子どもが経験する事項は、保育者の指導する事項でもあります。

E 環境の構成と保育者の援助

環境の構成として、子どもが発達に必要な経験をしぜんに積み重ねていくために適切な環境や、具体的に必要な物などを記載します。特に季節などの周囲の環境を取り入れながら、その月のねらいや内容に沿った環境の構成を考えます。

保育者の援助には、子どもがねらいを身につけていくために適切な保育者の援助を記載します。遊びの動線に配慮した空間の構成、遊具や物の吟味や、子どもとどう関わるかなど、子どもが自ら展開できるものについて、具体的に記述します。

※本書の月の計画では、それぞれの環境構成と援助に込める保育者の意図を、視点として小見出しにしています。

F ゆったり過ごすために ～園で長時間過ごすための配慮～

○幼稚園では教育課程時間外の預かり保育など、保育所では開所時間の最大の利用などにより、園で長時間過ごす子どもへのニーズが高まっています。特に心身の疲れへの配慮や午前中の保育との連携などの留意すべき事項を記載します。
○季節や年中行事など、その月ならではの体験を取り入れたり、地域資源を活用したりするなど、地域や家庭での生活を支援することにも配慮します。
○幼稚園・保育所・認定こども園を想定し、「幼保連携型認定こども園教育・保育要領」の総則（※）に基づき、指導計画に位置付けます。

※長時間にわたる保育については、園児の発達の過程、生活リズム及び心身の状態に十分配慮して、保育の内容や方法、職員の協力体制、家庭との連携などを指導計画に位置付けること。

G 健康・食育・安全への配慮（養護の視点も含む）

要領、指針、教育・保育要領に、健康・食育・安全に関する内容が書かれていることを受けて、養護の視点も含みながら、当月配慮することを具体的に記載します。

H 家庭・地域との連携（保護者への支援も含む）

保護者の幼児期の教育に関する理解を深めることと、小学校教育との円滑な接続のための連携を目的とします。その月の園生活を考えるにあたって、家庭や地域との連携で特に留意することを記載します。この欄は、家庭への連絡から地域環境を生かすことまで、幅広く考えています。特に、家庭との連携については、家庭で自信をもって子育てができるための支援について具体的に書きます。

I 保育者のチームワーク

クラス担任間、預かり保育担当、特別支援担当、早朝保育や延長保育の担当、看護師や栄養士など、様々な保育者が子どもに関わります。チームワークとして大切にしたいことを記載します。

J 反省・評価のポイント

指導計画の改善を図ることが目的です。その月の反省・評価の観点を記載しています。保育の評価は、指導の過程の全体に対して行なわれるものであり、「子どもの発達の理解」と「保育者の指導の改善」の両面から行なうことが大切です。

よくわかる! 指導計画の全体

週の計画

立案のポイント

一週間の保育記録を読み返して

月の計画を基に、前週のねらい、内容、環境の構成、保育者の援助のそれぞれについて反省・評価することが、週の計画を作成するスタートです。一週間の保育記録を読み返し、心に残る子どもの姿から、「なぜこのような行動を取るのか」「何が育ちつつあるのか」「そのためにどうするのか」などについて検討し、ねらい、内容、環境の構成、保育者の援助を考えます。

※月により５週分を４週分に分けている場合があります。

4月 週の計画

1週 4/1(月)~6(土)

今週の予定 進級、入園

※ねらい(… Ⓐ など)が、月案と週案で関連し合っていることを読み取ってください。

Ⓐ 週の初めの 幼児の姿

○進級児は進級を喜び、新しい友達が入園することを楽しみにしている反面、新しい生活に不安な様子も見られる。
○新入園児は、笑顔で登園する姿や、緊張や不安を示す姿などが見られる。
○保育者と関わったりそばにいたりすることで安心している。

Ⓑ Ⓒ ねらい○と内容・

○進級や入園を喜び、新しい生活に期待をもつ。…
○保育者や友達と、生活したり遊んだりする楽しさを感じる。…Ⓑ
・新しいクラスや保育者、友達を知り、園生活を楽しみにする。
・持ち物の準備や始末など、生活の仕方を知る。
・してほしいことや困ったことを、保育者に伝えようとする。
・保育者や友達と、絵本を見たり歌をうたったりして楽しむ。
・室内や戸外で、自分の安心できる場やしたいことを見つけて遊ぶ。

Ⓓ Ⓔ Ⓕ 具体的な環境◆と保育者の援助○

◆新しいクラスでの生活の仕方を知り、安心して過ごせるように、ロッカーや靴箱などに名前と個別のマーク(進級児は入園時から引き続き使っている)を付け、身支度などの手順を絵や写真で表示しておく。
○新しい生活への喜びや不安など、子どもの気持ちを受け止め、一人ひとりの名前を呼んだりふれあったりして、安心感や期待感がもてるようにする。
○持ち物の準備や始末などは、保育者が丁寧に場所や仕方を知らせ、自分なりに取り組もうとする姿を認めて、できた喜びが感じられるようにする。
○一人ひとりの表情やしぐさ、言葉から気持ちをくみ取り、温かく受け止めながら、個々に応じた言葉の掛け方や接し方を工夫していく。
◆子どもたちの身近な生活や自然に関する絵本、エプロンシアターを見る、知っている歌をうたうなど、みんなで楽しむ時間を毎日少しずつもつ。
絵本:「ころちゃんはだんごむし」
「ぐるんぱのようちえん」
♪:「チューリップ」「とんとんとんとんひげじいさん」
「だんごむしたいそう」
エプロンシアター:「おおきなかぶ」
◆室内にままごとや積み木、描画、絵本などのコーナーを用意し、落ち着けるようについ立てやカーペットで場を仕切っておく。また、思わず遊びたくなるように、積み木を並べたり机の上に描画の材料を出しておいたりする。
○進級児が興味のある遊びを楽しむ姿を見守り、保育者も遊びに参加したり、友達と誘い合えるように橋渡しをしたりして、新入園児の遊びへのきっかけをつくっていく。
◆戸外でゆったりと過ごす時間をもち、早咲きや遅咲きのサクラの開花の様子を見る、チューリップやパンジーの水やりをする、ダンゴムシを探すなど、身近な自然にふれる機会を大切にする。
○保育者が率先して水やりをしながら、一人ひとりが自然とのふれあいを楽しんでいる様子を見逃さずに共感していく。

Ⓖ 反省・評価のポイント

★新しいクラスや保育者、友達などを知り、園生活を楽しみにする気持ちをもてたか。
★進級児、新入園児のそれぞれの気持ちに寄り添って関わったり、安心して過ごせる環境を構成したりすることができたか。

46 CD-ROM ▶ 4月 ▶ 4歳児_4月_1・2週の計画

ねらいの文末のアルファベットは、月の計画と週の計画のねらいの関連を示しています。

Ⓐ 前週（週の初め）の幼児の姿

前週（週の初め）の生活について記録を参考にしながら振り返り、特に心に残る幾つかの出来事から、子どもの思いや経験していることを捉えて記載します。

Ⓑ ねらい

前週の幼児の姿から、子どもの中に育てたいことを「ねらい」とします。ねらいは様々な経験を積み重ね、次第に身につくものなので、同じようなねらいが何週間か続くこともあります。
前週の週の計画を反省・評価し、週のねらいと照らし合わせ、その週のねらいを設定することが大切です。

Ⓒ 内容

週のねらいを身につけるために、子どもがどのような経験をすればよいのか、前週の子どもの活動を思い浮かべながら、具体的に記載します。子どもが経験する事項は、保育者の指導する事項でもあります。

Ⓓ 具体的な環境

その週のねらいを子どもが身につけていくためには、あらかじめどのような環境が用意されれば良いのか、前週の子どもの活動に沿って具体的に考えます。子どもの興味や関心、遊びの動線が手掛かりとなります。

Ⓔ 保育者の援助

子どもがねらいを身につけていくために活動する中で必要な保育者の援助を記載します。

Ⓕ 予想される幼児の活動

あらかじめ用意された環境に関わって生み出される子どもの活動を予想して記載します。

Ⓖ 反省・評価のポイント

その週の反省・評価の観点を記載します。具体的な指導に対する子どもの姿を捉えることが、次のよりよい指導を生み出すことを踏まえ、指導と発達の姿の両面から考慮した主なポイントを示します。

よくわかる！指導計画の全体

日の計画

立案のポイント

昨日から今日、明日へ、生活の流れを捉えて

週の計画から更に掘り下げて、「昨日から今日へ」「今日から明日へ」の生活の流れを見通して作成します。
特に、前日の子どもの姿から、一人ひとりの行動の理解を深め、その日の子どもの活動の姿を思い描きながら、場のつくり方や必要な遊具・用具、その配置、保育者の関わりなどを具体的に記入します。

4月 日の計画 4/9(火)

ねらい
○保育者や友達に親しみをもち、安心して過ごす。
○好きな遊びや、保育者や友達とのふれあいを楽しむ。
A

内容
○持ち物の準備や始末を自分でしようとする。
○室内や園庭で好きな遊びを見つけて遊ぶ。
○歌ったり体を動かしたりして、ふれあって遊ぶ楽しさを味わう。
B

環境を構成するポイント C	予想される幼児の活動 D	保育者の援助 E
○持ち物の準備や始末がしやすいよ 子どもの動線を考えてテーブルやつ 立てなどを配置する。 ○興味のあることや、昨日の遊びの続きができるように場を整えておく。 ○園内散策や散歩などの予定を記入したカレンダーや、園内の配置図をよく見える所に掲示しておく。 ○"園って楽しそう！"と感じられるような内容の絵本を選ぶ。 ○拾った花びらや捕まえた虫を入れられるように、カップや飼育ケースなどを用意しておく。 ○友達とのふれあいが楽しめるような遊びや、簡単な動きを考えておく。 ○自分の席が分かり安心して食事ができるよう、テーブルには個別のマークを付けておく。 ○静かに午睡に入れるようオルゴール曲を流し、落ち着いた環境をつくる。 ○午前中の遊びを引き続き楽しんだり、一人ひとりが落ち着いて好きな遊びをしたりできるような空間や場を工夫する。	園し、挨拶をする。 支度をする。 室内で好きな遊びをする。 （ごっこ遊び、絵を描く、ブロック、列車、積み木、絵本　など） ○片付けをする。 ○クラスのみんなで集まる。 ・絵本を見る。 （『こぶたほいくえん』） ○園庭で遊ぶ。 ・好きな遊びをする。 （砂場、固定遊具、草花遊び、虫探し　など） ・保育者や友達と体を動かして遊ぶ。 （体操：『秘伝！ラーメンたいそう』『なべなべそこぬけ』　など） ○手洗い・うがいをする。 ○昼食の準備をし、食べる。 ○午睡をする。 ○排せつを済ませる。 ○おやつを食べる。 ○室内で好きな遊びをする。 （パズル、ブロック、ひも通し、絵本、捕まえた虫を見る　など） ○片付けをする。 ○降園する。	人ひとりと笑顔で挨拶をし、健康観を行なう。 子どもが自分で支度をする姿を認め、個々に応じた手助けをする。 ○保育者も相手になり遊ぶ中で、遊び方を伝えたり、それぞれの遊びがより楽しめるように遊具を提供したりする。 ○登場人物の気持ちに共感している子どもの表情を受け止めながら、読み聞かせていく。 ○花の色の美しさ、虫の特徴や動きのおもしろさなど、子どもが気付いたことを大切に受け止めていく。 ○子どもたちの反応を見ながら、テンポ良く遊びを進めたり動きに変化をつけたりする。 ○友達と手をつないでうれしそうに歌ったり、体を動かしたりして遊ぶ姿に共感する。 ○遊びの中に入りにくい子どもに寄り添い、手をつなぐ、仲立ちをするなど、安心して楽しめるよう援助する。 ○午睡時には体調に変化がないか、一人ひとりをよく観察する。 ○降園までの時間をゆったりとした雰囲気で過ごせるよう、子どもたちの思いを受け止めながら関わっていく。

F 反省・評価のポイント
★園生活の流れを分かりやすく伝え、子どもが安心して活動に取り組めるような工夫ができていたか。
★保育者や友達とふれあい、体を動かすことを楽しめたか。また、一人ひとりが喜んで遊びに参加できたか。

50　CD-ROM ▶ 4月 ▶ 4歳児_4月_9日の計画

A ねらい

前日の姿から、子どもの中に育てたいことを「ねらい」とします。ねらいは様々な経験を積み重ね、次第に身につくものなので、同じようなねらいが何日間か続くこともあります。
前日の日の計画を反省・評価し、日のねらいと照らし合わせ、その日のねらいを設定することが大切です。

B 内容

日のねらいを身につけるために、子どもがどのような経験をすればよいのか、前日の子どもの活動を思い浮かべながら、具体的に記載します。子どもが経験する事項は、保育者の指導する事項でもあります。

C 環境を構成するポイント

その日のねらいを子どもが身につけていくためには、あらかじめどのような環境が用意されれば良いのか、前日の子どもの活動に沿って具体的に考えます。子どもの興味や関心、遊びの動線が手掛かりとなります。

D 予想される幼児の活動

あらかじめ用意された環境に関わって生み出される子どもの活動を予想して記載します。

E 保育者の援助

子どもがねらいを身につけていくために活動する中で必要な保育者の援助を記載します。

F 反省・評価のポイント

その日の反省・評価の観点を記載します。具体的な指導に対する子どもの姿を捉えることが、次のよりよい指導を生み出すことを踏まえ、指導と発達の姿の両面から考慮した主なポイントを示します。

その他の保育に関わる様々な計画

立案のポイント

園生活全体を捉えて

全職員で共通理解をもったり、家庭や地域と協力したりしながら立案します。

施設の安全管理

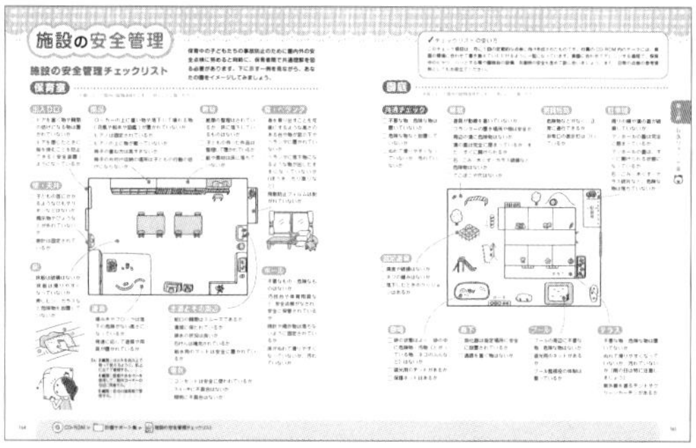

保育中の事故防止を目的に、保育室内外の安全点検が求められます。全職員で共通理解をもつためにも、特に気を付けておきたい項目について、チェックリストを作成しておくことは有効です。

健康支援

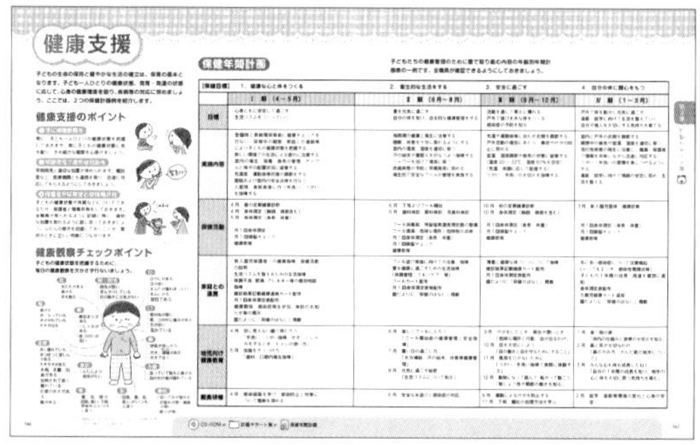

一人ひとりの子どもの健康の保持及び増進に努めるために、日々の健康観察や、保健活動、家庭と連携して行なう内容についても、把握しておくようにしましょう。

避難訓練

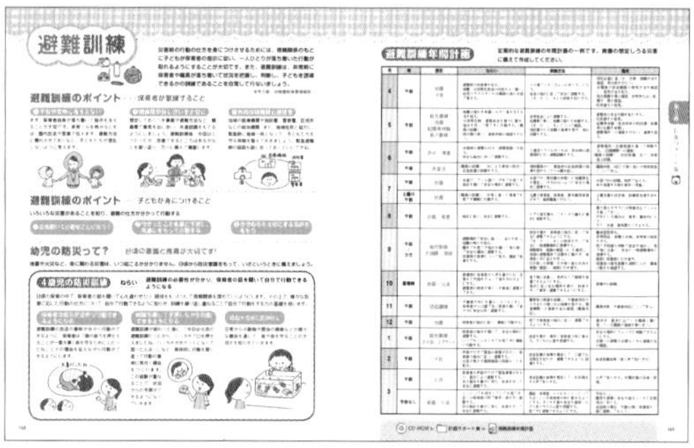

火災や地震などの災害発生に備えて、園全体で避難訓練を実感したり、職員の役割分担について把握したりすることで、「災害時に取るべき行動を知り、身につける」ことをねらいに進めましょう。

食育

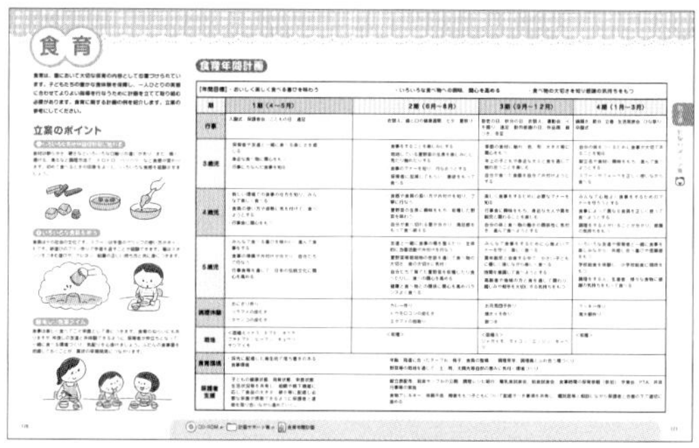

子どもにふさわしい食生活を展開できるように、食育に関する計画を立てて取り組みましょう。

子育て支援

通園する子どもの保護者に対する支援だけでなく、地域での子育て支援の拠点としても、園の役割があります。

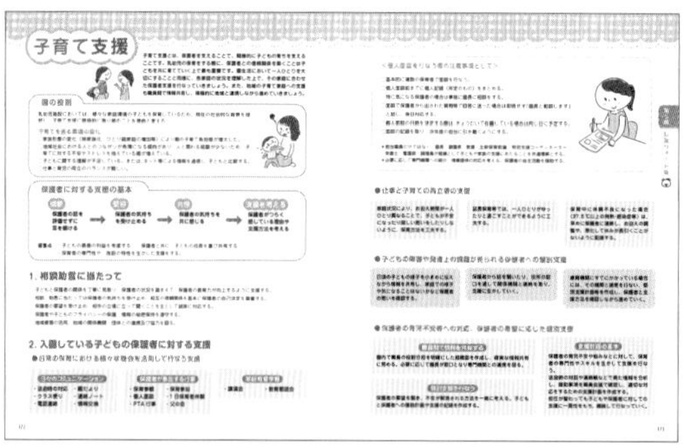

指導計画 作成のヒント

書き方のコツ

指導計画を書くうえで、押さえておきたい実践的な書き方のルールから、より書きやすくなるためのヒントまで、全体にわたって活用できる6つの項目をご紹介します。

❶ 子ども主体で書く

「させる」という表現を使うと、保育者主導で従わせる保育のニュアンスが強まってしまいます。子どもが自ら環境に関わって保育をするためにも、子ども目線の文章を心掛けましょう。

ねらい
×身近な自然にふれさせながら、戸外で遊ぶ心地良さを感じさせる。➡
○身近な自然にふれながら、戸外で遊ぶ心地良さを感じる。

❷ 現在形で書く

指導計画はその時期の子どもの姿をイメージして書くものです。ですが、すべて現在形で書くようにします。

内容
×園庭の草花や虫を見たり触ったりするだろう。➡
○園庭の草花や虫を見たり触ったりする。

❸ 子どもを肯定的に捉える

子どもの姿を捉えるとき、「～できない」とばかり書くのではなく、「～はできるようになってきた」など、プラス視点で捉えることを心掛けましょう。子どもがどこまでできるようになってきたかを見る目も養えます。

子どもの姿
×身の回りのことを一人でできない。➡
○身の回りのことを保育者に手伝ってもらいながら、取り組んでいる。

❹ 目に浮かぶように書く

保育を進めるためにはある程度の具体性が必要です。子どもの姿を見極めてもう少し詳しく書くことで、子どもの姿を書きやすく、ねらいを立てやすく、援助を考えやすくなります。

子どもの姿
×春の自然にふれたり、運動したりして遊んでいる。➡
○花摘みや虫探しなど春の自然にふれたり、戸外で体を動かしたりして遊んでいる。

❺ 前の月の計画を参照する

前の月の計画は子どもの育ちを知るための重要な手掛かりです。発達の連続性を踏まえて、子どもの育ちにつなげましょう。

❻ より大きな計画を参照する

全体的な計画や年の計画など、より長期で子どもの姿を捉えた計画を参照し、月の計画に下ろしていくことが大切です。

指導計画 作成のヒント

0～5歳児の発達を見通す目安

0歳児

発達の過程

特定の保育者との愛着関係が形成され、寝返りやお座りができるように。周囲の環境に自発的に興味を示し、手を伸ばして触り、口に持っていくようになる。また、自分の気持ちを表情や喃語（なんご）などで表現する。

子どもの姿

健やかに伸び伸びと育つ

ごくごく飲んでぐっすり眠る
生活リズムが大切にされることで、生理的欲求、依存的欲求が満たされ、生命の保持と生活の安定が図られます。清潔で気持ちの良い生活をします。

抱っこ大好き
抱っこでにっこりと見つめ合ったり、笑顔を交わしたり、優しく話し掛けてもらったりなど、特定の保育者との愛情豊かで応答的な関わりにより、情緒が安定します。

身近な人と気持ちが通じ合う

手足ぐんぐん・のびのび
首が据わり、寝返り、腹ばい、ハイハイ、伝い歩きなど、全身の動きが活発になり、自分の意思で体を動かそうとします。

なんでも口で試してみたい
オッパイを吸って、たっぷり口唇の力を使います。気になる物があると、すぐに口元へ持っていき、口の中で感触を確かめ、試してみようとします。

ねえ、ねえ、こっち見て・喃語
泣く、笑う、喃語を発するなどで、自分の欲求を表現して、特定の大人と関わろうとするようになります。

身近なものと関わり感性が育つ

おんも（お外）、大好き!
安心できる人的・物的環境の下で、見たり触ったりする機会を通して、周りの環境に対する興味や好奇心が芽生えてきます。

先生がいるから遊べるよ
保育者に見守られて、玩具や身の回りの物で一人遊びを十分に楽しむようになります。

1歳児

発達の過程

一人で歩き始め、自分から周囲の環境を積極的に探索する。親しい保育者には簡単な言葉で要求や思いを表現するが、知らない人に対しては、人見知りもする。また、物を見立てて楽しむようになる。

子どもの姿

健康

わーい、歩けた
一人立ち、歩行へと移っていきます。体全体を動かし、移動を楽しむようになります。子どもの視野が広がり、好奇心が旺盛になります。

おいしく食べて、よく眠り
楽しい雰囲気の中で、食事、間食をとるようになり、自分で食事をしようとするようになります。安全で健康な環境の中、生活リズムが大切にされ、安心して睡眠をとります。

人間関係

自分で、自分で
安心できる保育者との関係の下、食事、排せつ、衣服の着脱などの身の回りのことを通して自分でしようとし、「自分にもできる」という気持ちが芽生えます。

いつも一緒にいたいの
親しい大人、安心できる人と一緒にいたいと思い、人見知りもするようになります。親しい大人を確かめながら、様々に探索します。

環境

登りたい、滑りたい
段差を登ったり、乳児用滑り台を滑ったりすることを楽しみます。自分からいろいろな環境に関わろうとするようになります。

何でも見たい触りたい
手先・指を使って、物のやり取りをしたり、玩具を触ったり、紙を破いたり、穴に小石を落としたりなど、探索活動が活発になります。

言葉

「マンマ」「マンマ」片言でお話
応答的な大人との関わりにより、指さし、身振り、片言などを使って、自分の気持ちを伝えようとするようになります。

表現

これなあに?
言語の理解が進みます。「なに？」と聞いたり、指さしをしたりして、物の名前を知りたがるようになります。

2歳児

発達の過程

手指や体の運動機能が向上し、生活習慣に自ら取り組もうとする。自我の芽生えや言葉の発達に伴い、自己主張も強くなり、友達と物の取り合いが多くなる。また、好きなヒーローなどになり切る遊びが盛んになる。

子どもの姿

健康

いっぱい走りたい!
歩く・走る・跳ぶなどの基本的な運動機能が整い始め、体を自分の思うように動かすことができるようになります。速い・遅い・強い・弱いなどの動きもできるようになってきます。

よいしょ よいしょ 楽しいね
またぐ・くぐる・よじ登る・押すなど、全身を使う動きや、つまむ・丸める・めくるなどの手や指を使う動きができるようになり、それを遊びとして楽しむことができるようになります。

人間関係

なんでも「ジブンデ」するの
大人に手助けされながら、食事・排せつ・着脱など、簡単な身の回りのことを自分でしようとします。「ジブンデ」と、よく言うようになります。

イヤダイヤダ
何でも意欲的にやろうとしますが、うまくいかないときは、癇癪（かんしゃく）を起こしたり、「イヤ」と自己主張をしたりします。保育者との関係を中心にするのではなく、一人で行動しようとし、自我がはっきりしてきます。

環境

いろんなものと関わりたい
行動範囲が広がり、友達との関わりを少しずつ求めるようになります。興味を惹かれるものがあると、ますます探究心を発揮します。

言葉

「なんで?」
挨拶や返事など、生活に必要な言葉を使ったり、「なんで？」などの質問が盛んに出てきたりします。繰り返しのある言葉を喜んだりもします。

何でも言えるよ
自分のしたいこと、してほしいことを言葉で表現できるようになってきます。また、「おはよう」「いただきます」などの簡単な日常の挨拶をしようとします。

表現

まねっこ、大好き
周りの人の行動に興味を示し、盛んにまねたり、歌ったりするようになります。○○になったつもりの遊び・見立てる遊びが盛んになります。

子どもたちの6年間の発達していく姿を見通す目と、子どもたちの今の姿を読み取る目をもち、指導計画を立てていきましょう。

※発達には個人差があります。
※指導計画を理解するときの基盤としてください。

3歳児

生活習慣が次第に自立に向かう。気の合う友達と一緒の遊びが盛んになり、ごっこ遊びを楽しむようになる。また、言葉への関心が強くなり、新しい言葉や直接体験を通した知識を積極的に取り入れていく。

全身を使って おもしろーい
土踏まずが形成され、たくさん歩いたり走ったりできるようになります。また、右足だけで立つなど、左右別々の行動ができ始めます。

見て見て 自分で…
食事、排せつ、衣服の着脱、清潔など、基本的生活習慣がほぼ自分でできるようになり、認めてもらって自信をもち始めます。

そばにいるだけで楽しい
子ども同士の関わりが楽しくなり、みんなのそばにいて同じことをしているだけでうれしさを感じます。保育者に見守られている安心感が基盤となります。

お友達大好き
自我が芽生え、大人との関係から次第に周りの人のことが分かるようになって、友達に興味をもち始め、気の合う友達と遊びだします。

みんなと「おんなじ」がおもしろい
友達とイメージを共有して同じ遊びをするようになり、仲間意識が高まります。みんなと「同じ」がうれしく、一緒に遊ぶ中で、少しずつ、分け合ったり順番を守ったりすることができるようになってきます。

何でも触って…
水、砂、土などの自然物や、身近な動物、昆虫などに関心をもち、怖がらずに見たり、触れたりして、好奇心いっぱいに遊びます。

おしゃべり大好き
自分の思いを言葉にできることを楽しむ姿が見られます。また、「だって…」と理由を主張することもできるようになります。

「わたし」「あなた」
イメージが豊かになり、ごっこを好み、言葉によるやり取りを楽しむ中で「わたし」などの一人称や、「あなた」などの二人称を使えるようになって喜んで遊びます。

ウサギさん ぴょーん
ウサギになって2拍子で跳んだり、ギャロップでウマになったり、リズムを聞き分けて身体表現をしたり、盛んに歌うようになったりします。スキップに挑戦し始める子どももいます。

4歳児

幾つかの動きを同時にでき、思い切り走る、ボールを蹴る、回転するなどの動きに挑戦するようになる。友達に言葉で気持ちや意思を伝え、一緒に遊びを進める。また、様々な表現を楽しめるようになる。

何でも一人でするよ
身の回りの始末はほとんど自分でできるようになり、生活の流れに見通しがもてます。

こんなに動けるよ
全身のバランスが取れて、体の動きが巧みになり「～しながら～する」という二つの動きを同時にでき、片足跳びやスキップができます。

仲間と一緒が楽しい
自意識がしっかりし、自分と他人の区別もはっきりしてきます。人や物をじっくり見たり、強い関心をもって関わったりして活動が広がります。とにかく仲間と一緒にいることが楽しく、やがて仲間との関わり方、遊び方を体得していきます。

どうぞ、いいよ…
友達の思いに気付き「～だけど～する」という自分の気持ちを押さえて我慢したり、譲ったりができるようになってくる反面、抑えがきかずトラブルも起きます。

やってみたい!
新しい活動にも取り組めるようになり、試す・工夫する・頑張ろうとするなどの気持ちが見られるようになります。

生き物や植物にも心があるよ
鳥や虫、花にも目には見えないけれど、心があると思い、子どもらしい空想力や想像力を広げていきます。そのため、お化けや夢、暗闇に恐れも強くなります。

「どうして?」
身近な自然など、興味をもったこと、疑問に思ったことの理由を尋ねたり、試したりするようになり、自分のイメージをもって話すようになります。

言葉で何でも伝えたい
周りの様々なことに関心が高まり、他人の判断や行動と自分の考えとの相違に気付き、盛んに保育者に伝えてきます。言葉に出して、伝えることが満足で、聞いてもらっただけで安心感を味わいます。

こんなのできたよ
自分なりのイメージをもって、身近な素材を使って、描いたり作ったりするようになり、感じたこと、考えたことを表せるようになります。

できない! 教えて!
どうしてもできないことは「やって！」と言ってきます。保育者のやることをじっと見て学んでいき、やがて保育者がしたような方法で物や人との関わりを表していきます。

5歳児

基本的な運動や生活習慣が身につき、生活や遊びを仲間と協調的に進めていくことができる。友達と協同的な集団活動を展開できるようになり、自分の思いを言葉や様々な方法で表現できるようになる。

園が楽しい!
基本的な生活習慣が自立し、見通しをもって自ら健康で安全な生活（食事を含む）を楽しむようになります。年長児として、年下の子どもをいたわるようになります。

動いて、元気! 先生より跳べるよ!
目と手と体の全ての部位が自由に動かせるようになり、複合応用運動ができます。

みんなと一緒に!
友達同士の仲間意識ができ、集団を意識するとともに友達の良さに気付きます。また、規範意識が高まり、決まりや時間配分をつくり、園生活を自主的に送ろうとします。

そうだ そうだ 分かるよ
友達の気持ちや立場が理解でき、他者から見た自分も分かるようになり、葛藤しながら共感性が高まって、協同しつつ、共通の目的に向かう姿が見られます。

なにか おもしろそうだな
日常生活の中で、数量、図形、記号、文字、磁石などへの理解が深まり、比べたり、数えたり、科学遊びをしたりして興味をもって関わります。

みんな命があるんだね
動植物の飼育栽培など、様々な環境に関わる中で、友達の違う考えにふれて新しい考えを生み出したり、命の大切さが分かったりするようになります。

黙って考えてるの
独り言が少なくなり、自分の行為、計画を頭の中で思考するようになり、言葉で自分をコントロールするようになります。落ち着いて人の話が聞けるようになります。

言葉遊びができるよ
語彙（ごい）が増え、想像力が豊かになるとともに、日本語の仕組みに気付き、しりとり遊びや逆さ言葉で遊んだり、伝える喜びを感じたりするようになります。

自分で作ったよ
生活の中での感動によりイメージを膨らませたり、友達の表現にふれたりして、自己表現をしようとするようになります。

みんなで作ったよ
友達と共通のイメージや目的意識をもって、素材や用具を適切に使い、協同で様々な表現をするようになります。

指導計画 作成のヒント

要領、指針、教育・保育要領から ねらい・内容をチェック！

幼稚園教育要領と、保育所保育指針と幼保連携型認定こども園教育・保育要領の（満）３歳以上児の保育に関するねらい及び内容は、ほぼ共通の表現です。じっくり読んで、指導計画に生かしましょう。

（満）３歳以上児

ア 健康

健康な心と体を育て、自ら健康で安全な生活をつくり出す力を養う。

（ア）ねらい

① 明るく伸び伸びと行動し、充実感を味わう。
② 自分の体を十分に動かし、進んで運動しようとする。
③ 健康、安全な生活に必要な習慣や態度を身に付け、見通しをもって行動する。

（イ）内容

①（先生／保育士等／保育教諭等）や友達と触れ合い、安定感をもって行動する。
② いろいろな遊びの中で十分に体を動かす。
③ 進んで戸外で遊ぶ。
④ 様々な活動に親しみ、楽しんで取り組む。
⑤（先生／保育士等／保育教諭等）や友達と食べることを楽しみ、食べ物への興味や関心をもつ。
⑥ 健康な生活のリズムを身に付ける。
⑦ 身の回りを清潔にし、衣服の着脱、食事、排泄などの生活に必要な活動を自分でする。
⑧（幼稚園／保育所／幼保連携型認定こども園）における生活の仕方を知り、自分たちで生活の場を整えながら見通しをもって行動する。
⑨ 自分の健康に関心をもち、病気の予防などに必要な活動を進んで行う。
⑩ 危険な場所、危険な遊び方、災害時などの行動の仕方が分かり、安全に気を付けて行動する。

イ 人間関係

他の人々と親しみ、支え合って生活するために、自立心を育て、人と関わる力を養う。

（ア）ねらい

①（幼稚園／保育所／幼保連携型認定こども園）の生活を楽しみ、自分の力で行動することの充実感を味わう。
② 身近な人と親しみ、関わりを深め、工夫したり、協力したりして一緒に活動する楽しさを味わい、愛情や信頼感をもつ。
③ 社会生活における望ましい習慣や態度を身に付ける。

（イ）内容

①（先生／保育士等／保育教諭等）や友達と共に過ごすことの喜びを味わう。
② 自分で考え、自分で行動する。
③ 自分でできることは自分でする。
④ いろいろな遊びを楽しみながら物事をやり遂げようとする気持ちをもつ。
⑤ 友達と積極的に関わりながら喜びや悲しみを共感し合う。
⑥ 自分の思ったことを相手に伝え、相手の思っていることに気付く。
⑦ 友達のよさに気付き、一緒に活動する楽しさを味わう。
⑧ 友達と楽しく活動する中で、共通の目的を見いだし、工夫したり、協力したりなどする。
⑨ よいことや悪いことがあることに気付き、考えながら行動する。
⑩ 友達との関わりを深め、思いやりをもつ。
⑪ 友達と楽しく生活する中できまりの大切さに気付き、守ろうとする。
⑫ 共同の遊具や用具を大切にし、皆で使う。
⑬ 高齢者をはじめ地域の人々などの自分の生活に関係の深いいろいろな人に親しみをもつ。

ウ 環境

周囲の様々な環境に好奇心や探究心をもって関わり、それらを生活に取り入れていこうとする力を養う。

（ア）ねらい

① 身近な環境に親しみ、自然と触れ合う中で様々な事象に興味や関心をもつ。
② 身近な環境に自分から関わり、発見を楽しんだり、考えたりし、それを生活に取り入れようとする。

③ 身近な事象を見たり、考えたり、扱ったりする中で、物の性質や数量、文字などに対する感覚を豊かにする。

（イ）内容

① 自然に触れて生活し、その大きさ、美しさ、不思議さなどに気付く。
② 生活の中で、様々な物に触れ、その性質や仕組みに興味や関心をもつ。
③ 季節により自然や人間の生活に変化のあることに気付く。
④ 自然などの身近な事象に関心をもち、取り入れて遊ぶ。
⑤ 身近な動植物に親しみをもって接し、生命の尊さに気付き、いたわったり、大切にしたりする。
⑥ 日常生活の中で、我が国や地域社会における様々な文化や伝統に親しむ。
⑦ 身近な物を大切にする。
⑧ 身近な物や遊具に興味をもって関わり、自分なりに比べたり、関連付けたりしながら考えたり、試したりして工夫して遊ぶ。
⑨ 日常生活の中で数量や図形などに関心をもつ。
⑩ 日常生活の中で簡単な標識や文字などに関心をもつ。
⑪ 生活に関係の深い情報や施設などに興味や関心をもつ。
⑫（幼稚園／保育所／幼保連携型認定こども園）内外の行事において国旗に親しむ。

エ 言葉

経験したことや考えたことなどを自分なりの言葉で表現し、相手の話す言葉を聞こうとする意欲や態度を育て、言葉に対する感覚や言葉で表現する力を養う。

（ア）ねらい

① 自分の気持ちを言葉で表現する楽しさを味わう。
② 人の言葉や話などをよく聞き、自分の経験したことや考えたことを話し、伝え合う喜びを味わう。
③ 日常生活に必要な言葉が分かるようになるとともに、絵本や物語などに親しみ、言葉に対する感覚を豊かにし、（先生／保育士等／保育教諭等）や友達と心を通わせる。

（イ）内容

①（先生／保育士等／保育教諭等）や友達の言葉や話に興味や関心をもち、親しみをもって聞いたり、話したりする。
② したり、見たり、聞いたり、感じたり、考えたりなどしたことを自分なりに言葉で表現する。
③ したいこと、してほしいことを言葉で表現したり、分からないことを尋ねたりする。
④ 人の話を注意して聞き、相手に分かるように話す。
⑤ 生活の中で必要な言葉が分かり、使う。
⑥ 親しみをもって日常の挨拶をする。
⑦ 生活の中で言葉の楽しさや美しさに気付く。
⑧ いろいろな体験を通じてイメージや言葉を豊かにする。
⑨ 絵本や物語などに親しみ、興味をもって聞き、想像をする楽しさを味わう。
⑩ 日常生活の中で、文字などで伝える楽しさを味わう。

オ 表現

感じたことや考えたことを自分なりに表現することを通して、豊かな感性や表現する力を養い、創造性を豊かにする。

（ア）ねらい

① いろいろなものの美しさなどに対する豊かな感性をもつ。
② 感じたことや考えたことを自分なりに表現して楽しむ。
③ 生活の中でイメージを豊かにし、様々な表現を楽しむ。

（イ）内容

① 生活の中で様々な音、形、色、手触り、動きなどに気付いたり、感じたりするなどして楽しむ。
② 生活の中で美しいものや心を動かす出来事に触れ、イメージを豊かにする。
③ 様々な出来事の中で、感動したことを伝え合う楽しさを味わう。
④ 感じたこと、考えたことなどを音や動きなどで表現したり、自由にかいたり、つくったりなどする。
⑤ いろいろな素材に親しみ、工夫して遊ぶ。
⑥ 音楽に親しみ、歌を歌ったり、簡単なリズム楽器を使ったりなどする楽しさを味わう。
⑦ かいたり、つくったりすることを楽しみ、遊びに使ったり、飾ったりなどする。
⑧ 自分のイメージを動きや言葉などで表現したり、演じて遊んだりするなどの楽しさを味わう。

要領、指針、教育・保育要領から 幼児期の終わりまでに育ってほしい姿をチェック！

幼稚園教育要領、保育所保育指針、幼保連携型認定こども園教育・保育要領に、幼児期の終わりまでに育ってほしい姿が共通にあります。子どもの育ちを見通しながら、指導計画に生かしましょう。

ア　健康な心と体

（幼稚園／保育所の／幼保連携型認定こども園における）生活の中で、充実感をもって自分のやりたいことに向かって心と体を十分に働かせ、見通しをもって行動し、自ら健康で安全な生活をつくり出すようになる。

イ　自立心

身近な環境に主体的に関わり様々な活動を楽しむ中で、しなければならないことを自覚し、自分の力で行うために考えたり、工夫したりしながら、諦めずにやり遂げることで達成感を味わい、自信をもって行動するようになる。

ウ　協同性

友達と関わる中で、互いの思いや考えなどを共有し、共通の目的の実現に向けて、考えたり、工夫したり、協力したりし、充実感をもってやり遂げるようになる。

エ　道徳性・規範意識の芽生え

友達と様々な体験を重ねる中で、してよいことや悪いことが分かり、自分の行動を振り返ったり、友達の気持ちに共感したりし、相手の立場に立って行動するようになる。また、きまりを守る必要性が分かり、自分の気持ちを調整し、友達と折り合いを付けながら、きまりをつくったり、守ったりするようになる。

オ　社会生活との関わり

家族を大切にしようとする気持ちをもつとともに、地域の身近な人と触れ合う中で、人との様々な関わり方に気付き、相手の気持ちを考えて関わり、自分が役に立つ喜びを感じ、地域に親しみをもつようになる。また、（幼稚園／保育所／幼保連携型認定こども園）内外の様々な環境に関わる中で、遊びや生活に必要な情報を取り入れ、情報に基づき判断したり、情報を伝え合ったり、活用したりするなど、情報を役立てながら活動するようになるとともに、公共の施設を大切に利用するなどして、社会とのつながりなどを意識するようになる。

カ　思考力の芽生え

身近な事象に積極的に関わる中で、物の性質や仕組みなどを感じ取ったり、気付いたりし、考えたり、予想したり、工夫したりするなど、多様な関わりを楽しむようになる。また、友達の様々な考えに触れる中で、自分と異なる考えがあることに気付き、自ら判断したり、考え直したりするなど、新しい考えを生み出す喜びを味わいながら、自分の考えをよりよいものにするようになる。

キ　自然との関わり・生命尊重

自然に触れて感動する体験を通して、自然の変化などを感じ取り、好奇心や探究心をもって考え言葉などで表現しながら、身近な事象への関心が高まるとともに、自然への愛情や畏敬の念をもつようになる。また、身近な動植物に心を動かされる中で、生命の不思議さや尊さに気付き、身近な動植物への接し方を考え、命あるものとしていたわり、大切にする気持ちをもって関わるようになる。

ク　数量や図形、標識や文字などへの関心・感覚

遊びや生活の中で、数量や図形、標識や文字などに親しむ体験を重ねたり、標識や文字の役割に気付いたりし、自らの必要感に基づきこれらを活用し、興味や関心、感覚をもつようになる。

ケ　言葉による伝え合い

（先生／保育士等／保育教諭等）や友達と心を通わせる中で、絵本や物語などに親しみながら、豊かな言葉や表現を身に付け、経験したことや考えたことなどを言葉で伝えたり、相手の話を注意して聞いたりし、言葉による伝え合いを楽しむようになる。

コ　豊かな感性と表現

心を動かす出来事などに触れ感性を働かせる中で、様々な素材の特徴や表現の仕方などに気付き、感じたことや考えたことを自分で表現したり、友達同士で表現する過程を楽しんだりし、表現する喜びを味わい、意欲をもつようになる。

これなら書ける！　４歳児の指導計画

CONTENTS

第1章　指導計画の基本を学ぼう …… 5

項目別！　立案のポイント

よくわかる！　指導計画の全体

指導計画　作成のヒント

CONTENTS

第2章 子どもの発達に合わせて計画を立てよう …… 37

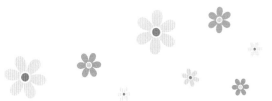

CONTENTS

第2章

子どもの発達に合わせて計画を立てよう

年、月、週、日の指導計画例を掲載しています。
月の計画と週の計画の「ねらい」の関連や、子どもたちの「学びの芽」が意識できる解説つきで、保育力が高まります。また、「環境づくりの例」「援助の例」など、どんな園でも応用しやすい文例をたっぷり掲載しています。参考にしながら、自分の園の子どもたちに合わせて指導計画を立てましょう。

4歳児の年の計画

幼稚園　保育園　認定こども園

年間目標

○園生活に慣れ、喜んで様々な活動に取り組み、日常生活に必要な習慣や態度を身につける。
○全身のバランスを取りながら体を動かして遊ぶ楽しさを味わう。

子どもの姿と育てたい側面

○新しい生活に楽しみを感じつつも、不安を抱いたり、緊張したりする子どもがいるので、次第に保育者に親しみをもち、安心感や信頼感がもてるようにしていきたい。
○同じ場所にいても友達との関わりがしにくい子ども、なんとなく保育者の周りにいる子ども、一人で遊ぶ子どもなど、様々な様子が見られる。一人ひとりが安心できる居場所や、自分からやりたいことを見つけて十分に遊べるようにしていきたい。
○園生活の一日のおおよその流れが分かり、衣服の着脱、食事、排せつなどの必要性を知り、自分でできることは自分でしようとする意欲を育てたい。
○保育者や周りの友達といろいろ体を動かす遊びを取り入れ、友達との輪をつくって遊ぶと楽しいという気持ちを育みたい。

発達の節　Ⅰ　期　（4～5月）

ねらい

○新しい環境に慣れ、保育者に親しみを感じて安心して過ごす。
○好きな場や遊具、遊びを見つけて保育者や友達と遊ぶ楽しさを味わう。
○身近な自然にふれて遊び、興味・関心をもつ。

指導内容の視点

心と体の健康　人との関わり　環境との関わり　言葉の育ち　表現する力

○食事・排せつ・着脱などの基本的な園での生活の仕方を知り、自分でしようとする。
○保育者や友達といろいろな場所を見つけて、思い切り体を動かして遊ぶことを楽しむ。
○園の遊具や用具に親しみ、安全な遊び方や扱い方を知る。
○交通の決まりや安全な歩行、避難の仕方を知る。
○園での一日の流れや生活の仕方を知る。
○持ち物の準備や始末を自分でしようとする。
○保育者とのやり取りを楽しみ、親しみをもつ。
○クラスの友達と和気あいあいと楽しみながら食べる。
○友達と同じことをしたり、していることを伝えてみたりして楽しむ。
○戸外で身近な自然にふれて、遊びや生活を進めることの心地良さを味わう。
○身近な遊具や用具などの扱い方を知り、それを使って遊ぶことを楽しむ。
○日常の生活の流れの中で必要な挨拶をする。
○友達と集まって保育者の話を親しみをもって聞く。
○してほしいことや困ったことなどを、保育者に動作や言葉で伝えようとする。
○絵本や紙芝居・童話などの内容や物語に興味をもち楽しむ。
○音楽やリズムに合わせて、動いたり、歌ったり、やり取りをしたりする。
○思い思いに描いたり、作ったりすることを楽しむ。
○生活の中で、いろいろな音・形・手触りなどがあることを感じて楽しむ。

環境構成・援助の要点

○楽しく登園できるように、家庭での遊びと関連のある材料や遊具を準備するとともに、一人ひとりが落ち着ける場を確保する。
○徐々に遊具の種類を増やしていきながら、一人ひとりの子どもが気軽に使い、それとなく新しいことにも興味をもって参加できるようにする。
○進級児には、今まで親しんできた遊具などを用意し、新入園児にも誘い掛け、集団生活の経験の違いに配慮する。
○好きなことが見つかってきたら、少人数でもじっくり取り組めるような場をつくり、安心して遊べるようにする。

保育者の関わり 養護への配慮

☆保育者は一人ひとりの子どもに気持ちを開いて受け止め、心の動きを十分に察して共感し、励まして、安心感がもてるようにする。園生活の楽しさや生活の仕方が分かるようにありのままの姿を受け止め丁寧に関わって、保育者との信頼関係を築き、安心して過ごせるようにしていく。
☆保育者は楽しい、おもしろいと思えるような遊びを考えて、子どもとのつながりを楽しみ、スキンシップやふれあい遊びを通して信頼関係を深める。
☆新入園児と進級児の遊び方や生活の仕方の違いに配慮し、一人ひとりが安心して取り組めるようにする。
☆食の安全（食物アレルギー、安全な食材選び）への配慮や、多様な食材、調理法を通して、季節を感じるなど食事が進むようにする。

ゆったり過ごすために ～園で長時間過ごすための配慮～

・新しい環境での不安や疲れを考慮し、ござやマット、クッションなどを置いたくつろげる場や一人で遊べる遊具を用意し、落ち着いて過ごせるようにする。
・長時間保育を楽しみにしている子どもがいる一方、そうでない子どももいる時間帯なので、一人ひとりの気持ちに合わせて寄り添う。
・保育者間で連絡を取り合いながら一人ひとりの様子を具体的に丁寧に把握する。
・進級し、新入園児も入ってくるので、長時間保育の過ごし方や生活のリズムが定着していけるように配慮する。

家庭・地域との連携（幼稚園・保育所・認定こども園・小学校との連携も含む）

○安心して登園できるように、子どもたちの緊張と不安を十分に受け止め、保護者から家庭での様子を聞き、子ども一人ひとりの理解に努める。
○緊急時の連絡方法や避難場所、登降園時の交通安全について保護者へ説明し、協力を依頼する。
○園便りや連絡帳、保育参観などを通して子どもの様子を細やかに伝え、園と家庭が互いに情報を交換し合いながら子どもの成長を支え合うことができるような関係をつくる。

○いろいろな遊びに興味をもち、保育者や友達との関わりを広げる。
○身近な社会や自然の事象に興味・関心をもち、発見を楽しんだり、考えたりして生活に取り入れる。
○豊かな遊びや生活の経験を通して必要な言葉を身につけ、いろいろな方法で表現することを楽しむ。

※幼稚園教育要領、保育所保育指針、幼保連携型認定こども園教育・保育要領改訂（定）で明確化された、「幼児期の終わりまでに育ってほしい姿」の10項目を意識して作成しています。

○行動範囲が広がり、活発に活動するようになる。更に新しい事物への関心を高め、チャレンジする。戸外で思う存分体を動かして遊ぶ楽しさを体験しながら安全な遊具の扱い方を知るとともに、自然との関わりを十分にもてるようにしたい。
○周囲の子どもへの関心が出てきて、新しい関わりが生まれ、同じ場所で遊ぶことを喜ぶ。時には思いが違ったりするが、様々な機会を通して友達とふれあい、互いの思いを出し合いながら遊ぶ楽しさを味わえるようにしたい。
○保育者との関わりも楽しさが増してくる。家庭ではできない、園ならではの環境を生かした遊びの取り入れや、子どもの興味・関心をくすぐる新しい遊びの楽しさを味わえるようにして、経験の幅を広げていきたい。
○生活の流れが分かり、身の回りの準備や片付けなどを自分でしようとする。

Ⅱ　期　（6～8月）

○梅雨期や夏の生活の仕方を知り、健康に過ごす。
○友達と好きな遊びをして、一緒に楽しむ。
○身近な自然の中で、興味をもって見たりふれたり、遊びに取り入れたりする。

○伸び伸びと体を動かし、様々な遊びを楽しむ。
○全身を使って水にふれて遊ぶ。
○遊具や用具の扱い方を知り、安全に使って遊ぶ。
○雨が続く日や暑い日の生活の仕方を知る。
○園生活の決まりに気付き、守ろうとする。
○着脱や身の回りの始末の手順や仕方が分かり、自分のことは自分でする。
○簡単なルールのある遊びを楽しむ。
○友達に親しみをもち、友達と同じことをしたり関わったりして遊ぶ。
○身近な動植物を見たり、触ったり世話をしたりしながら興味・関心をもつ。
○雨、風などの音、草花の色などに興味をもち、不思議さや美しさを感じる。
○水や砂、土、粘土を使って自分なりに様々な遊び方を試したり感触を味わったり、不思議さを発見したりして楽しむ。
○夏野菜を育てることに興味をもち、収穫や食べることを楽しむ。
○素材や教材などの具体物を通して、数や量、色や形などに関心をもつ。
○日常生活や友達との遊びの中で、必要な言葉の使い方に気付く。
○したいことやしてほしいこと、思ったことなどを保育者や友達に言葉で伝える。
○クラスの友達と集まり、顔を合わせながら絵本や童話など、繰り返しのおもしろさを楽しみ、興味をもって見たり、聞いたりする。
○歌や曲に合わせてうたったり、楽器を使ったり、自由に動いたりして楽しむ。
○自分のなりたいものになって、動く楽しさを味わう。
○粘土など、作ったり壊したりすることを繰り返し工夫して遊ぶ。
○身近にあるいろいろな素材や用具に親しみ、描いたり、作ったりすることを楽しむ。

○子どもが園での遊びに興味・関心をもって自分から遊びや活動に取り組めるよう環境を構成し、一人ひとりの遊びや興味の変化を把握して、環境を再構成する。
○日常的に親しむことができるように園庭の栽培物、小動物などの環境を整備しておく。
○梅雨や夏ならではの季節を考慮し、環境を構成するとともに、静と動のバランスを考え、気持ちを発散できるように工夫する。
○天候や気温に応じて、子どもたちの体調に配慮し、休息や水分補給が行なえるようにする。
○新しい素材や遊具にふれたり、他のクラスの友達との出会いのコーナーをつくり、園生活の楽しみ方を広げていく。

☆友達との接し方や遊びへの参加の仕方が分かるよう、場面を捉えて保育者が仲立ちとなり援助する。
☆一人ひとりの子どもを理解し、気持ちを受け止められた喜びが感じられるような働き掛けをして、信頼感を深めていく。
☆新しい遊びの楽しさが味わえるように、保育者がモデルとなって積極的に提案していく。
☆クラスでのゲーム遊びなどでは、視覚的にルールを知らせ、場所や時間に配慮していく。
☆一人ひとりの子どもの体や生活リズムのペースなどに合わせて、暑い季節をゆったりと健康に過ごせるようにする（適度な休息、水分補給、汗を拭く、水着や衣類の着脱や後始末　など）。
☆水の安全（準備体操、水中での動きや遊び、水の怖さ　など）などについて知り、全身を十分に動かして楽しんで活動できるようにする。
☆湿度と気温の高い時期で汗をかきやすいので、熱中症、水分の補給、着替えなど一人ひとりの様子を把握し、子どもが自分から取り組めるようにする。活動の流れ、つながりを大切にし、時間や教材にゆとりをもっていく。

• 一人ひとりのペース（生活のリズム・体力）を見取って、活動を組み立てゆったり過ごせるような一日をつくっていく。
• プール活動や気温の上昇によって体力を消耗しやすい時期なので、夕方は室内でゆっくり過ごすことができるような遊具や場を用意する。
• 日中の暑さから疲れが出やすいので、ブロックやパズルなど、一人ひとりが自分の調子で遊べる時間や場を用意する。
• 夏期休業中は長時間保育に参加する子どもの人数が変わり、遊びや遊ぶ相手が変わるので、保育者間の連絡を密に取り、一人ひとりが安心して過ごせるようにする。

○子ども同士のいざこざなどは、日常的に見られるしぜんな姿であり、成長の機会であることを知らせ、理解や協力を求めていく。
○保育参観・保育参加の行事の中で子どもの育ちを伝えて、園の保育方針の理解を促していく。
○保護者の不安や疑問には丁寧に対応し、家庭との信頼関係を築くようにする。
○家庭・地域訪問などを通して、子どもの生活環境を把握し、必要に応じて安全対策などの協力を依頼する。
○園での生活や遊びの様子を通して子どもの成長（変容）を相互理解し、共に子育てをしていく関係であることを伝える。

4歳児の年の計画

幼稚園　保育園　認定こども園

○夏休み明けは、登園のリズムや集団生活のリズムになじめない子どもの姿も見受けられる。一人ひとりが自分の思いを素直に出せるようにして、園生活の調子を取り戻していくようにしていきたい。 ○全身運動が活発になり、いろいろな運動をすることを喜んでいる。友達と関わりながら体を動かす心地良さを味わわせたい。友達との遊びを通して、生活の決まりや遊びのルールの大切さに気付くようにしたい。 ○身の回りの自然物や事象、いろいろな材料などに興味をもち、関わりをもったり、試したりするようになる。一人ひとりの思いや描きたいことなどをじっくりと表現する楽しさを味わえるようにしたい。	○周りの人や物への興味・関心が強くなり、自分もやってみようとする意欲や、頑張ろうとする気持ちが見られる。一人ひとりの子どもの気持ちや考えを理解して受容し、その子なりにやり遂げた満足感がもてるようにしたい。 ○気の合う友達との遊びを通して、自分の気持ちを相手に伝えたり、話を聞いたりして、友達と遊ぶ楽しさを味わわせたい。 ○自分の思いや感じたことをその子なりに表現している。友達と合わせながら、ありのままに表現する楽しさを味わえるようにしたい。 ○保育者と園生活のあれこれの話を楽しんだり、遊んだりして、保育者への親しみや園生活への自信をもてるようにしたい。
Ⅲ　期　（9～10月）	**Ⅳ　期　（11～12月）**
○いろいろな運動遊びを喜び、様々な体の動きを楽しむ。 ○友達と関わる中で自分の思いを動きや言葉で表現し、遊びを楽しむ。 ○いろいろな素材に興味をもち、イメージや思いを自分なりに表現して楽しむ。	○遊びや生活の場を整える、遊びの準備をする、様々な活動に楽しんで取り組むなどの態度を身につける。 ○友達と一緒に遊びの場をつくったり、見たこと、感じたことを様々な方法で表現したりすることを楽しむ。 ○身近な自然と十分にふれあい、興味をもち、見たり考えたりして遊ぶ楽しさを味わう。
○体を十分に動かしたり休息したりして、健康な生活に必要な習慣を身につける。 ○いろいろな遊具や用具を使い、戸外で体を動かして遊ぶことを楽しむ。 ○みんなと誘い合って運動する楽しさを味わう。 ○休息の仕方が分かり、運動や食事の後は静かに過ごす。 ○安全な遊び方や災害時の行動の仕方を知り、気を付けて行動する。 ○生活や遊びの中での簡単な決まりやルールの大切さに気付く。 ○気の合う友達との関わりを楽しみ、自分の思いを伝えようとする。 ○地域の高齢者など、身近な人に関わり、親しみをもつ。 ○共同の遊具や用具を大切にし、みんなで譲り合って使ったり、片付けたりする。 ○身近な秋の自然にふれ、様々な環境を遊びの中に取り入れて楽しむ。 ○したこと、見たこと、感じたこと、考えたことを自分から保育者や友達に話す。 ○絵本や童話に親しみ、興味をもって聞き、ストーリーを想像することでお話の世界を楽しむ。 ○音楽に合わせて体を動かしたり、感じたままを友達と自由に表現し合ったりして遊びを楽しむ。	○ルールのある遊びや運動的活動に喜んで参加し、友達と体を動かすことを楽しむ。 ○クラスのみんなと力を合わせて育てたり収穫した物を食べたりする楽しさを味わう。 ○みんなで使う物を大切にしたり、決まりの大切さに気付いたりし、友達と楽しく生活する。 ○友達と遊びの場や遊びに必要な物を作り、自分たちで考えたことを具体的に表して遊ぶ。 ○自然物などを集めたり、数えたり、分けたり、並べたりすることに関心をもつ。 ○初冬の自然や年末の生活に変化のあることに気付く。 ○身近な自然の変化や彩りに気付いたり、自然物を使って遊んだりすることを楽しむ。 ○身近な地域の出来事に関心をもち、生活に取り入れる。 ○園外での行動の仕方や約束を知る。 ○自分の気持ちを相手に伝え、友達の話を聞こうとする。 ○絵本や童話などを喜んで見たり、聞いたり、ストーリーを再現したりして、いろいろな表現を楽しむ。 ○歌をうたったり合奏をしたりして、みんなで音やリズムを合わせる楽しさを味わう。 ○いろいろな材料を自分のイメージに合わせて見立て、工夫して使う。
○園内の整備と遊具の点検を行ない、体を動かしたくなる環境をつくり十分に運動が楽しめるようにする。 ○友達との関わりがもてる場を工夫し、誘い合って一緒に活動する喜びが味わえるようにする。子ども同士の模倣や認め合いを大切にし、表現しようとする意欲や創造性が育まれるようにする。 ○一人ひとりの子どもがそれぞれの興味に応じた活動に取り組めるよう、いろいろな素材や用具を十分に用意し、やってみようとする意欲がもてるようにする。 ○クラスのみんなでする鬼ごっこやゲームなど、園内の場を調整して繰り返しできる環境づくりをする。 ☆保育者も子どもの遊びの輪に入って一緒に体を動かし、運動遊びの楽しさを味わえるようにし、日常の体験を重ねて運動会へつながっていくことを大切にする。 ☆運動への積極的な取り組みに「できた、できない」ではなく、一人ひとりの意欲と過程を認め、褒めていく。 ☆友達との生活や遊びは楽しいばかりでなく、自分の思い通りにいかないこともあるという葛藤を体験する。保育者はその思いを丸ごと受け止め、気持ちの安定を図ることを大切にする。その上でより良い解決策を見つけていくようにする。 ☆飼育物や捕まえた虫などとのふれあいの中で、機会を捉えて生長や命について気付かせる。 ・夏の疲れが出たり、運動量が増えたりするので、休息が十分に取れるようにする。また、落ち着いて過ごせる時間や場を構成し、ゆったりと過ごせるようにする。 ・朝夕と日中との気温差に配慮しながら戸外に出て、秋の自然の心地良さが感じ取れるようにしていく。	○子ども同士がクラスを超えて活動する楽しさが味わえるように交流の場を設け、考えたことを形にして伝え合えるような素材を用意する。 ○戸外でボール遊びや縄跳び、集団遊びなど、体を十分に動かして楽しさを味わえるような遊びを保育者と一緒に楽しむ。 ○体全体で季節を感じて遊べるように、自然物を使った遊びや収穫など、実物に触れる喜びを味わえるような場や機会をつくっていく。 ☆日没時間が早まり、夕方の過ごし方の工夫や寂しい思いをさせない配慮をし、温かいホールや明るいところで体を動かして遊ぶなど環境構成もしていく。 ☆友達とのつながりも強くなり、周りの様々なことに関心が高まる。他人の判断や行動と自分の考えとの相違に気付き、盛んに保育者に伝えてくる行為が出てくる。一つひとつの思いを丁寧に「聞く」ことを大切にし、伝えたことが園生活での安心感となるようにする。 ☆季節や事象の変化にふれる機会をもつようにし、保育者自身が身近な事象に敏感になり、子どもの感動や発想を受け止め、豊かになるように援助する。 ・日没が早くなるので室内の遊びを充実させ、安心してゆったりと遊べるようにしていく。 ・感染症が流行して体調を崩しやすい時期なので、子どもの健康状態を職員間で細やかに連絡し合い、子ども一人ひとりが健康で気持ち良く過ごせるように配慮する。
○運動会などの園行事の意味や考え方を理解して参加してもらうために、具体的な内容や方法・過程について知らせる。 ○保護者が子どもとふれあって活動を楽しむことを通して、子どもの成長の様子や取り組もうとしている意欲など、子どもの姿を理解しやすいように伝える。	○作品展や子ども会、保護者参観などを通して、子どもらしい伸び伸びとした表現を保護者に受け止めてもらうようにする。 ○保護者同士で話し合う機会や活動の場をもつようにし、保護者が互いに親しみを深め、分かり合っていこうとする関係づくりに配慮する。 ○年末年始の過ごし方など、親子でふれあいが深まるような生活経験や遊びの情報を伝えていく。

子どもの姿と育てたい側面

○保育者や友達と関わり過ごすことを楽しいと感じている。友達との心地良い関わりなどの成長を大切にしていきたい。
○新しい活動にも進んで取り組み、試したり工夫したりして遊ぶようになる。年長組になる期待を高めながら遊びや生活習慣について、自主的に取り組む態度を養いたい。
○決まりを守る大切さが分かってきて、ルールのある遊びも楽しむようになる。トラブルが起きたときは、保育者の援助に支えられて解決しようとする姿が見られる。仲の良い友達との遊びを通して、いろいろな考えを膨らませたり、相手に自分の考えを伝えたりして、遊びを進められるようにしたい。
○冬から春へと移る季節の変化への気付きを捉え、身近な自然への好奇心や関わりを高めていきたい。
○一人ひとりが伸び伸びと様々な方法で表現する姿を捉えて、その子らしさを大切にしたい。

V 期 (1～3月)

発達の節

ねらい

○自分なりの力を発揮し、生活や遊びの決まりを守り、いろいろな活動に取り組む。
○友達と一緒に試したり、工夫したりして遊びを進める楽しさを味わう。
○冬から春への身近な自然の事象の変化に興味・関心をもつ。

指導内容の視点（心と体の健康／人との関わり／環境との関わり／言葉の育ち／表現する力）

○自分の健康に関心をもち、様々な食べ物を進んで食べる。
○生活に必要な基本的な習慣や態度を身につける。
○行事を通して、伝統的な日本の食生活や文化を知る。
○戸外で全身を思い切り動かして遊び、みんなと盛り上がりながら遊ぶ楽しさを味わう。
○簡単なルールをつくり出し、友達と調子を合わせながら遊びを楽しむ。
○園庭の危険な物や危険な箇所を知り、安全に気を付ける。
○良いことと悪いことがあることに気付き、考えながら行動する。
○自分なりの目当てや見通しをもって行動しようとする。
○園行事などで自分の役割をもち、3歳児や5歳児のクラスの友達とつくり上げていくことを楽しむ。
○友達と楽しく生活する中で、決まりの大切さに気付く。
○身近な物や遊具に興味をもって関わり、試したり工夫したりして遊ぶ。
○冬から春にかけての自然事象に興味・関心をもち取り入れて遊ぶ。
○草木や風の様子などに気付き、冬から春への自然の変化を感じ取る。
○生活や遊びの中で数量や図形や文字などに関心をもつ。
○自分の思ったり考えたりしたことを、言葉で相手に伝えたり相手の話を聞いたりする。
○保育者や友達の話を自分たちから聞こうとする。
○自分の思ったことを動きや言葉や音楽などいろいろな方法で表現して遊ぶことを楽しむ。
○遊びに必要なものを工夫して描いたり作ったりして、それを使って友達と遊ぶ。
○他のクラスの作品を見たり飾ったりすることに興味をもつ。
○1年間の作品を見たり整理したりして、作品をつくり上げた満足感を味わい、年長組になる喜びや自信をもつ。
○進級することを楽しみにし、5歳児の部屋をのぞいたり、自分たちの保育室の片付けをしたりする。

環境構成・援助の要点

○冬休み明けは、家庭での経験を話したり聞いたりする喜びを味わえるような機会をつくる。
○天気の良い日には、戸外で遊ぶ機会をつくり、室内にこもりがちにならないようにする。
○思ったことをいろいろに表現できるような材料を用意し、自分で考えたり、試したり、工夫したりして遊びを進められるようにする。
○5歳児クラスの担任と連絡を取り合い、5歳児からいろいろな当番の仕事の仕方を教えてもらえる場や機会を設ける。
○ごっこ遊びなどにじっくり取り組めるよう遊びの環境を工夫する。

保育者の関わり 養護への配慮

☆同じ目的や興味をもつ友達の考えが伝わるようにいろいろな方法で援助し、自分たちで遊びが展開できるようにする。
☆友達との関わりの中で一人ひとりのアイディアを認めたり、取り入れたりするように援助し、それぞれの子どもが自己発揮できるようにする。
☆園生活を心地良く過ごす態度が身についていくようにする。一人ひとりが自分の力を発揮し、3歳児や5歳児の友達とも関わりながら生活していく喜びを味わえるようにする。
☆一人ひとりの思いや自己表現のおもしろさや楽しさがその子らしさなのだ、ということが伝わるような語り掛けやしぐさに心掛けたクラスや園生活の雰囲気づくりをし、自信と自己肯定感が更に育まれるようにしていく。

ゆったり過ごすために
～園で長時間過ごすための配慮～

・日中と夕方の気温差が大きい時期なので、夕刻は暖かい室内で異年齢児がふれあって遊ぶことができるような遊びや教材の準備をする。
・体調の変化に留意し、一人ひとりの過ごし方を配慮していく。
・自分や友達のやりたい遊びができるように、子どもたちと共に環境を構成する。
・進級に向けて落ち着いて過ごせるよう、納得のいく遊びを楽しめるようにし、スムーズに進級へつなげる。

家庭・地域との連携
（幼稚園・保育所・認定こども園・小学校との連携も含む）

○子どもの成長の姿を具体的に保護者に知らせ、保育者と保護者とで成長の喜びを共有する。
○基本的な習慣や態度、遊び方、友達関係などの子どもの日常の様子、保護者の不安や疑問を受け止めるとともに、進級に向けての課題について保護者と共に考え、期待がもてるようにしていく。

4月の計画

なじみの中にも新たな雰囲気を配慮して

生活

進級児や4歳児からの入園児もあり、クラスの編成替えもある新学年の始まりです。子どもはそれぞれに新しい生活に楽しみを見つけ、また感じつつも、家庭との様子の違いに何かとしばらくは不安を抱いたり、緊張したりしながらのぎこちない園生活の日々です。こうした状況にあって、一人ひとりの子どもにとっての頼みの綱は保育者なのです。

人との関わり

自分の名前を呼んでもらう、事あるごとに言葉を掛けてもらう、それとなく寄り添ってもらう、何かと相手になってもらう、周りの子どもとの間に立ってもらう、にこやかな笑顔を向けてもらう、保育者を独り占めできているという感覚などの、ほっとできる雰囲気、遊び心をくすぐる園環境を配慮しましょう。

季節ごよみ

- ○園庭にサクラなどの花が咲いている。
- ○道端にタンポポやツクシの芽が出始める。
- ○園庭にチョウやダンゴムシ、アリがいる。
- ○サクラの花びらが散っている。
- ○新緑の鮮やかな緑色が見られる。
- ○ヒメリンゴ、ヤエザクラ、ハルジオンなどが咲いている。
- ○園庭にモンシロチョウが飛んでいる。
- ○ツツジやシロツメクサなどが咲いている。
- ○園にこいのぼりや五月人形が飾られる。

遊びへの取り組み

同じ場所で、友達と関わりにくい子どもがいる反面、関わりたい子どももいます。一人ひとりが安心できる居場所や、自分からやりたいことを見つけて、十分に遊べるようにしていきましょう。

保育なるほど解説！

「子どもが安心・安定を得るまで」

4月、新しい園生活が始まります。保育者は、一人ひとりがふれあいを通して、見守られている安心や安定した気持ちを得ていくことを願っています。ただしその過程は、一人ひとり異なります。一緒に遊ぶことを求める子どもがいる一方で、自分のロッカーの前でじっとしている子どももいます。時々視線が合って微笑み返すと、はにかんで視線を外しながらも、緊張感が解ける様子が伝わってくる子どももいます。一人ひとりが送るサインを受け止め、安心・安定を得ることを支えていきたいものです。

4月 月の計画

※ねらい(… Ⓐ など)が、月案と週案で関連し合っていることを読み取ってください。

クラスづくり

○進級や入園の喜び、不安、緊張など、一人ひとりの子どもの気持ちを温かく受け止め、寄り添いながら丁寧に関わって、保育者に親しみや信頼感がもてるようにする。
○一人ひとりの子どもが好きな遊びを見つけられるように環境を整えるとともに、生活や遊びの中で友達とふれあう機会を大切にして、保育者や友達と過ごすことが楽しいと感じられるようにしていく。

	今月初めの幼児の姿	ねらい	幼児の経験する内容
生活	○4歳児クラスへの進級に、喜びや期待をもち、張り切っている子どもがほとんどだが、中には新しい生活に不安や緊張を感じている子どももいる。 ○新入園児は、生活の仕方や流れが分からず、集団生活に戸惑う姿が見られる。	○新しい環境に親しみ、安心して過ごす。…Ⓐ	○園生活を楽しみにし、喜んで登園する。 ○食事、排せつ、着脱など園での生活の仕方や流れを知り、自分でしようとする。 ○献立や食材に興味をもち、友達と楽しく食事をする。 ○持ち物の準備や始末を、自分でしようとする。 ○遊具や用具に親しみ、安全な遊び方や扱い方を知る。
人との関わり	○持ち物の始末、生活の準備や片付けなどを自分から進んでしようとする子どももいるが、保育者のことばがけや手助けが必要な子どももいる。 ○自分から興味のある遊具や場所を見つけて好きな遊びを始める子ども、顔見知りの友達や気の合う友達と遊ぶ子ども、友達が遊ぶ様子を見ている子ども、保育者のそばにいることで安心する子どもなど、様々な姿が見られる。	○自分の好きな遊びや、保育者や友達との遊びを楽しむ。…Ⓑ	○興味のある場所や遊具で好きな遊びを楽しむ。 ○保育者や友達とふれあって遊ぶおもしろさや楽しさを味わう。 ○してほしいことや困ったことなどを保育者に表情やしぐさ、言葉などで伝えようとする。 ○クラスのみんなで、絵本や紙芝居、歌、わらべうたなどを楽しむ。 ○身近な材料を使い、思い思いに描いたり作ったりすることを楽しむ。
遊びへの取り組み	○戸外で保育者や友達と花の水やりやダンゴムシ探しなどをして、身近な自然に親しんでいる。	○春の自然や身近な動植物に触れ、親しみをもつ。…Ⓒ	○暖かい日ざしや風など、春の自然にふれて戸外で遊ぶ心地良さを感じる。 ○春から初夏の草花や虫、小動物などに興味・関心をもち、見たり、触れたり、遊びに取り入れたりする。

家庭・地域との連携
保護者への支援も含む

★クラス便りや連絡ノート、登降園時の伝達などを通して、新しいクラスでの生活の様子や、友達とのふれあいを楽しんでいる姿を伝えたり、家庭での子どもの様子を聞いたりしながら、保護者との信頼関係を築いていく。
★緊急時の連絡方法や避難場所、登降園時の交通安全などについて保護者に説明し、確認し合う。
★散歩に出掛けたときなどには、地域の人と挨拶を交わしたり自然の様子を教えてもらったりして、ふれあいを大切にする。

健康・食育・安全への配慮
養護の視点も含む

○健康面や体質、アレルギーの対応などに配慮が必要な子どもの情報を保育者全員で共通理解し、適切な対処ができるようにする。
○イラストや絵カードでその日の献立や食材について話したり、調理中の匂いをかいだり、楽しい雰囲気づくりを工夫したりして、食事が楽しめるようにする。
○園庭や用具、遊具の安全点検を行ない、遊び方や扱い方について保育者間で共通理解しておく。

指導計画から学ぶ 保育力アップ

保育者とのつながりは学びの芽をくすぐる環境

進級児も新入園児も気持ち新たな生活の毎日です。これまでと違う園生活の様子があります。保育者がそれとなく寄り添っている雰囲気は、子ども一人ひとりの遊び心をくすぐる基盤になります。思い思いに遊ぶ姿に、保育者からの笑顔を、近くから遠くから送り続けましょう。保育者は、園生活のよりどころです。

環境の構成と保育者の援助

新しい環境の中で安心して過ごせるように

○保育室は、子どもの動線を考えながら棚などの位置や向きを工夫し、ロッカーなどには名前と個別のマークを付けておく。自分から進んで生活に取り組む姿を認めたり、戸惑っている子どもには仕方を知らせたり、友達と教え合えるように仲立ちをしたりする。
○出入り口近くの目につきやすい所にカレンダーやボードを掲示し、今月の予定や一日の流れが分かるように、絵や写真を活用して子どもたちに知らせ、見通しや安心感がもてるようにする。
○保育室や廊下などに、子どもたちと摘んだ園庭の草花を飾る、春の草花や虫などに関する写真を貼るなどして、明るく楽しい雰囲気をつくる。
○生活や遊びの中で、目線を合わせて名前を呼ぶ、手をつなぐ、握手をするなど、一人ひとりの子どもとのスキンシップを大切にして、保育者や友達に親しみがもてるようにする。

好きな遊びや友達との遊びを楽しめるように

○一人ひとりが好きな遊びを見つけられるように、昨年のクラスや家庭で親しんでいた遊具を用意し、落ち着いて遊べる空間と、十分な時間を保障する。遊びの様子を見守りながら、遊具の数を調整する、新しい遊具を用意する、保育者も共に遊ぶなどして、好きな遊びが十分に楽しめるようにする。
○身近な内容で親しみやすい絵本、歌、わらべうたなどを取り入れて、みんなで動きや声を合わせたり、ふれあったりするおもしろさを共有しながら、保育者やクラスの友達と過ごす楽しさを感じられるようにする。

春の自然や動植物に親しめるように

○園庭や園周辺の自然を把握し、草花の様子が変化したり、虫や小動物が見られたり、といった機会を逃さずに、子どもたちと見たり、ふれたり、遊びに取り入れたりしていく。
○日ざしや風にふれる心地良さ、花の色の美しさや変化、虫や小動物の特徴や動きなど、感じたことや気付いたことに共感しながら、保育者も共に自然とのふれあいを楽しんでいく。

ゆったり過ごすために… ～園で長時間過ごすための配慮～

家庭的な雰囲気の中で異年齢児が楽しくふれあって

○遊びの場や遊具の使い方などについて、保育者間や子どもたちと確認し、安全に過ごせるようにする。
○顔見知りやきょうだいなど、クラスを超えた異年齢児との出会いやふれあいが楽しめるようにする。
○新しい環境での不安や疲れ、一人ひとりの生活リズムの違いなどに考慮し、室内にカーペットやクッションを置いたり、一人で遊べる場や遊具を用意したりして、思い思いにくつろげる雰囲気を大切にする。

保育者のチームワーク

★一人ひとりの子どもの気持ちの変化や体調などを把握して、保育者間で情報を共有し、個々に応じた丁寧な関わりができるように、連携を取り合っていく。

反省・評価のポイント

★新しいクラスでの生活を楽しみにして喜んで登園することができたか。
★好きな遊びを見つけたり、保育者や友達とのふれあいを楽しんだりできるよう、環境構成や援助を工夫できたか。

※ねらい(… Ⓐ など)が、月案と週案で関連し合っていることを読み取ってください。

4月 週の計画

1週 4/1(月)～6(土)

今週の予定：進級、入園

週の初めの幼児の姿

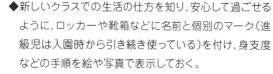

○進級児は進級を喜び、新しい友達が入園することを楽しみにしている反面、新しい生活に不安な様子も見られる。
○新入園児は、笑顔で登園する姿や、緊張や不安を示す姿などが見られる。
○保育者と関わったりそばにいたりすることで安心している。

ねらい(○)と内容(・)

○進級や入園を喜び、新しい生活に期待をもつ。… Ⓐ
○保育者や友達と、生活したり遊んだりする楽しさを感じる。… Ⓑ
・新しいクラスや保育者、友達を知り、園生活を楽しみにする。
・持ち物の準備や始末など、生活の仕方を知る。
・してほしいことや困ったことを、保育者に伝えようとする。
・保育者や友達と、絵本を見たり歌をうたったりして楽しむ。
・室内や戸外で、自分の安心できる場やしたいことを見つけて遊ぶ。

具体的な環境(◆)と保育者の援助(○)

◆新しいクラスでの生活の仕方を知り、安心して過ごせるように、ロッカーや靴箱などに名前と個別のマーク(進級児は入園時から引き続き使っている)を付け、身支度などの手順を絵や写真で表示しておく。
○新しい生活への喜びや不安など、子どもの気持ちを受け止め、一人ひとりの名前を呼んだりふれあったりして、安心感や期待感がもてるようにする。
○持ち物の準備や始末などは、保育者が丁寧に場所や仕方を知らせ、自分なりに取り組もうとする姿を認めて、できた喜びが感じられるようにする。
○一人ひとりの表情やしぐさ、言葉から気持ちをくみ取り、温かく受け止めながら、個々に応じた言葉の掛け方や接し方を工夫していく。
◆子どもたちの身近な生活や自然に関する絵本、エプロンシアターを見る、知っている歌をうたうなど、みんなで楽しむ時間を毎日少しずつもつ。

(絵本：『ころちゃんはだんごむし』
　　　『ぐるんぱのようちえん』
♪：『チューリップ』『とんとんとんとんひげじいさん』
　　『だんごむしたいそう』
エプロンシアター：『おおきなかぶ』)

◆室内にままごとや積み木、描画、絵本などのコーナーを用意し、落ち着けるようについ立てやカーペットで場を仕切っておく。また、思わず遊びたくなるように、積み木を並べたり机の上に描画の材料を出しておいたりする。
○進級児が興味のある遊びを楽しむ姿を見守り、保育者も遊びに参加したり、友達と誘い合えるように橋渡しをしたりして、新入園児の遊びへのきっかけをつくっていく。
◆戸外でゆったりと過ごす時間をもち、早咲きや遅咲きのサクラの開花の様子を見る、チューリップやパンジーの水やりをする、ダンゴムシを探すなど、身近な自然にふれる機会を大切にする。
○保育者が率先して水やりをしながら、一人ひとりが自然とのふれあいを楽しんでいる様子を見逃さずに共感していく。

反省・評価のポイント

★新しいクラスや保育者、友達などを知り、園生活を楽しみにする気持ちをもてたか。
★進級児、新入園児のそれぞれの気持ちに寄り添って関わったり、安心して過ごせる環境を構成したりすることができたか。

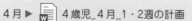

CD-ROM ▶ 4月 ▶ 4歳児_4月_1・2週の計画

4月 週の計画

2週 4/8(月)〜13(土)

今週の予定：園内散策

前週の幼児の姿

○持ち物の準備や始末を自分でしようとする子どももいるが、新入園児の中には、どうしたらいいか分からず保育者に助けを求める子どももいる。
○ままごとや花の水やり、虫探しなど、自分の好きな遊びを見つけたり、知っている友達と遊んだりする姿が見られる。

○新しいクラスでの生活の仕方や流れを知り、自分でしようとする。… Ⓐ
○保育者や友達に親しみをもち、生活や遊びを楽しむ。… Ⓑ
・持ち物の準備や始末など、できることは自分でしようとする。
・保育者や友達と、楽しみながら食事をする。
・友達と、暖かい日ざしや風、草花、虫などにふれて戸外で遊ぶ楽しさを味わう。
・見たことや感じたことなどを言葉や体で表現しようとする。
・園内散策を通して、園生活への興味や期待をもつ。

◆カレンダーやボードに、イラストや写真を活用して園内散策や散歩、誕生会などの予定や、一日の流れを分かりやすく表示しておく。
○持ち物の準備や始末などを自分からしようとする姿を見守る。新入園児には、できるようになったことを認めながら個々に合った援助をしていく。
◆落ち着いて楽しく食事ができるよう、季節の花をテーブルに飾ったり、座席を決めておいたりする。
○献立や食材について絵カードを使って伝える、調理中の匂いをかぐなどして、楽しい雰囲気の中で食事が楽しめるようにする。
◆砂場を掘り起こして水を掛け、扱いやすい状態にし、スコップやカップなどを分類して近くに置いておく。
○型抜きや泥団子作りを楽しむ姿を見守り、砂や土の色や感触の違いなど、子どもの気付きに共感する。
◆園庭の木々や草花、虫や小動物の様子を把握し、季節の絵本や図鑑、遊びに必要なポリ袋や飼育ケースなどを用意しておく。
○サクラが風に舞う様子を眺めたり、花びらを集めて遊んだり、アリやダンゴムシを見つけて友達と見せ合ったりするなど、思い思いに自然にふれて遊ぶ中で、美しさや不思議さ、おもしろさを感じている姿に共感し、保育者も共に楽しむ。
（絵本：『14ひきのぴくにっく』『こぶたほいくえん』
♪：『ひらいたひらいた』『おつかいありさん』『なべなべそこぬけ』『秘伝！ ラーメンたいそう』）
◆園内のクラス配置や、園庭の遊具や砂場などをイラストや写真で配置図にして貼っておき、5歳児クラスと連携を取って園内散策をする機会をつくる。
○友達と配置図を見ながら知っていることを話し、園内散策を楽しみにしている気持ちを受け止める。
○園庭の自然や遊びの場、保育室、職員室、給食室などについて、得意そうに教える5歳児の話を聞いて興味や期待を高めている姿に共感する。

反省・評価のポイント

★園生活の仕方や安全に遊ぶための約束などを知ることができたか。
★保育者や友達に親しみをもったり、園での遊びが楽しいと感じられたりするような環境構成や援助ができたか。

4月 週の計画

3週 4/15(月)〜20(土)

今週の予定：園外保育（散歩）、避難訓練

※ねらい（…Ⓐなど）が、月案と週案で関連し合っていることを読み取ってください。

前週の幼児の姿

○登園時に不安な様子が見られる子どももいるが、少しずつ園で過ごすことに慣れてきて、保育者や友達に親しみの気持ちをもち、好きな遊びを楽しむ姿が見られる。
○園内散策を通して園内の様々な所に興味をもち、異年齢児や園内の自然に自分から関わろうとしている。

ねらい（○）と内容（・）

○好きな遊びをしたり、保育者や友達と遊んだりすることを楽しむ。…Ⓑ
○草花や虫、小動物などに興味・関心をもち、見たり、触れたり、遊びに取り入れたりする。…Ⓒ
・自分のしたいことを見つけたり、保育者や友達のしていることをやってみようとしたりする。
・クラスのみんなで、季節を感じる絵本を見たり、歌をうたったりして楽しむ。
・園庭や園周辺で、草花遊びや、虫や小動物探しなどを楽しむ。
・思ったことや感じたことを言葉で伝えようとする。
・交通ルールや安全な歩き方、避難訓練の約束事や避難の仕方を知る。

具体的な環境（◆）と保育者の援助（○）

◆一人ひとりが好きな遊びを見つけられるように、落ち着いて遊べる空間や十分な時間を保障する。
○子どもが楽しんでいる姿に共感しながら興味を見極めて、場の広さや遊具の数、種類など、環境を再構成していく。
◆季節を感じられるような絵本や歌を選んでおき、子どもたちの興味に合わせて取り入れていく。
○子どもたちの表情を見ながらゆったりと絵本を読み聞かせたり、楽しくリズミカルに歌をうたったりして、クラスのみんなで楽しいときを共有できるようにする。
（絵本：『てんとうむしのてんてんちゃん』
『はらぺこあおむし』
『おたまじゃくしの101ちゃん』
♪：『さんぽ』『こいのぼり』　など）

◆事前に散歩の経路の安全を確認し、地域の自然の様子を把握して、田畑の様子を見たり、虫や小動物を見つけたりできるコースを選ぶ。
◆摘んだ草花を飾る小さな花瓶や、捕まえた虫を入れて観察できるような透明の容器、草花遊びや虫、小動物に関する図鑑などを用意しておく。
（図鑑：『草花遊び図鑑』『むし・くらしとかいかた』　など）
○タンポポやカラスノエンドウを摘んだり、綿毛を飛ばしたり、カエルやテントウムシを見つけて大喜びしたり、ユズの木の葉にいる黒い幼虫を不思議そうに見たりする姿を見逃さずに受け止め、気付きの言葉に耳を傾ける。
○地域に揚がっているこいのぼりを見つけて、友達と会話をしたり歌をうたったりする子どもたちと共に保育者も楽しみ、こいのぼりへの興味を高めていく。
◆避難経路や緊急時のマニュアルについてあらかじめ保育者間で共通理解しておき、避難訓練の前に子どもたちにも分かりやすい言葉で伝える。
○押さない、走らないなどの約束事をよく聞いて行動しようとする姿を認め、怖がらずに避難できるように個別に援助していく。

反省・評価のポイント

★保育者や友達と遊んだり、好きな遊びを見つけて安心して遊んだりできるよう環境を整え、一人ひとりに応じた援助ができたか。
★身近な草花や虫、小動物にふれて遊んだり、春の自然に親しんだりして楽しめたか。

CD-ROM ▶ 4月 ▶ 4歳児_4月_3・4週の計画

4月

週の計画

4/22（月）～30（火）

4週

今週の予定　誕生会

前週の幼児の姿

○クラスみんなでする活動を楽しみに集まり、気の合う友達のそばでうれしそうに絵本を見たり歌ったりしている。
○草花を摘んで遊んだり、虫や小動物を見つけたりなど、身近な自然とのふれあいを楽しんでいる。
○散歩で見つけたこいのぼりに興味をもち、話題にしている。

○様々な遊びに興味をもって、自分から遊ぼうとする。… Ⓑ Ⓒ
○保育者や友達と、遊んだり歌をうたったりする楽しさを味わう。… Ⓑ
・戸外で、体を様々に動かして遊ぶ楽しさを感じる。
・自然の中で、風の心地良さを感じて遊ぶ。
・保育者や友達と、動きや声を合わせたりふれあったりして遊ぶことを楽しむ。
・身近な材料を使って、思い思いにこいのぼりを作る。
・誕生会に参加して、4月生まれの友達をみんなで祝う。

◆子どもが思わず体を動かしたくなるよう、園庭に巧技台やマット、フープなどを配置し、よじ登る、飛び降りる、くぐる、ジャンプするなど、様々な動きが楽しめるようにする。
○広い場所で思い切り走ったり、体を様々に動かしたりする楽しさや、風に吹かれて遊ぶ心地良さを保育者も共に味わいながら、子どもが楽しんでいる気持ちを受け止めていく。

◆友達と手をつないだり名前を呼び合ったりして、ふれあいを楽しめるような遊びを用意しておく。
（『あくしゅでこんにちは』『あぶくたった』
『あひるのダンス』『健康筋肉体操』　など）
○保育者がリズミカルに歌ったり動いたりして遊びを進め、友達とふれあいながら動きや声を合わせる楽しさや、共に過ごす喜びが味わえるようにする。
◆こいのぼり作りでは、扱いやすい材料や用具を用意し、作る楽しさを味わえるようにする。また、できた物を飾る場をつくっておく。
○色や形などを楽しみながら作っている姿を見守り、一人ひとりの思いや工夫を認めていく。
○子どもが自分で作ったこいのぼりを戸外で風になびかせて遊び、風の心地良さを感じたり、こいのぼりの動きを楽しんだりする様子を見守る。
◆お祝いの歌をうたう、大型絵本を見る、5歳児手作りのメダルをプレゼントするなどして、誕生児をみんなで祝う機会をもつ。
◆自分やクラスの友達の誕生日が分かるように、一人ひとりの誕生日の日付の所に個別のマークを貼った年間のカレンダーを掲示しておく。
○誕生児のうれしい気持ちに共感し、他児も自分の誕生日に期待がもてるように言葉を掛ける。
（♪：『たんじょうび』『こいのぼり』
『みどりのマーチ』『幸せなら手をたたこう』
絵本：『きょだいな　きょだいな』
『ちいさなこいのぼりのぼうけん』）

反省・評価のポイント

★一人ひとりが自分の好きなことやしたいことを十分に楽しむことができたか。
★保育者や友達に親しみをもち、ふれあいを楽しみながらクラスみんなで過ごすことを楽しめるように援助できたか。

4月

日の計画

4/9（火）

ねらい
○保育者や友達に親しみをもち、安心して過ごす。
○好きな遊びや、保育者や友達とのふれあいを楽しむ。

内容
○持ち物の準備や始末を自分でしようとする。
○室内や園庭で好きな遊びを見つけて遊ぶ。
○歌ったり体を動かしたりして、ふれあって遊ぶ楽しさを味わう。

環境を構成するポイント

○持ち物の準備や始末がしやすいよう、子どもの動線を考えてテーブルやつい立てなどを配置する。
○興味のあることや、昨日の遊びの続きができるように場を整えておく。
○園内散策や散歩などの予定を記入したカレンダーや、園内の配置図をよく見える所に掲示しておく。
○“園って楽しそう！”と感じられるような内容の絵本を選ぶ。
○拾った花びらや捕まえた虫を入れられるように、カップや飼育ケースなどを用意しておく。

○友達とのふれあいが楽しめるような遊びや、簡単な動きを考えておく。
○自分の席が分かり安心して食事ができるよう、テーブルには個別のマークを付けておく。
○静かに午睡に入れるようオルゴール曲を流し、落ち着いた環境をつくる。

○午前中の遊びを引き続き楽しんだり、一人ひとりが落ち着いて好きな遊びをしたりできるような空間や場を工夫する。

予想される幼児の活動

○登園し、挨拶をする。
・朝の支度をする。
○室内で好きな遊びをする。
（ごっこ遊び、絵を描く、ブロック、列車、積み木、絵本　など）

○片付けをする。
○クラスのみんなで集まる。
・絵本を見る。
（『こぶたほいくえん』）

○園庭で遊ぶ。
・好きな遊びをする。
（砂場、固定遊具、草花遊び、虫探し　など）
・保育者や友達と体を動かして遊ぶ。
（体操：『秘伝！ラーメンたいそう』『なべなべそこぬけ』　など）
○手洗い・うがいをする。
○昼食の準備をし、食べる。
○午睡をする。
○排せつを済ませる。
○おやつを食べる。
○室内で好きな遊びをする。
（パズル、ブロック、ひも通し、絵本、捕まえた虫を見る　など）
○片付けをする。
○降園する。

保育者の援助

○一人ひとりと笑顔で挨拶をし、健康観察を行なう。
○子どもが自分で支度をする姿を認め、個々に応じた手助けをする。
○保育者も相手になり遊ぶ中で、遊び方を伝えたり、それぞれの遊びがより楽しめるように遊具を提供したりする。
○登場人物の気持ちに共感している子どもの表情を受け止めながら、読み聞かせていく。
○花の色の美しさ、虫の特徴や動きのおもしろさなど、子どもが気付いたことを大切に受け止めていく。
○子どもたちの反応を見ながら、テンポ良く遊びを進めたり動きに変化をつけたりする。
○友達と手をつないでうれしそうに歌ったり、体を動かしたりして遊ぶ姿に共感する。
○遊びの中に入りにくい子どもに寄り添い、手をつなぐ、仲立ちをするなど、安心して楽しめるよう援助する。
○午睡時には体調に変化がないか、一人ひとりをよく観察する。
○降園までの時間をゆったりとした雰囲気で過ごせるよう、子どもたちの思いを受け止めながら関わっていく。

反省・評価のポイント

★園生活の流れを分かりやすく伝え、子どもが安心して活動に取り組めるような工夫ができていたか。
★保育者や友達とふれあい、体を動かすことを楽しめたか。また、一人ひとりが喜んで遊びに参加できたか。

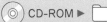

CD-ROM ▶ 4月 ▶ 4歳児_4月_9日の計画

4月 日の計画

4/24（水）

ねらい
○園庭で、保育者や友達と風の心地良さを感じながら遊ぶ。
○こいのぼりに興味をもち、様々な活動を楽しむ。

内容
○保育者や友達と、走ったり体を様々に動かしたりして遊ぶ。
○友達と、こいのぼりを見て話したり歌をうたったりして楽しむ。
○色や形を楽しみながら自分のこいのぼりを作る。

環境を構成するポイント

○こいのぼり作りに期待がもてるよう、前日に子どもたちと話し合い、保育者が作ったこいのぼりを飾っておく。
○興味をもった子どもからこいのぼり作りができるよう場を構成し、必要な材料や用具を用意しておく。
（こいのぼり形のカラーポリ、油性フェルトペン、○△□形のシール　など）
○できたこいのぼりをその場で飾れるように、室内にひもを張り、個別のマークを付けたクリップを用意しておく。

○保育者が作ったこいのぼりを園庭に持って行き、風に泳ぐ様子を見たり、風を感じたりできるようにする。
○昼食の準備や片付けがスムーズにできるような流れを考え、環境を整えておく。
○こいのぼりで遊べるよう、ひもと棒を取り付け、材料の補充をしておく。

予想される幼児の活動

○登園し、挨拶をする。
・朝の支度をする。
○室内で好きな遊びをする。
（こいのぼり作り、ごっこ遊び、塗り絵、ブロック、絵本　など）
○片付けて、集まる。
・友達が作ったこいのぼりを見る。
・絵本を見る。
（『ちいさなこいのぼりのぼうけん』）
○戸外で遊ぶ。
・こいのぼりを見たり、歌をうたったりする。（♪：『こいのぼり』）
・好きな遊びをする。
（固定遊具、フープ、かけっこ、虫探し　など）
○手洗い・うがいをする。
○昼食の準備をし、食べる。
○午睡をする。
○排せつを済ませる。
○おやつを食べる。
○室内で好きな遊びをする。
（パズル、ブロック、絵本　こいのぼり作り　など）
○片付けをする。
○降園する。

保育者の援助

○一人ひとりと挨拶を交わし、健康観察をして健康状態を把握する。
○自分から好きな色や形を選んで思い思いにこいのぼりを作っている様子を見守る。
○戸惑っている子どもに寄り添いながら、材料を提供したり、模様の提案をしたりする。
○自分のこいのぼりを友達に見てもらううれしさを感じたり、「つくりたい！」と興味や意欲をもったりしている姿に共感する。
○こいのぼりが風に泳ぐ様子を子どもと見ながら、驚きや気付きの言葉を受け止めたり、風が吹く心地良さを共に感じたりする。
○友達とうれしそうに追いかけっこをしたり、動きをまねたりして遊ぶ姿を温かく見守っていく。
○疲れが出てくるため、子どもの思いを受け止めながら、安定した気持ちで過ごせるように寄り添う。
○今日作った自分のこいのぼりを、明日は園庭に持って行って遊ぶことを伝え、作ったり遊んだりする明日の活動が楽しみになるようにする。

反省・評価のポイント

★こいのぼり作りの準備物や環境は十分であったか。
★作る楽しさや自分の作品ができたうれしさを味わうことができたか。
★この時季ならではの園庭の遊びを工夫し、楽しさに寄り添えていたか。

CD-ROM ▶ 4月 ▶ 4歳児_4月_24日の計画

5月の計画

園生活の調子をつくる機会を見逃さずに

生活

5月の休み明けには少しばかりの戸惑いもありながら、クラスの友達の顔と名前が分かり、一日の流れを受け止めて、自分なりに安心して過ごしていくようになります。また、4月の雰囲気とはどことなく異なる心地良い園生活を自分なりに受け止めるようになります。

人との関わり

周りの友達との遊びのきっかけを探り、気の合う友達との何げない付き合いが心地良くなります。子どもなりの出方や姿を手掛かりにして、園内の様々な環境にも目を留めていったり、友達を誘い合ったりしていく生活や遊びへのきっかけを、子どもと見つけていくようにしましょう。保護者にも、子どもたちの園生活の様子を、登園時や降園時に伝えていくことを怠らないようにしましょう。

季節ごよみ

○年長児が作ったこいのぼりが園庭に飾られている。園内には五月人形も飾られている。

○ダンゴムシやアリなどの虫や、池にはオタマジャクシが見られるようになる。

○木々の新緑が鮮やかになり、心地良い風が感じられる。

○アゲハチョウやモンシロチョウが飛び、幼虫も見られるようになる。

○ヒマワリやアサガオの芽が出る。

○隣接する小学校からは運動会の音楽が聞こえてきたり、児童が校庭で練習する姿が見られたりする。

○晴天が続き、日ざしが強くなり、蒸し暑い日もある。夏野菜の苗が少しずつ伸びてくる。

○園庭では、泥遊びや砂場など水を使った遊びが盛んになる。

遊びへの取り組み

友達に興味をもち、関わろうとする姿が見られます。また、戸外で過ごしやすくなる時期ということを踏まえ、いろいろな体を動かす遊びを取り入れ、保育者や周りの友達と輪をつくって遊べるようにしていきましょう。

保育なるほど解説！

保護者との連携の第一歩「保護者と共に」

新しい園生活に慣れてきて行動的になる5月です。子ども同士のちょっとしたぶつかり合いやいざこざも、よく起きてきます。園生活ではよく見られる光景ですが、我が子を初めて集団生活に送り出す保護者や、第一子の子育てに悩んでいる保護者にとっては、「大変なこと」として受け止められてしまうこともあるでしょう。保護者との連携をつくる第一歩は、こうした場面で、カウンセリングマインドをもって保護者一人ひとりと接し、子どもの成長を共に見守っていく関係をつくっていくことです。

5月の計画

5月 月の計画

※ねらい(…Ⓐなど)が、月案と週案で関連し合っていることを読み取ってください。

クラスづくり

○一人ひとりの子どもたちが、好きな遊びや場を見つけて遊べるような環境を整え、保育者や友達と関わりながら、満足感がもてるようにしたい。連休などがあり園生活に戸惑う姿を受け止め、子どもが安心感をもち、信頼が深まるようにしたい。
○戸外で体操をしたり、遊具を使ったりして、体を十分に動かして遊ぶ楽しさを味わえるようにする。また、初夏の身近な自然にふれて親しみ、興味・関心を広げていきたい。

	前月末の幼児の姿	ねらい	幼児の経験する内容
生活	○持ち物の準備や始末は自分でしようとする子どももいるが、保育者に手伝ってもらいながら行なう子どももいる。 ○園で過ごすことに慣れてきて、好きな遊びを見つけて遊んでいる。 ○園庭の巧技台やマット、フープなどを使って登る、飛び降りる、くぐるなど、体を動かすことを楽しんでいる。	○園での生活の仕方が分かり、自分でしようとする。…Ⓐ	○身の回りの始末や排せつ、着脱など、自分でできることは自分でし、できた喜びを味わう。 ○園生活での一日の流れが分かり、安心して過ごす。 ○園で使う遊具や用具などの使い方を知り、安全に使おうとする姿を見守る。 ○クラスのみんなとおやつや昼食を楽しく食べる。
人との関わり	○クラスみんなでする活動を楽しんだり、同じ遊びをしながら気の合う友達のそばにいることを喜んだりしている。 ○友達と手をつないだり、名前を呼び合ったりして、ふれあい遊びを楽しんでいる。 ○地域に揚がっているこいのぼりを見て、友達と会話したり、歌をうたったりしている。 ○扱いやすい材料や用具を使って、色や形を選んで楽しみながら、工夫してこいのぼりを作っている。	○保育者や友達と好きな遊びを十分に楽しむ。…Ⓑ	○保育者や友達とのふれあいや、友達のそばにいたり、同じことをしたりする関わりを楽しむ。 ○保育者や友達と園庭で体操や鬼ごっこなどをして、体を動かして遊ぶ心地良さを味わう。 ○様々な素材を使って、思い思いに描いたり、作ったりすることを楽しむ。 ○活動を通して、異年齢児に親しみをもつ。 ○保育者や友達と図鑑や絵本を見て、感じたことを伝えようとする。
遊びへの取り組み	○園庭の草花を摘んで花瓶に飾る、虫を探して観察する、風の心地良さを感じるなど、身近な自然を取り入れて遊んでいる。	○初夏の身近な自然や動植物に親しみ、興味をもつ。…Ⓒ	○新緑や木漏れ日、木陰の心地良さなど、初夏の自然の変化に気付く。 ○身近な生き物や草花、動物を見たり、触れたりして親しむ。 ○夏野菜の苗植えや種まき、世話を通して生長を楽しみにする。

家庭・地域との連携
保護者への支援も含む

★初夏の気候の変化や連休などで疲れが出やすい時季なので、家庭での様子を聞き、夜は早めに休むなど生活リズムを整えることの大切さを伝え、協力し合う。
★園生活での様子が分かる保育活動の写真を掲示し、親子で話題を共有し安心感をもってもらうようにする。
★ふれあい動物園の日程をポスターやホームページで知らせ、未就園児や地域の人も参加できるようにする。

CD-ROM ▶ 5月 ▶ 4歳児_5月_月の計画

健康・食育・安全への配慮
養護の視点も含む

○一人ひとりが心地良く過ごせるように、水分補給、汗の始末や衣服の調節など、必要に応じて知らせていく。
○誕生会には5歳児が作ったゼリーを、異年齢児と楽しく食べる機会をもつ。
○遠足や散歩に出掛けたときに、安全な歩き方や危険な場所に行かないなどの約束を、子どもたちと考えたり知らせたりしながら、身につくようにする。

指導計画から学ぶ（保育力アップ）

動植物と関わる中での気付きは学びの宝庫

　園生活に落ち着きが見られ、好きな遊びを十分に楽しむようになります。風や日陰の心地良さ、土作りや夏野菜や草花の種まき、苗植え、水やりをする中で、芽や苗の変化や感触、また抱いた動物の温かさなど様々な気付きをしています。保育者は、子どもたちが活動の中で何に気付いているか見取っていきましょう。

環境の構成と保育者の援助

自分でしようとする気持ちをもてるように

○登園時には一人ひとりと手をつないで挨拶し、温かく迎え安心感をもてるようにする。
○身の回りの始末などが分かり自分でできるように、整理用のかごにそれぞれの写真やイラストなどを掲示して、置き場所が分かるようにしておき、時間を十分に取る。
○手洗い・うがいや食事の準備など自分でしようとする姿を見守り、できた喜びを共感し、意欲をもてるようにする。
○おやつや昼食は一人ひとりの食事量や所要時間などに配慮し、会話を楽しみながら食べられるようにする。

好きな遊びが十分に楽しめるように

○室内では子どもたちが好きな遊びを始められるように、遊具は扱いやすい場所に置き、敷物を敷く、コーナーをつくるなどして落ち着いてじっくりと遊べるようにする。
○友達の遊びに興味をもち関わろうとする姿を見守り、必要な遊具を身近な所に準備し、楽しめるようにしていく。
○体操やダンスが楽しめるように音源や機器を準備する、ボールや乗り物は並べて置くなどして、好きな遊びが見つけられるようにする。
○体を十分に動かして友達と遊ぶ楽しさを味わえるように、ルールのある遊びを取り入れる。
○保育者も仲間に入って遊びながら、遊具の安全な使い方や遊び方をその都度伝えていく。
○思い思いに作ったり、描いたりすることができるように材料を用意する。作った物で遊ぶ、家族に見せることを楽しみにしながら作るなどの姿を認めていく。
○絵本や図鑑、歌や手遊びを準備し、話を聞く、友達と図鑑を見る、リズムに合わせて歌うことを楽しめるようにする。

初夏の自然、動植物に親しんで

○園庭の草花、栽培物の種まきや苗植え、生き物とのふれあいなど、動植物に関わる機会をもつ。
○初夏の自然に目を向け、見る、匂いをかぐ、触れるなどして、子どもの気付きに共感し、興味・関心が深まるよう会話を楽しみ、友達に伝えようとする気持ちに寄り添っていく。

ゆったり過ごすために…　～園で長時間過ごすための配慮～

それぞれのペースを大切に居心地良く過ごせるように

○一人ひとりの体調を把握し、ゆったりと過ごせる場をつくる。午睡が必要な子どもには布団やコットなどで横になれる部屋を準備する。
○異年齢で過ごす時間帯になるので、預かり保育に慣れない子どもには保育者が一緒に遊ぶことで安心できるようにする。
○日中の保育の様子は口頭や伝達ノートで伝え、担任と預かり保育担当者との連携を密にする。必要に応じて保護者にも知らせる。

保育者のチームワーク

★園の遊具、用具、園外保育での過ごし方などの子どもの安全に関わることを話し合い、共通理解する。
★子どもが安心感をもつように、クラスを超えて、一人ひとりの様子や体調の変化を把握し伝え合う。

反省・評価のポイント

★園生活や好きな遊びに、友達と取り組めるような環境が用意できたか。子どもの興味に共感して援助できたか。
★初夏の身近な自然の変化に気付いたり、ふれたりして親しむことができたか。

5月 週の計画

※ねらい（…Ⓐ など）が、月案と週案で関連し合っていることを読み取ってください。

1週 5/1（水）～11（土）

今週の予定　憲法記念日、みどりの日、こどもの日

前週の幼児の姿

○戸外で友達と巧技台やフープで遊んだり、思い切り走ったりして体を動かして遊ぶことを楽しんでいる。
○自分たちが作ったこいのぼりが風になびいて動く様子を見て、喜んでいる。

ねらい（○）と内容（・）

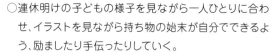

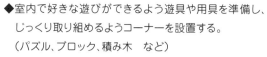

○園生活の流れが分かり、自分でしようとする。…Ⓐ
○好きな遊びを見つけ、保育者や友達と安心して過ごす。…Ⓑ
・持ち物の始末や排せつなどを自分から行なう。
・興味のある遊具や場、遊びを見つけて遊ぶ。
・子どもが好きな遊びを楽しみながら、思い思いの表現を楽しむ。
・初夏の日ざし、風の心地良さを感じながら身近な自然に親しむ。
・保育者や友達と歌やふれあい遊びなどを楽しむ。

具体的な環境（◆）と保育者の援助（○）

◆持ち物の置き場所をイラストなどで記し、時間に余裕をもち、自分のペースで落ち着いて身支度をできるようにする。
○連休明けの子どもの様子を見ながら一人ひとりに合わせ、イラストを見ながら持ち物の始末が自分でできるよう、励ましたり手伝ったりしていく。
◆室内で好きな遊びができるよう遊具や用具を準備し、じっくり取り組めるようコーナーを設置する。
（パズル、ブロック、積み木　など）

○子どもが取り組む姿を見ながら遊びが発展するように身近に遊具や用具を置いたり、アイディアが実現できるようなことばがけをしたりして、見守っていく。
◆一人ひとりの、子どもの興味を表現できるよう、必要に応じて素材や遊具などの環境を構成する。
（粘土、パス、画用紙などの紙類、筆　など）
○子どもが素材を工夫し、思い思いに表現できるよう、見守っていく。
◆園庭の遊具は点検をしておき、安全に楽しく遊べるようにする。
（ブランコ、滑り台、自転車　など）
○遊びながら遊具の正しい扱い方に気付かせるように関わり、楽しんで安全に遊べるよう見守っていく。
○初夏の風の心地良さを感じながら戸外の遊具で遊んだり思い切り走ったりして、体を動かす楽しさや、木陰で休む気持ち良さを味わっている姿を見守る。
◆こいのぼりを見てみんなで歌う、生活や季節の歌に親しむなど、場面に応じて楽しめる曲を準備する。
○ふれあい遊びや手遊びは、保育者とリズムに合わせて歌ったり、クラスのみんなで一緒に遊んだりすることの楽しさを感じられるようにする。

（♪：『こいのぼり』『おべんとうのうた』『つばめになって』
ふれあい遊び：『ひっつきもっつき』
手遊び：『キャベツの中から』『やおやのおみせ』『ぼうがいっぽん』）

反省・評価のポイント

★子どもの思いをくみ取り、共感しながら援助することができたか。
★好きな遊びを見つけて安心して園生活を過ごすことができたか。

CD-ROM ▶ 5月 ▶ 4歳児_5月_1・2週の計画

5月 週の計画

2週 5/13(月)～18(土)

今週の予定 夏野菜の苗植え、花の種まき

前週の幼児の姿

○園生活の流れが分かり、身支度を自分で行なっている。
○保育者や友達に親しみをもち、好きな遊びを見つけて遊んでいる。
○戸外で、遊具を使って遊んだり風を感じながら走ったりすることを楽しんでいる。

○保育者や友達と好きな遊びを楽しむ。… Ⓑ
○身近な草花や苗、種などに興味・関心をもつ。… Ⓒ
・自分なりのイメージをもって、様々に表現して遊ぶことを楽しむ。
・保育者や友達と遊具などを使って遊んだり、きれいに片付けられたことを喜んだりする。
・土作りをしたり苗植えや種まきをしたりして、世話をしながら生長を楽しみにする。
・戸外で遊んだ後の手洗い・うがいを進んでしようとする。
・歌をうたう、リズムに合わせて表現するなど、同じ遊びをする友達との関わりを楽しむ。

◆好きな遊びができるよう、子どもの思いや興味に応じて遊具や素材、用具を整えておく。
(布、新聞紙、色紙　など)
○布をマントに見立てる、新聞紙の帽子をかぶるなど、友達とのやり取りをして遊び、楽しむ姿を受け止め、保育者も共に遊びながら、子どもがイメージする世界で遊ぶ素朴な表現に共感する。
◆遊びに使ったり片付けたりしやすいよう、遊具や用具の置き場所などを絵カードで表示しておく。
○遊んだ後、絵カードを見ながら、決められた場所に片付ける、友達の片付けを手伝うなどの子どもの姿を認め、きれいになったことを喜び合う。
◆土作りに必要なスコップやシャベル、新しい土は菜園の近くに置き、図鑑を用意しておく。
(トマト、キュウリ、ピーマン、トウモロコシ、ヒマワリ、アサガオ、フウセンカズラ　など)
○5歳児が植えながら、話題にしていた苗を図鑑で調べたり、触ったりして、感触や匂い、色、形、花の種の大きさや模様など子どもの気付きに共感する。
○土作りをする中で、幼虫やミミズ、雑草の根などに驚いて伝え合っている子どもたちの関わりを見守る。
○子どもとネームプレートを立てたり、手作りじょうろで水をやったりしながら、生長を楽しみにするよう言葉を掛けていく。
○戸外での遊びや土を触った後に手を見て、洗うことの必要性に気付き、進んでしようとしている姿を認めていく。

◆季節の歌などを準備しておき、音楽に合わせて動いたり歌ったりすることを楽しめるようにする。
(♪:『どうぶつ体操1・2・3』『たけのこ体操』『たねまきちちんぷい』
手遊び:『ちいさな庭』
図鑑:『やさい・くだもの』
絵本:『やさいのおしゃべり』『ごめんやさい』『おりがみ』)

反省・評価のポイント

★子どものもつイメージや遊びに必要な環境を準備することができたか。
★身近な草花、苗や種などに興味をもち、関わりを楽しむことができたか。

5月 週の計画

3週 5/20(月)～25(土)

今週の予定 園外保育、避難訓練、身体計測

※ねらい(…Ⓐなど)が、月案と週案で関連し合っていることを読み取ってください。

前週の幼児の姿

○心地良い気候の中、菜園で土作り、苗植え、虫探しなどをして、身近な自然に親しんでいる。
○栽培物に水やりをしながら生長を楽しみにしている。
○室内や戸外で友達と関わって好きな遊びを楽しんでいる姿が見られる。

ねらい(○)と内容(・)

○戸外で伸び伸びと体を動かして遊ぶ心地良さを味わう。…Ⓑ
○保育者や友達と過ごす楽しさを感じる。…Ⓑ
・気の合う友達と好きな遊びや場を見つけて楽しく過ごす。
・戸外で遊具や用具で遊んだり、鬼ごっこなどで十分に体を動かしたりして楽しむ。
・保育者や友達と言葉を交わしながらふれあって楽しく遊ぶ。
・植物の生長や身近な虫、草花に気付き、世話をしたり遊びに取り入れたりする。
・園外での安全な過ごし方や地震時の避難の仕方を知る。

具体的な環境(◆)と保育者の援助(○)

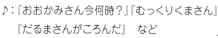

◆好きな遊びを見つけられるように遊具や用具は取り出しやすい所に置き、遊びの展開に応じて数や種類を整え、十分に時間を確保する。
(室内:ブロック、積み木、パズル、色紙、画用紙)
○気の合う友達と一緒に折ったり描いたり構成したりなどして、関わり合って遊ぶ姿を見守っていく。
◆戸外の遊具や用具などは安全点検をし、好きなときに出し入れして使用できるよう準備しておく。
(戸外:固定遊具、ボール、自転車
♪:『おおかみさん今何時?』『むっくりくまさん』
『だるまさんがころんだ』 など)
○上る、下りる、投げる、転がすなど、様々な体の動きを楽しんでいる姿に共感する。
○保育者が鬼役になり、みんなでできるルールを取り入れて一緒に遊ぶ楽しさを感じられるようにする。
◆花の水やりや、園庭で見つけたツマグロヒョウモンの幼虫やダンゴムシなどの虫や草花に親しみ、楽しめるように、じょうろや飼育ケース、ポケット図鑑や絵本などを用意する。
(絵本:『虫にんじゃ』『ぼく、だんごむし』 など)
○野菜や花に手作りじょうろで水やりをする姿を認め、生長を楽しみにできるような言葉を掛けていく。
○子どもたちの発見や驚きに共感し、自然物への興味・関心が広がるようにする。また、飼育ケースに入れた虫は元の場所に返すなど保育者が大切に扱うことで、小さい生き物にも命があることに気付かせていく。
◆園外保育では保育者が事前に下見をして安全な道順や公園の様子を把握しておく。
○当日は5歳児に手をつないでもらい、道の歩き方を教えてもらいながら、安心して行き帰りを過ごせるようにする。
○公園で見つけたタンポポやシロツメクサなどの草花を名札に飾ったり、指輪を作ったりして、身近な自然を遊びに取り入れて楽しめるようにする。

◆避難訓練は地震を想定し、身を守る方法を知らせ、保育者間で連携して安心して参加できるようにする。

反省・評価のポイント

★戸外で伸び伸びと体を動かしたり、自然にふれたりして遊ぶ楽しさを味わうことができたか。
★保育者や友達と関わり合えるような仲立ちや環境構成ができたか。

5月 週の計画

4週 5/27(月)～31(金)

今週の予定：誕生会、ふれあい動物園

前週の幼児の姿

○水やりをして苗が伸びたことや種から芽が出たことなどの生長に気付き、話題にしている。
○好きな遊びを通して友達と遊ぶ楽しさを感じられるようになってきている。
○虫や草花など、身近な自然に親しんでいる。

○友達と一緒に思い思いに表現することを楽しむ。… Ⓑ
○気候に合わせた生活の仕方が分かり、健康に過ごす。… Ⓐ
・友達と誘い合って好きな遊びを楽しむ。
・上着を脱ぐ、汗を拭く、湯茶を飲むなど健康に必要な習慣が分かり行なう。
・様々な素材や材料に親しみ、描いたり作ったりする。
・ふれあい動物園で見たこと、聞いたこと、感じたことを言葉や体で表現して楽しむ。
・みんなで歌ったり、異年齢児の歌を聴き合うなどして喜ぶ。

◆好きな遊びを繰り返しじっくり遊ぶことができるよう遊具や用具を準備し、気に入った遊びの続きができるよう場や時間を確保しておく。
○誘い合って友達と水やりをしながら、夏野菜や草花の種から芽が出たこと、苗が伸びたことなどに気付き、匂いをかいだり触れたりするなど、生長に気付いて話している子どもの驚きやつぶやきを受け止め、他児にも伝えていく。
◆熱中症予防のため、戸外の日陰に休憩コーナーをつくり湯茶を準備し、適宜休憩を促す。
○新緑や木漏れ日、風を感じてゆったりと心地良く過ごせるようにする。
○園庭では帽子をかぶる、汗を拭く、上着を脱ぐなど機会を捉えて知らせ、進んでしようとする姿を認める。
◆ふれあい動物園に期待がもてるよう、動物の写真や絵本、図鑑などを用意しておく。
○動物に出会った喜びや驚きに共感し、楽しむ。
○抱いた動物の温かさ、動きや鳴き声などを言葉や動作で伝え合ったり、表現したりする姿を受け止めていく。
◆動物を見て、思ったことを描いたり作ったりするなどして表現できるよう、素材や用具を準備する。
（空き箱や容器、画用紙などの紙、パス、はさみ、のり、セロハンテープ、油粘土　など）
○好きな素材を選び、考えたり工夫したりして、動物や餌、ケージなどを描いたり作っている子どもの発想に寄り添い、必要に応じて援助する。

◆異年齢児が集えるよう遊戯室に椅子を配置し、季節の壁面装飾を施し、明るい雰囲気にしておく。
○誕生会では保育者の出し物を見る、季節の歌をうたう、5歳児が作ったゼリーを食べるなど、みんなで楽しく誕生児を祝う計画をする。
（♪：『丘をこえたらおべんとう』
手遊び：『あひるはグワグワ』『コロコロたまご』
パネルシアター：『いちごはどこ？』）

反省・評価のポイント

★身近な動植物に関わり、興味・関心をもって遊んだか。
★友達と誘い合って遊ぶきっかけを見つけられるような援助ができたか。
★子どもたちの様々な表現を受け止め、思い思いの活動に取り組めるような環境構成ができたか。

5月 日の計画

5/14(火)

ねらい
○戸外で保育者や友達と伸び伸びと体を動かして楽しむ。
○苗植えや種まきに期待をもって準備をする。

内容
○保育者や友達と気に入った遊具や場を見つけて遊ぶ。
○苗植え、種まきを楽しみにしながら、じょうろやネームプレートを作る。
○園庭で体を動かして遊ぶ心地良さを味わう。

環境を構成するポイント

○子どもが興味・関心をもつことができるように、夏野菜や花の図鑑、絵本、写真などを準備しておく。

○子どもが好きな遊びを見つけて、遊びが始められるように遊具や素材、用具を手に取りやすいように並べておく。
(布、新聞紙、ペットボトル、牛乳パック、油性フェルトペン、色紙　など)

○あらかじめボトルキャップには穴をあけておく。

○ネームプレート作りでは、あらかじめ牛乳パックを切って植物名を書いておく。

○季節や子どもの興味に合わせて親しみやすい歌やリズム体操を選ぶ。

○固定遊具の安全点検をしておく。

○食後はゆったりと過ごせるように保育室にござやマットを敷いておく。

○子どもが選んだ絵本を読み聞かせて楽しめるようにする。

予想される幼児の活動

○登園し、挨拶をする。
・朝の支度をする。
○好きな遊びをする。
(電車・ミニカー遊び、絵本、図鑑、おうちごっこ、じょうろ・ネームプレート作り　など)

○片付けをする。
○保育室に集まる。
・歌をうたう。
(♪:『たねまきちちんぷい』)
○園庭で遊ぶ。
・『たけのこ体操』をする。
(ブランコ、滑り台、砂場、手押し車、スクーター、虫探し、小石集め　など)
○保育室に戻る。
○排せつ、手洗い・うがいをする。
○昼食の準備をして、食事をとる。
○昼食の片付けをする。
○好きな遊びをする。
(絵本、パズル、描画、ブロック、固定遊具、虫探し　など)
○片付けをする。
○降園準備をする。
○降園する。

保育者の援助

○朝の支度は自分でしようとする姿を見守り、一人ひとりの様子に合わせて励ましたり、さりげなく手助けをしたりする。

○保育者も遊びに加わり、友達と同じことをして遊ぼうとする子どもの言葉を仲立ちしたり、なり切って遊ぶ子どものイメージに共感したりする。

○苗植えや種まきを楽しみにしながら、油性フェルトペンで好きな絵や模様を描いて、じょうろやネームプレート作りをする姿を見守る。

○みんなで声を合わせ、魔法の言葉を唱えながら歌う喜びを感じている姿に共感する。

○リズムにのって体操をする、手押し車で遊ぶなど、保育者も遊びに加わり、自発的に子どもが体を十分に動かして楽しむ様子を見守る。

○菜園で5歳児が植えた苗に興味をもつ姿を受け止め、図鑑を見たり、話題にしたりして、共に楽しむ。

○本日の活動について話し合い、明日の土作りについて知らせ、期待をもって登園できるようにする。

反省・評価のポイント

★好きな遊びを見つけて、保育者や気の合う友達と楽しんだか。
★保育者も一緒に遊びながら意欲を高めることができたか。

CD-ROM ▶ 5月 ▶ 4歳児_5月_14日の計画

5月 日の計画

5/30（木）

ねらい
○保育者や友達と遊ぶ楽しさを味わう。
○思ったこと、感じたことを様々に表現して楽しむ。

内容
○気の合う友達と様々な遊びを楽しむ。
○自分なりのイメージで作ったり、手遊びを楽しんだりする。
○手洗い・うがい、衣服の調節などの仕方を知り、自分でしようとする。

環境を構成するポイント

○動物の図鑑を並べ、写真などを飾る。
○作りたい動物に必要な素材や用具を整えておく。
（空き箱、空き容器、色紙、色画用紙、紙テープ、毛糸、モール、油粘土、はさみ、のり、セロハンテープ、油性フェルトペン　など）
○色画用紙は扱いやすい大きさに切っておく。
○できた動物を飾ったり見たりして遊べるような場所を確保する。
○子どもに見えやすいように、紙芝居の角度や子どもの座る位置に配慮する。
○いつでも休憩ができるように、日陰にベンチや水筒を準備する。
○気温などに配慮して、昼食後はゆっくりと遊びながら過ごせるように、遊具を準備しておく。

予想される幼児の活動

○登園し、挨拶をする。
・朝の支度をする。
○好きな遊びをする。
（好きな動物を作る、ごっこ遊びをする、絵本を見る、電車やミニカーなどで遊ぶ）
○片付けをして集まる。
・作った動物をみんなで見る。
・手遊びをする。
（♪：『あひるはグワグワ』）
・紙芝居を見る。
（紙芝居：『ぎざみみウサギ』）
○園庭で遊ぶ。
（固定遊具、砂遊び、水やり　など）
○片付けをして保育室に戻る。
○排せつ、手洗い・うがいをする。
○昼食の準備をして、食事をとる。
○昼食の片付けをし、好きな遊びをする。
（絵本、描画、ブロック、粘土、パズル　など）
○片付けをする。
○降園準備をする。
○降園する。

保育者の援助

○子ども一人ひとりと笑顔で挨拶を交わし、健康状態を把握する。
○自分で材料を選び、様々な動物やケージ、餌などを作る姿を見守り、イメージを受け止め、共感していく。
○友達と考えたり、アイディアを認め合ったり、楽しさを共感したりする関わりを見守り、作る喜びが味わえるようにする。
○動物の鳴き声や動きのおもしろさを感じられるように、保育者も共に手遊びを楽しむ。
○水やりをする中で、草花の変化などへの驚きを受け止め、他児にも知らせて生長の喜びを共有し合う。
○気温に応じて汗を拭く、衣服を調節するなどの方法を具体的に知らせ、進んで行なえるようにする。
○好き嫌いや少食など、一人ひとりの食べる様子を把握し、必要に応じて援助しながら楽しい雰囲気の中で食事がとれるようにする。
○昼食の準備や片付け、降園準備などを進んでする姿を見守り、できたことを認め、自信につながるようにする。

反省・評価のポイント

★友達と様々な遊びを十分に楽しむことができたか。
★動物作りでは、準備物や製作する場所、飾って遊ぶスペースは十分だったか。
★子どもたちの発想を生かしながら、遊びを進めることができたか。

CD-ROM ▶ 5月 ▶ 4歳児_5月_30日の計画

6月の計画

環境を取り入れて友達と遊びたくなる生活に

生活

4月や5月のような穏やかな日々とは限らず、長雨が続きます。ですが、園庭のあちこちに水たまりができて、これが格好の遊び場になります。水の冷たさに触れることも初夏の暑さには心地良いものでしょう。

人との関わり

花壇の花や畑の野菜をはじめ、雑草地の植物や虫などの様子に、新鮮な驚き、感動、不思議を毎日のように感じ取っていく園生活です。こうしたわずかな環境の変化を友達と伝え合い、自分たちの生活や遊びに取り込むことにも夢中になります。

季節ごよみ

○日ざしが少しずつ強くなり、気温や湿度が高くなる。

○苗を植えた野菜の花が咲き始めたり、種をまいた花の芽が生長したりする。

○梅雨入りし、雨の日が多くなる。

○アジサイの花が咲いている。

○園庭でカタツムリなどを見つける。

○蒸し暑い日や雨が降って肌寒い日など、日によって気温差がある。

○日ざしが強い日、気温や湿度の高い日が多くなってくる。

○栽培している野菜が実を付け始める。

遊びへの取り組み

保育者も子どもたちから誘われたり、子どもたちを誘ってみたりして、子どもたちの生活や遊びの輪に入ってみましょう。園内の環境を探索する、土や水に触れる遊びを工夫してみるなど存分に取り入れてみましょう。

保育なるほど解説！

「おやくそく」とルールの間

園生活には、遊びの仲間に入るときに「いれて！」と言う、片付けはみんなでするなど、幾つかの生活や遊びのルールがあります。集団生活を始めたばかりの子どもは、ルールは「おやくそく」として受け止め、保育者との信頼関係に支えられて、守ることができるようになっていきます。つまり、子どもたちは、保育者の一挙一動から、自分はどうしたら良いのかを学んでいくので、ルールに気付いて守っているときにはしっかり褒めて、自分で考えて行動できるようにすることが大切です。

6月 月の計画

※ねらい(…Ⓐなど)が、月案と週案で関連し合っていることを読み取ってください。

クラスづくり

○園生活にも慣れ、一人ひとりが自分のしたい遊びへ十分に向かうことや、子ども同士の関係の広がりを見通しながら好きなことができたり、友達とつながったりする経験を広げていけるような環境と時間を確保する。

○梅雨期の自然事象や自然物に興味・関心をもてるようにするとともに、心地良く過ごすための生活の仕方が身につくようにする。

前月末の幼児の姿

生活

○一日の生活の流れが分かり、身支度や着脱など身の回りのことを自分でしようとする姿が増えている。

○行動範囲が広がり、遊具や用具の安全な使い方を理解しながら、園庭で活発に体を動かして遊んでいる。

人との関わり

○自分の好きな遊びを通して、周囲の子どもへの関心が出てきて、友達と関わって遊ぶようになっている。

○友達との関わりの中で、自分の思いを言葉や動きにして伝えようとしている。

遊びへの取り組み

○様々な素材や道具を使って、自分のイメージした物を描いたり作ったりしている。

○草花や虫に触れて遊んだり、飼育物に興味をもって関わろうとしたりしている。

○育てている夏野菜の生長に気付き、興味をもって水やりや観察を楽しんでいる。

ねらい / 幼児の経験する内容

ねらい: ○梅雨期の生活の仕方を知り、保育者の見守りの中で取り組もうとする。…Ⓐ

幼児の経験する内容:

○歯の健康や手洗い、汗の処理や着替え、水分補給など、生活の仕方を知って自分で行なう。

○雨具の使い方や片付け方などを知り、保育者の見守りの中で取り組もうとする。

○様々な遊具の使い方、雨の日の室内での遊び方を知り、安全に過ごす。

○プール遊びの身支度や約束を知り、取り組もうとする。

ねらい: ○友達と関わりながら、好きな遊びを楽しむ。…Ⓑ

幼児の経験する内容:

○好きな遊びを見つけて、友達と楽しむ。

○友達のやっていることや遊びに興味・関心をもつ。

○思ったことやしたいことを自分なりの言葉や動きなどで表現する。

○友達と楽しんで歌をうたったり、音楽に合わせて体を動かしたりして遊ぶ。

○道具の使い方が分かり、様々な素材を使って自分のイメージした物を描いたり、作ったり、作った物で遊んだりして楽しむ。

ねらい: ○梅雨の自然事象や身近な自然物に興味をもって、見たり触れたりする。…Ⓒ

幼児の経験する内容:

○水、砂、土、泥などに親しみ、触れて遊ぶ。

○身近な生き物や植物に興味をもち、様子を見たり、触れたりして関わる。

○梅雨期の自然事象や自然物のおもしろさに気付いて遊ぶ。

○栽培物や飼育物に親しみをもち、保育者や友達と世話をしたり様子を見たりする。

家庭・地域との連携
保護者への支援も含む

★子ども同士での様々な関わりが増え、関係の広がりが見られるなど、人間関係の成長について伝えていく。

★クラス懇談会では、日々の子どもの様子や保育内容を伝え、保護者と共に話し合い、共有していく。

★園の掲示板やホームページで『園庭開放』の情報を掲載し、地域の親子との交流や、育児相談をする機会をつくっていく。

健康・食育・安全への配慮
養護の視点も含む

○蒸し暑さや天候に応じて、雨具の扱い、汗や雨でぬれた衣服の着替えや、水分補給を促すなど、梅雨期の生活の仕方を伝えていく。
○夏野菜の世話を通して、給食の食材と同じ物があることを話題にして、興味をもてるようにする。
○雨の日や雨上がりは、廊下や床、園庭の大型遊具の階段などが滑りやすくなっていることを子ども自身が気付けるように声を掛けていく。

指導計画から学ぶ 保育力アップ

梅雨期の自然は学びの宝庫

「雨だれぽったんどんな形？」と雨水を目で追う姿、「カタツムリのツノはどれ？」「草が伸びたね」などと、自然に関わる子どものつぶやきに、学びの芽が捉えられます。雨上がりには水たまりの水をスコップですくって、泥遊びに発展させるたくましさも発揮します。自然の恵み、不思議や変化を体験する姿に寄り添い、学びの芽を共に感じて育てましょう。

環境の構成と保育者の援助

梅雨期を安全・快適に過ごすために

○歯磨きや手洗い・うがい、着替えなどを自分でしようとする姿を見守り、必要に応じて共に行なう、励ます、認めるなどしていく。
○水筒置き場を設け、適時、水分補給をするように促す。汗をかいた後は汗を拭いたり着替えたりすることを伝えていく。
○レインコートの片付け方や傘の畳み方、プール遊びの身支度は写真やイラストにして掲示し、保育者や友達と共に確認して行なえるようにする。
○雨の日の室内での過ごし方や遊具の安全な使い方について、その都度子どもと共に確認していく。
○水、砂、土、泥などに思い切り触れ、一人ひとりが夢中になって遊ぶことができるよう、着替えを用意する。
○プール遊びをするときは、それぞれのペースで安全に楽しく遊べるための約束や手順を子どもと共に確認し合いながら実施する。

友達と関わって遊びを楽しめるように

○一人ひとりが好きな遊びに興味をもって繰り返し、遊んだり作ったり試したりできるよう、素材や用具を十分に用意する。
○保育者も遊びの中に加わり、遊びのきっかけづくりをしたり、子ども同士で遊びを広げていく姿を見守ったりする。
○遊びの中で、自分なりの言葉で、保育者や友達にしてほしいことや思いを伝えようとしている姿を認めていく。
○子どもの動きや音に合わせ保育者がピアノを弾き、友達と歌をうたう、楽器を鳴らすなどの楽しさを味わえるようにする。

梅雨の自然の変化に気付き、親しむために

○土に水を混ぜたら感触が変わったり、硬さが変わったりすることに気付き、試したり発見したりする姿に共感する。
○雨の日の様子や、園で育てている夏野菜、飼育物など、自然事象の変化や身近な自然物に興味をもつことができるように、保育者が関心をもって関わったり紹介したりする。
○生き物や植物の図鑑や写真を、保育室や飼育ケースの近くなど、子どもの目線に入りやすい場所に用意する。

ゆったり過ごすために… ～園で長時間過ごすための配慮～

雨の日を異年齢で楽しく過ごそう！

○雨の日が多くなり室内で異年齢児と関わって過ごす機会も増えるので、それぞれの年齢が興味をもって遊びを見つける中で異年齢児の遊びに興味をもてるように環境を工夫し、保育者が関わりの仲立ちをしていく。
○プール遊びや日中の蒸し暑さから疲れが出やすい時季なのでマットを敷くなどゆっくりできるスペースをつくる。一人ひとりの姿や体調に合わせて休息の時間を取ったり、自分のペースで遊べるように一日の生活の流れを配慮したりする。

保育者のチームワーク

★プールや、雨の日のホールの使用など、他クラスと調整する。合同で遊ぶ機会をもつ場合は、子ども同士の関わりや遊びの内容の変化を保育者間で共有し、連携して援助できるようにしていく。

反省・評価のポイント

★子ども同士の関わりや、友達と小集団で集まって遊ぶ楽しさを味わうことができたか。
★梅雨期に合わせた生活の仕方や遊び方に応じた環境構成や適切な援助ができていたか。

※ねらい（…Ⓐなど）が、月案と週案で関連し合っていることを読み取ってください。

6月 週の計画

1週 6/1（土）～8（土）

今週の予定：歯科検診、泥遊び、歯と口の健康週間、入梅

前週の幼児の姿

○好きな遊びを通して、友達と関わったり、言葉のやり取りをしたりすることを楽しめるようになっている。
○過ごしやすい気候の中で、戸外で体を動かすことや、植物や生き物とふれあうことを楽しんでいる。

ねらい（○）と内容（・）

○好きな遊びを通して友達と関わって遊ぶことを楽しむ。…Ⓑ
○水、砂、土、泥などに親しみ、感触や変化を楽しむ。…Ⓒ
・友達と関わって好きな遊びをする。
・保育者や友達に、したいことや思ったことなどを言葉で伝える。
・水、砂、土、泥などに触れ、自分なりに試したり発見したりして楽しむ。
・季節に合わせた歌や絵本を楽しみ、興味をもつ。
・歯の健康に関心をもち、自分で歯磨きに取り組もうとする。

具体的な環境（◆）と保育者の援助（○）

◆積み木やブロック、ままごとの遊具や素材などを子どもと共に準備や片付けを行ない、繰り返し遊んだり試したりできるよう十分に時間を確保する。
○保育者も遊びに加わり、子ども同士の関わりのきっかけづくりをしたり、遊びを広げていく姿を見守ったりする。
◆友達の遊びに興味をもち、同じ遊びが楽しめるように、遊具や素材の量を十分に準備する。
○必要に応じて、やり取りのときに言葉を添えたり、関わりの仲立ちとなり、友達との接し方や遊びの参加の仕方が分かるようにする。
◆砂場を掘り起こしたり、園庭に泥遊びゾーンを作ったりしておく。汚れることが苦手な子どもには、たらいやバケツに泥や水を入れるなどして、それぞれの子どものペースで遊ぶことができるようにする。

○泥団子作りや型抜きでは、砂、土、泥などの感触を楽しんだり、水の量を工夫することで硬さや形が違ってくることに気付いたりして、遊ぶ姿を受け止め共感する。
◆梅雨や時の記念日に関連する歌や絵本を用意し、季節の変化に興味をもてるようにする。
（♪：『あめふりくまのこ』『とけいのうた』
絵本：『あめふり』『かえるのレストラン』）
○一日のスケジュールを時計を使って分かりやすく伝えたり、色紙で“腕時計”を作って遊んだりして、時間や時計に興味・関心がもてるようにする。
◆歯磨きをする大切さや虫歯予防について子どもと考えていけるように、看護師によるイラスト・顔の人形を使った保健指導を通して視覚的に歯磨きの仕方を伝えていく。
○ふだんから歯磨きの大切さに気付き、自分から歯磨きができるように、保育者がそばについて正しい歯の磨き方を伝えたり、励ましたりし、必要に応じて仕上げ磨きを行なうようにする。

反省・評価のポイント

★好きな遊びを通して、数人の友達と関わり、友達の存在や言葉に関心をもつことができたか。
★遊びを継続して楽しんだり、友達との関係が広がったりするような環境構成や援助ができていたか。

CD-ROM ▶ 6月 ▶ 4歳児_6月_1・2週の計画

6月 週の計画

2週 6/10(月)～15(土)

今週の予定：時の記念日、雨の日散歩、園内散歩、入梅

前週の幼児の姿

○同じ遊びの中にいる友達の存在や言葉に気付き、少しずつ小集団で関わって遊ぶ姿が増えている。

○水、砂、土、泥などに触れ「ドロドロっていい気持ち！」「団子作りにはサラサラの砂がいるね」など感触を楽しみ、硬さや粒の大きさ、形の違いに興味をもっている。

○梅雨期の生活の仕方を知る。… Ⓐ

○身近な自然に興味をもち、触れたり、遊びに取り入れたりして楽しむ。… Ⓒ

・雨具の始末や水分補給など、梅雨期の生活の仕方を知り、行なう。

・友達の動きや遊びに興味をもち、思ったことを言葉や動きで表す。

・雨の日や雨上がりのおもしろさに気付いて遊びに取り入れる。

・梅雨期の身近な生き物や植物を見つけたり、触れたりする。

・季節の曲を歌ったり、音楽に合わせて体を動かしたりして遊ぶ。

◆傘を片付ける場所をイラストで知らせる、レインコートの畳み方を写真で掲示するなどして、子どもたち自身で取り組めるようにする。

◆遊びの後に汗をかいたり衣服が汚れたりしたときは、汗拭きタオルや着替えを用意する。

○水分補給の意味や大切さを伝え、活動の後や汗をかいたときには湯茶を飲むように促していく。

◆子ども一人ひとりがそれぞれに好きな遊びに集中して遊ぶことができるように、遊びを展開する場所を調整したり、素材や遊具を十分に用意し、時間を確保したりする。

○雨の日の室内での過ごし方、遊具の安全な使い方について、場面を捉えて具体的に知らせていく。

○友達と関わって自分の思いを言葉や動きにして伝えようとする姿を受け止め、必要に応じて互いの思いをくみ取って、仲立ちをし、言葉を添えていく。

○雨の日にレインコートを着て傘を差し、園庭で雨の様子を見に行ったり、雨上がりに水たまりやアジサイなどを見つけに行ったりして、雨や雨上がりのおもしろさを感じられるようにする。

◆生き物や植物の図鑑や写真などを飼育ケースの近くなどの子どもの目線に入りやすい場所に用意し、興味をもったときに自分で見たり、比べたりできるようにする。

○保育者がカタツムリなどの身近な生き物や、アジサイなどの梅雨期の植物に関心をもって関わり、紹介することで子どもが身近な自然に興味をもって見たり触れたりできるようにする。

◆歌詞に出てくる生き物や雨降りの様子をイメージして歌ったり、体を動かしたりすることができるように写真やイラストを飾っておく。

◆親しみのある季節の曲を取り入れ、歌に出てくる生き物などになり切って体を動かして楽しめるようにする。

（♪：『かえるの合唱』『かたつむり』『あまだれぽったん』）

反省・評価のポイント

★梅雨期ならではの、生活や遊びを楽しめるような環境構成や援助の工夫はできたか。

★梅雨期の植物や生き物と出会い、見たり、ふれあったりすることを通して興味・関心を更に広げることができたか。

※ねらい(…Ⓐなど)が、月案と週案で関連し合っていることを読み取ってください。

6月 週の計画

3週 6/17(月)〜22(土)

今週の予定：クラス懇談会

前週の幼児の姿

○遊具や用具の使い方が分かり、様々な素材を使って自分のイメージした遊びや好きな物を作ることを楽しんでいる。
○雨の日散歩で自然物にふれたり、歌や動きで表現したりして「くもがでてきたからあめがふるよ」と、雨の日や雨上がりの自然の変化に興味・関心をもっている。

ねらい(○)と内容(・)

○友達とふれあったり関わったりして遊ぶ楽しさを味わう。…Ⓑ
○栽培物や梅雨期の生き物の様子に興味・関心をもつ。…Ⓒ
・戸外や室内の広いスペースで思い切り体を動かして遊ぶ。
・思ったことやしたいことを自分なりの言葉や動きで伝え、友達と関わる。
・栽培物や梅雨期の生き物に興味・関心をもって関わり、世話をしたり気付いたことを言葉で伝えようとしたりする。
・素材や用具を選び、自分なりに描いたり作ったりして楽しむ。
・友達と歌をうたったり、楽器を鳴らしたりして一緒に楽しむ。

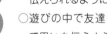

具体的な環境(◆)と保育者の援助(○)

◆雨の日は室内で体を動かして遊べるように広いスペースを確保し、跳び箱やマットなどを用意しておく。
○準備や片付けは子どもと行ない、安全な使い方や遊び方を保育者と共に確認していく。
○戸外では、保育者も鬼ごっこや追いかけっこなどの遊びに誘い掛けたり、子ども同士で体を動かして遊ぶことを楽しむ姿を認めたりしていく。
◆朝の集いや帰りの集いの際に「今どんな気持ち？」のポスターのイラストを見て、自分の気持ちを言葉で表して伝えられるようにする。
○遊びの中で友達と関わろうとしたり、自分なりの言葉で思いを伝えようとしたりしている姿を認めていく。
◆栽培物に興味をもって水やりなどの世話ができるように、じょうろやバケツなどを用意しておく。

○雨上がりに見つけたカタツムリやカエルなど梅雨期の生き物に興味をもったり、花壇に生えている草の存在に気付いたりする姿を受け止める。「これは、ツノかな？めだまかな？」「こんなにくさがはえてきたね」などと、子どもが自然の息吹や不思議さを感じて驚く姿に寄り添い、共感していく。
◆子どもが自ら選んで素材や用具を使って遊ぶことができるように、空き箱やペーパー芯、輪ゴム、ボトルキャップ、色画用紙などの素材や、はさみ、テープなどの用具を用意しておく。
○自分のイメージした物を自分なりに描いたり作ったりする楽しさを味わえるよう見守る。
○次週から始まるプール遊びを楽しみにし、牛乳パックやペットボトルの舟、水を入れる容器など、水遊びの玩具を自分なりにイメージして作っている姿に共感する。
◆鈴、カスタネット、タンブリン、トライアングルなど、ふだんから自由に楽器を手に取って遊ぶことができるように用意しておく。

反省・評価のポイント

★自分の思いを伝えたり、友達の思いに関心がもてたりするような関わりや、遊びの展開の仲立ちや援助ができたか。
★子どもが栽培物や梅雨期の生き物の様子に興味をもち、関わりながら様々な気付きが見られたか。

CD-ROM ▶ 6月 ▶ 4歳児_6月_3・4週の計画

6月

週の計画

4週 6/24(月)～29(土)

今週の予定 プール開き

前週の幼児の姿

○保育者や友達に「もうすぐプールだね！」「みずぎとタオルよういするんだよ！」と話題にして、プール遊びが始まることに期待をもっている。
○水遊びの玩具作りなどを通してイメージした物を作る達成感を味わい、できあがった物で遊ぶことを期待している。

○プールで水に存分に触れて遊ぶ楽しさを味わう。…Ⓐ
○様々な素材や用具に親しんで作り、作った物で遊んで楽しむ。…Ⓑ
・プール遊びのときの身支度や約束が分かり、自分でしようとする。
・プールで水に触れて自分なりの遊び方や体の動きを楽しむ。
・栽培物の世話をしたり生長に気付いたりしながら、収穫を楽しみにする。
・様々な素材を使って、自分なりにイメージして作り、遊びに使って楽しむ。
・友達と声や音を合わせる心地良さを感じながら、歌や楽器遊びを楽しむ。

◆水着の着替え方や、プールで安全に水遊びをするときの約束事を写真やイラストなどで分かりやすく表示し、子ども自身で確認できるようにしておく。
○今年度初めてのプール遊びとなるので、水位を低く設定し、子どもが安心して遊べるように留意する。また、場面に応じて、安全な遊び方を繰り返し伝えていく。
◆プールで楽しめるように、前週に一人ひとりが作った水遊び用の玩具を用意していく。
○プールの中で、思い切り動きたい子ども、自分のペースで動きたい子どもなど、一人ひとりの水への興味や抵抗感を把握しながら遊びを進めていく。

◆園の栽培物の生長や変化に気付けるように写真を掲示したり、植物に関する図鑑や絵本を用意したりしておく。
○「せがたかくなってる！」「みができてる！」「きゅうしょくでたべたいね」など、子どもが生長や変化に気付き、興味をもつ姿を共有し、収穫に期待をもてるようにする。
◆ペットボトルや空き箱、缶、輪ゴムなどの素材や用具を準備し、手作り楽器を作って遊ぶことができるようにする。(ペットボトルのマラカス、空き缶太鼓、箱ギター　など)
○はさみの切り方、テープ類の使い方などの用具の使い方は保育者が見本となって使い方を見せたり伝えたりする。
◆楽器を用意し、友達と鳴らしたり簡単なリズムを打ったりなどして、音を合わせることの楽しさを味わえるようにする。
○素材を使って音を出してみたり、作った物を楽器に見立てて遊んだりする姿に合わせて、保育者がピアノを弾き、音楽やリズムに合わせて楽器を鳴らす楽しさを味わえるようにする。

反省・評価のポイント

★プール遊びで、水に対する興味を広げ、水とふれあう楽しさを味わうことができたか。
★子どもが素材や用具を選び、自分なりに作ったり遊んだりするような環境構成や援助ができていたか。

6月 日の計画

6/6（木）

ねらい
○好きな遊びを通して、友達と関わって親しむ。
○身近な素材や用具などに親しみ、遊ぶことを楽しむ。

内容
○友達の遊びに興味をもち、関わって遊ぶ。
○保育者や友達に、したいと思ったことなどを言葉で伝える。
○水、砂、土、泥などに触れたり、自分のイメージしている物を作ったりして遊ぶ。

環境を構成するポイント

○子どもが自ら素材や用具、玩具などを選んで遊ぶことができるように、数や種類を調整して準備しておく。
（スコップ、バケツ、容器などの砂場の遊具）

○砂場を掘り起こしたり、子どもが自分で遊ぶ場を選ぶことができるように、園庭に泥遊びゾーンを幾つか作ったりしておく。

○汚れることが苦手な子どもがそれぞれのペースで遊ぶことができるように、たらいやバケツに泥や水を分けて用意しておく。
○泥などで衣服が汚れた場合は着替えを用意しておく。
○遊びの後は、手足を洗い、汚れた衣服を脱いでゆすぐことができるように、水を入れたたらいやバケツを置いておく。

予想される幼児の活動

○登園し、挨拶をする。
○身支度をする。
○室内で遊ぶ。
・好きな遊びをする。
（ままごと、描画、積み木、ブロック、絵本、製作　など）
○片付けをする。
○朝の集いをする。
○水、砂、土、泥で遊ぶ。
（泥団子作り、水路作り、土山作り、型抜き、ままごと　など）
○片付け、手洗いをする。
・衣服を着替える。
○水分補給をする。

○昼食の準備をし、食事をする。
○午睡をする。
○起床し、排せつを済ませる。
○おやつを食べる。
○園庭で遊ぶ。
・好きな遊びをする。
（砂遊び、ままごと、固定遊具、草花遊び、虫取り、ボール　など）
○降園の身支度をする。
○終わりの会をする。
○降園する。

保育者の援助

○一人ひとりと挨拶を交わし、丁寧に健康観察を行なう。
○子ども同士で関わって遊びながら、したいことなどを言葉で伝える姿を認めていく。必要に応じて保育者が言葉の仲立ちをし、関わりに必要な言葉に気付くようにする。

○水、砂、土、泥遊びでは感触を楽しむ、自分のイメージしている物を作る、水の量を調節するなどして、それぞれに興味・関心を広げて楽しんでいる子どもの姿に共感していく。
○泥遊び後は、汚れた衣服を着替える、手足を洗うなどの手順を伝え、自分でしようとする姿を励まし見守る。
○昼食のメニューを見て、使われている食材について話す機会をもち、食べることに期待をもてるようにする。
○午睡時に一人ひとりをよく観察し、健康状態を把握する。

○ゆったりとした雰囲気の中で、自分自身がしたい遊びに向かい、降園までの時間を落ち着いて過ごすことができるように、保育者も寄り添っていく。

反省・評価のポイント

★友達や周りの環境と関わり、遊びに取り入れて楽しむことができたか。
★水、砂、土、泥などに触れ、感触や変化を楽しめるような、一人ひとりに合わせた環境構成ができていたか。

CD-ROM ▶ 6月 ▶ 4歳児_6月_6日の計画

6月 日の計画

6/28（金）

ねらい

○好きな遊びを見つけて、保育者や友達と様々な遊びを楽しむ。
○水に親しみ、触れて遊ぶ楽しさを味わう。

内容

○保育者や友達と伸び伸びと体を動かして遊ぶ。
○プール遊びの身支度や約束を知り、保育者の見守りの中で取り組もうとする。
○水の感触を楽しんだり、プールで体を動かして遊んだりすることを楽しむ。

環境を構成するポイント

○園庭で体を動かして遊ぶことができるよう、遊具を用意しておく。
（フープ、ボール、縄跳び　など）

○水着の着替え方やプールでの遊びをするときの手順を子ども自身で確認できるように、写真やイラストなどで表示しておく。

○水が掛かることを嫌がる子どもには、プールサイドで遊ぶことができるようにビニールプールやたらいに水をためて用意しておく。

○プールでの遊びがより広がっていくように、水鉄砲、バケツ、フープ、容器など水遊び用の玩具を用意する。

○プール後に自分で体を拭いたり着替えをしたりできるように、タオルや着替えを子どもと共に並べて置いておく。

予想される幼児の活動

○登園し、挨拶をする。
○身支度をする。
○園庭で遊ぶ。
・好きな遊びをする。
（砂遊び、固定遊具、鬼ごっこ、ままごと、サッカー、水やり　など）

○片付けをする。
○朝の集いをする。
○水着に着替える。
○プール遊びをする。
・プールの中で水に触れたり体を動かしたりする。
○片付け、着替えをする。
○水分補給をする。
○昼食の準備をし、昼食をとる。
○午睡をする。
○起床し、排せつを済ませる。
○おやつを食べる。
○室内で遊ぶ。
・好きな遊びをする。
（折り紙、塗り絵、描画、ごっこ遊び、積み木、絵本　など）
○降園の身支度をする。
○終わりの会をする。
○降園する。

保育者の援助

○一人ひとりと挨拶を交わし、丁寧に健康観察を行なう。

○園庭で遊ぶときには、子どもから体を動かして楽しめるように保育者も遊びに加わり、簡単な集団遊びを提案していく。
○水やりをしながら栽培物の生長に気付き、興味をもって関わる姿を受け止め、友達と共有する姿を見守る。
○プールの身支度に自分で取り組もうとする姿を見守り、励ましていく。
○プールの中で安全に楽しく遊ぶための約束を子どもと共に確認する。
○プールでは、一人ひとりの水への興味や慣れ具合を把握しながら遊びを進めていく。
○プールから上がった後は体を拭いて着替えをしようとしたり、水分補給しようとする姿を見守り、必要に応じて手助けをする。
○午睡時に一人ひとりをよく観察し、健康状態を把握する。

○ゆったりとした雰囲気の中、自分自身がしたい遊びに取り組み、降園までの時間を落ち着いて過ごすことができるように、一人ひとりの子どものペースに寄り添っていく。

反省・評価のポイント

★プール遊びや雨上がりの園庭で伸び伸びと体を動かして遊ぶ楽しさを感じられたか。
★プールでの遊びの身支度や約束事を子どもと共に確認し、安全を確保して水遊びを楽しめるような援助ができたか。

7月の計画

自分なりの思いを互いに表していく園生活に

生活

抑え切れない躍動感を覚えながらの生活や遊びは自分を表出できるからこそ楽しいものです。自分なりの思いを、周りの子どもたちと表現し合っていく雰囲気があるともっと楽しくなっていきます。この時季は、真夏の暑さをしのぎながら体調・健康管理にも配慮していきましょう。

人との関わり

7月ならではの行事もあります。クラスの友達と思いや工夫を受け止め合い、手作り感のある行事への取り組みとなるよう調整しながら保育を進めていきましょう。ルールを考えたり力を出し合ったりしていく姿を、異年齢児にも伝わるようにしていくことも大切です。

季節ごよみ

○晴れた日には、水遊びやプール遊びを楽しむことができる。

○七夕飾りを作り、保育室やササに飾っている。

○気温が高い日、蒸し暑い日、急に雨が降ったりして天候の変化がある。

○梅雨明け時期になり、日ざしが強くなる。

○栽培している夏野菜の実が変化し、草花はつぼみをつけ始める。

○日ざしが強くなり、暑い日が続く。

○アサガオやフウセンカズラなどの花が咲き始める。

○地域の夏祭りが行なわれる。

○気温が上昇し、日ざしがますます強くなる。

○夏野菜が収穫できるまでに育ち始める。

○セミの鳴き音が大きくなり、抜け殻を見つける。

遊びへの取り組み

保育者が他クラスの様子を話題に出してみると、他クラスに出掛けてみる、他クラスの子どもたちを招いてみる、といった姿も、子どもたちに見られるようになります。

保育なるほど解説!

「保育記録のまとめ」

学期末などに日々の保育記録を読み返すと、その時々には気付かなかったことに心が留まり、改めて子ども理解や保育者としての自分自身の関わりを反省することがあります。「なるほど、そうだったのか」と納得し、その子どもへの関心がより深まっていきます。「保育記録をまとめる」ということは、これまでの点と点の記録を連続して見ることで線として見えることを見出し、その内面で発達しつつあることに気付くことであり、子どもと共に暮らす保育者ならではの理解です。

7月 月の計画

※ねらい(…Ⓐなど)が、月案と週案で関連し合っていることを読み取ってください。

クラスづくり

○夏の生活の仕方やプール遊びの準備や約束事が分かり、健康で安全に過ごせるようにしたい。また、自分の思いを表現しながら、興味をもったことなどを存分に楽しみ、子どもに応じた経験の幅を広げていけるような環境構成を考えたい。

○セミの鳴き声、バッタの赤ちゃん、雲の形など身近な自然に興味・関心をもち、見る・聞く・触る・調べるなどして遊びに取り入れていけるようにしたい。

前月末の幼児の姿

生活

○プール遊びを楽しみにしながら水着の着替えなどを行なう子どももいれば、不安をもち準備に援助が必要な子どももいる。

○梅雨期の影響で雨の日が多いが、晴れ間は日ざしが強くなり、暑さを感じることが増えてきている。

人との関わり

○気付いたことや考えたことを自分で「やってみたい」と思い行動範囲が広がることで、戸外での遊びに興味をもつようになっている。

○気の合う友達数名で、好きな場所を見つけて遊ぶ姿が見られる。また、自分の遊びだけでなく、友達の遊びにも興味をもち、見たりまねたりして自分でやってみる姿も見られる。

遊びへの取り組み

○雨上がりの水たまりを見つけて、木の枝などを使ってつついてみたり、シャベルで掘ってみたりして、不思議を感じている姿がある。その中で、思ったことや感じたことをつぶやいたり友達に話したりして何度も繰り返し試す姿が見られる。

○イモ畑や草のある所でバッタの赤ちゃんを見つけて、追い掛けたり捕まえたりすることを楽しんでいる。

○ミニトマトなど栽培物が大きくなっていることに気付き、その生長を喜んでいる。

○身近な素材を使って、遊びに必要な物を作り、それらを使って遊ぶ姿が見られる。

ねらい / 幼児の経験する内容

ねらい	幼児の経験する内容
○梅雨期から夏の生活を快適に過ごそうとする。…Ⓐ	○水分補給や着替え、休息など梅雨期から夏の生活の仕方を知り、自分で行なう。 ○プール遊びや水遊びの手順や約束事が分かり、自分でする。 ○保育者や友達と水の心地良さを感じながら、プール遊びを楽しむ。
○自分なりの思いを表現しながら、保育者や友達と遊ぶことを楽しむ。…Ⓑ	○「おもしろそう」「やってみたい」と気付いたことや感じたことなどを自分から保育者や友達に伝える。 ○見つけたことや思い付いたことを、できるだけ自分でやってみようとしたり、友達のすることをよく見てまねたりする。 ○友達と遊びのイメージを共有しながら、ごっこ遊びをする。 ○保育者や友達と音楽に合わせて、思い切り体を動かして体操をしたり、夏の歌を楽しんでうたったりする。
○友達と梅雨期から夏の自然にふれながら発見を楽しんだり、考えたりして遊ぼうとする。…Ⓒ	○梅雨期や夏の自然に興味をもち、絵本や図鑑を見たり、遊びに取り入れたりする。 ○水、砂、土などを使い、友達の活動を取り入れながら試したり工夫したりして遊ぶ。 ○雲の形や大きさ、夏の虫に興味・関心をもち、じっくり見たり遊びに取り入れたりする。 ○栽培物の生長に気付き、喜んで収穫したり食べたりする。 ○七夕や星の話を興味をもって聞き、願いを込めてササ飾りや短冊を作って遊ぶ。

家庭・地域との連携

保護者への支援も含む

★熱中症や夏に流行する感染症は、早期に対策・発見をし、家庭でも体調管理ができるように手紙で情報を知らせる。

★プール遊びでは、子どもの当日の健康状態の確認と、家庭との情報共有のため、「プール活動健康観察カード」の記入を依頼する。

★七夕の話や星の世界に興味・関心がもてるように、家庭でも親子で夜空の星を見てもらう機会をもつ。

★夏休みも安全で充実した生活を送れるように、「なつやすみだより」や終業式の中で過ごし方を知らせる。

健康・食育・安全への配慮
養護の視点も含む

○温湿度計で室内外の様子を把握する、戸外活動の時間を考慮するなど、熱中症予防に努める。また、帽子着用、水分補給、木陰での休息など声を掛ける。
○夏野菜の色の変化など、栽培物の生長の気付きに共感し、収穫への期待や食べる喜びを受け止める。
○プール遊びでは、安全に遊べるように水質・水温検査や水位確認を行なう。また、プールサイドを走らないなど、子ども自身が安全に留意できるよう声を掛ける。

指導計画から学ぶ 保育力アップ

夏ならではの自然の不思議をキャッチして

梅雨が明け、次第に暑い夏へと季節が進みます。どんよりと重く感じられた風が軽くなるとともに、空がまぶしく感じられるようになります。「あの雲は何に見えるかな」「泥んこの中って、あったかいね」「水って冷たくて気持ち良いね」など、空の雲を眺め、虫を探し、水に触れながら、不思議を感じる瞬間を見逃さず、見取っていきましょう。

環境の構成と保育者の援助

夏の生活の仕方を知るために

○木陰や風通しの良い所にベンチを置いて休息できる場をつくるなど、梅雨期から夏への暑さの中での健康な過ごし方や、遊び方を子どもと考える。
○健康で安全に遊べるように、戸外に出るときは帽子をかぶることや、暑さの状況に応じて水分補給をしたり休息を取ったりすることなどを、共に遊びながら伝えていく。

様々なことに興味・関心を広げて遊べるように

○周囲の子どもに遊びの様子を知らせながら、一人ひとりの遊びが存分に楽しめるような場所や時間を確保する。また、子どもの興味・関心に合わせて自分でやってみようとする気持ちを大切に受け止め、励ましたり支えたりする。
○友達の遊びに興味をもち、見る、まねる、感じたことや気付いたことを話すなど、子どもたちなりの思いを受け止め、楽しさを共有する。
○イメージを共有して遊べるように、互いの思いや考えを出し合い、言葉で伝え合おうとする気持ちを支える。

夏の自然を遊びに取り入れられるように

○水、砂、土などに触れて遊べるような道具を準備し、水の流れや水たまりができるなどのおもしろさに保育者も共感する。
○木陰の涼しさや時々吹く風の心地良さ、空の清々しい青さ、雲の大きさや形の不思議など、夏の過ごし方や夏ならではの自然事象について子どもと共に感じたり考え合ったりする。
○栽培物の水やりや草抜きを共にし、色、形、大きさ、匂いなど子どもなりの気付きを受け止め、伝え合う機会をもつ。
○園内外のセミやバッタなどを探しに行きたくなるように、虫かご、虫取り網、小さな虫図鑑などを準備する。見つける・追い掛ける・捕まえるなどして、虫の不思議や子どもたちなりの気付きを受け止め、周りにも広めていく。
○七夕の話や星の世界を豊かにイメージし、夢が膨らむような絵本、図鑑などを置いておく。また、夜空の星に興味・関心をもてるようにササ飾りを作ったり、願いを書いた短冊を見たりできるように室内の環境を整える。

ゆったり過ごすために… ～園で長時間過ごすための配慮～

室内でゆったりと過ごして体を休める

○夏の日ざしやプール遊び、水遊びの疲れがとれるように、室内の温湿度を調整し、ゆったりと過ごせる遊びと、休息が取れる居場所を確保する。
（パズル、ブロック　など）
○七夕の話や星の世界に想像を膨らませ、日中に作ったササ飾りの続きを作ったり、飾ったりできるように素材を準備する。
○体調に応じ、遊びや休息の時間を考慮した生活に変えていく。

保育者のチームワーク

★プール遊びや水遊びでは、各年齢に応じて遊べるように活動時間や水量の増減など連携を密に取る。
★子どもの体調不良や気分の変化など、早期発見し、対処できるように気になったことを伝え合う。

反省・評価のポイント

★自分なりの思いを表現しながら、周りの友達に関わったり、新たな遊びに自分から取り組んだりできていたか。
★夏ならではの発見や気付きを遊びに取り入れ楽しんだり、健康な生活を送ったりできるような配慮や環境構成ができていたか。

7月 週の計画

1週 7/1(月)～6(土)

今週の予定：身体計測、七夕

※ねらい(…Ⓐなど)が、月案と週案で関連し合っていることを読み取ってください。

前週の幼児の姿

○雨による園内の変化、カタツムリやカエル探しなど梅雨期ならではの自然を遊びに取り入れている。
○声を掛けると水分補給や休息をしようとする姿が見られる。
○川作り、水流しなど様々な水遊びに興味をもっている。
○興味ある遊びの中で自分なりの思いをもって遊んでいる。

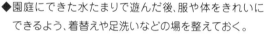

ねらい(○)と内容(・)

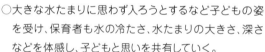

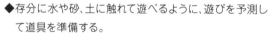

○梅雨期から夏への移り変わりを感じ、生活や過ごし方に興味・関心をもつ。…Ⓐ
○自分の思いや考えを様々な方法で表しながら遊ぶことを楽しむ。…Ⓑ
・雨によって園庭が変化する楽しさを感じ、水たまりで存分に遊ぶ。
・水、砂、土などの感触を楽しみながら色水を作ったり、といをつなげたり、川を作ったりして遊ぶ。
・自分で準備をしたり、水の心地良さを感じたりしてプール遊びをする。
・自分なりのイメージをもち、思いや考えを様々な方法で表して保育者や友達と遊ぶ。
・七夕や星の世界へ興味をもち、友達と話を聞いたり、ササ飾りを作ったりする。

具体的な環境(◆)と保育者の援助(○)

◆園庭にできた水たまりで遊んだ後、服や体をきれいにできるよう、着替えや足洗いなどの場を整えておく。
○大きな水たまりに思わず入ろうとするなど子どもの姿を受け、保育者も水の冷たさ、水たまりの大きさ、深さなどを体感し、子どもと思いを共有していく。
◆存分に水や砂、土に触れて遊べるように、遊びを予測して道具を準備する。
(シャベル、バケツ、とい、ペットボトルやカップ、ポリ袋、すり鉢、水の入ったたらい　など)
○思い思いの道具を使って遊ぶ子どもの姿を大切にし、保育者も一緒に遊び、おもしろさが十分に感じられるようにする。
○色水作りでは、どのような色になるかわくわくしながら遊ぶ姿を見守り、色づく驚きやうれしさを受け止めていく。
◆安心してプール遊びができるよう水深は浅くしておく。
○着替えは、必要に応じて方法を伝えたり、手伝ったりしながら見守り、自分でしようとする気持ちを認める。
○プール遊び前の準備体操の大切さを伝え、共に行なう。
○水の感触を全身で感じ、体を存分に動かして遊べるように、子どもに合った遊び方を伝えていく。
◆エプロン、スカート、マント、積み木、段ボール板など、遊びのイメージが膨らむ用具を準備し、役になり切って遊ぶ場を設けたり整えたりする。
○好きな役割で、自分なりのイメージをもって遊ぶ姿を見守り、保育者もその世界を共有する。
◆七夕に向け、自分なりに飾りを作ったり、願いを書いたりできるよう、色紙や色画用紙、短冊やこよりを準備する。また、ササ飾りや短冊を思い思いの場所に付けられるようササの高さは低くしておく。
○輪つなぎ、三角つなぎなど、色や形を選びつなげていくおもしろさに共感し、作る楽しさを感じられるようにする。
○絵本や素話で七夕の話をしたり、短冊に込められた願いを聞いたりしながら、七夕を楽しみにする気持ちに共感する。
○風になびくササ飾りや短冊を共に見たり、歌ったり演奏を聞いたりしながら、願い事が届く期待を高めていく。
(♪:『たなばたさま』『お星さま』
絵本:『10ぴきのかえるのたなばたまつり』)

反省・評価のポイント

★雨や水によって園庭が様々に変化する楽しさを感じ、それらを遊びに取り入れながら過ごせるような関わりができたか。
★自分の思いや考えを様々な方法で表す楽しさを感じながら、保育者や友達と遊べたか。

7月 週の計画

2週 7/8(月)～13(土)

今週の予定　誕生会

前週の幼児の姿

○雨、風、雲、空、虫など梅雨期から夏への自然の変化に興味をもち、感じたり、見たり、気付いたりしている。
○徐々にプール遊びに慣れ、解放感を味わって遊んでいる。
○自分なりにイメージをもちながら遊び、同じ遊びに興味をもった友達に自分の思いや考えを伝えようとしている。

○身近な環境に関わり、夏の自然や水に興味・関心をもち、遊びに取り入れようとする。… Ⓒ
○自分なりの方法で友達に思いや考えを伝えながら遊ぶことを楽しむ。… Ⓑ
・水分補給や休息、着替えをしたり木陰で休んだりしながら、健康な生活の過ごし方を知る。
・水の中で様々な生き物に変身し、存分に体を動かしながら、水の流れや水中の感覚を体で感じて遊ぶ。
・自分なりに試したり、考えたりしながら、川作り、色水作り、染め物遊びなど様々な水遊びをする。
・自分の思いや考え、イメージを、友達に言葉や動きなどで伝えて遊ぶ。
・誕生児を祝う気持ちをもちながら、自分なりに考えて作った飾りで誕生会の飾り付けをする。

◆木陰にベンチを置く、日よけを付ける、打ち水をするなど涼しく過ごせる場所をつくっていく。
○水分補給や休息の大切さを伝え、暑い中でも健康に過ごす方法を子どもと共に考えていく。また、時折吹く風の心地良さや青空の清々しさ、雲の形のおもしろさ、セミの声など子どもの気付きを受け止めていく。
◆プールの水深を徐々に深くし、水の中で体を伸び伸びと動かす遊びに誘い、やってみようとする機会をつくっていく。
○水の中で様々な生き物のイメージで、走ったり、歩いたり、跳ねたりするなど体の動きを共に楽しんでいく。
◆川作り、色水作り、染め物遊びなど、様々な水遊びに継続して取り組めるよう遊びに必要な道具を準備する。(シャベル、バケツ、とい、カップ、和紙　など)
○水の流れや深さ、勢い、温度、色、土や砂の変化など一人ひとりの子どもの興味に寄り添い、十分に楽しめるようにする。
○和紙の折り方、染める部分で様々な模様が出来上がる驚きを受け止め、何度もやってみようとする意欲につなげる。
◆友達と共通のイメージをもって遊べるように遊び方や遊びの場、役割などを確認し合う機会をもつ。
○遊びのイメージを友達と共有していけるよう、時に保育者が言葉を投げ掛け、設定やイメージ、役割などが周りに伝わるようにしながら子ども同士の思いをつないでいく。
○好きな役(オオカミ、コブタ)になり、逃げたり、追い掛けたりする楽しさやスリル、難しさなどそれぞれの役で感じる思いを受け止め、共感する。
(絵本：『三匹のこぶた』)

◆自分の思いをもって作ったり、描いたりして遊べるよう、色紙や画用紙の他、様々な素材を準備する。また、輪つなぎや思い思いに作った飾りなどで誕生会の場を飾り、手作りの温かい雰囲気を感じられるようにする。
○ササ飾りでの経験を生かし、自分なりに素材や形、作り方を考えた飾りを作ってみようとする姿を認めていく。
○子どもが飾る場所を考えて会場をつくり、誕生会を楽しみにする気持ちや会場が出来上がった喜びに共感する。

反省・評価のポイント

★夏の自然に目を向けながら、様々な水遊びに興味・関心をもって、やってみようとする働き掛けができたか。
★自分の思いや考えを言葉や動き、製作物などで表し、友達に伝えようとしながら遊べたか。

7月 週の計画

3週 7/15(月)～20(土)

今週の予定 海の日、避難訓練、終業式

※ねらい(…Ⓐなど)が、月案と週案で関連し合っていることを読み取ってください。

前週の幼児の姿

○プール遊びを楽しみ、流れを感じたり、感覚を味わったりしながら体を存分に動かして遊んでいる。
○友達に聞いたり、声から推測したりして虫を探している。
○継続して世話をし、夏野菜や花の生長に気付いている。
○自分で作る楽しさを感じ、遊びに必要な物を作っている。

ねらい(○)と内容(・)

○友達に思いや考えを伝え、遊びのルールをつくったり、イメージを確認したりして遊ぶことを楽しむ。…Ⓑ
○一学期の生活を振り返り、それぞれに感じたことを出し合ったり、生活の場を整えたり、夏休みに期待をもったりする。…Ⓐ
・友達と言葉や思いのやり取りをしながら、遊びに必要な物やルールなどを作ったり、考えたりして楽しんで遊ぶ。
・捕まえた虫について調べたことや栽培物の変化など、気付きや発見を伝えようとする。
・今までの遊びを振り返り、興味あることに挑戦しながらプール遊びをする。
・保育者や友達と共に遊んだことを思い出し、楽しかったことやおもしろかったことなどを絵で表す。
・園内や保育室など身の回りの物がきれいになる心地良さや、夏休みを迎える節目を感じる。

具体的な環境(◆)と保育者の援助(○)

◆遊びのイメージを伝え合う機会をつくり、興味をもった子どもが遊びに参加しやすいようにする。また、翌日の遊びに期待をもてるよう、片付け方を子どもと共に工夫していく。
○子どものイメージが周りに伝わるよう必要に応じて橋渡しをし、遊びのイメージを共有しながら遊べるようにする。
○子ども同士で遊びに必要な物を作ったり、場を整えたり、簡単なルールを考えたりして遊べるよう支えていく。
○興味のある生き物や住みかなどを、色紙や色画用紙、段ボール板などで作り、生き物の生態への興味を広げ、作った物を通して友達とやり取りを楽しんで遊ぶ姿を見守る。
◆園内外の虫を探しに行きたくなるように、虫かご、網、小さな図鑑を準備する。また、栽培物の世話ができるよう水やり用のたらいを準備し、十分な水をためておく。
○夢中に虫を探す思いを受け止め、保育者も居場所を推測して木を見上げたり草むらをのぞき込んだりして探す。
○ミニトマトやキュウリ、ピーマンなどの色づきへの喜びや驚き、赤ちゃんトマトの数など、発見や気付きを伝えようとする気持ちを受け止め共に収穫し、喜びに共感する。
◆顔をつける、浮く、潜る、泳ぐなども楽しめるよう徐々に水深を深くし、「ザ・チューブ(発泡ポリエチレン)」、ビート板などの浮く道具も準備する。

○自分でやってみようとする気持ちを認め、安心して取り組めるようそばで見守ったり、支えたりしていく。
◆はがきに一学期に経験した遊びの絵を描いて暑中見舞いのはがきを作り、互いの絵を見合えるように飾っておく。
○はがきに込められた一人ひとりの思いを聞き取り、楽しかったこと、頑張ったことなどに共感していく。
◆学期末には、夏休みが迎えられるようにほうきや雑巾などを準備し、一学期に遊んだ場所や道具を整える。
○夏休みを楽しみにする気持ちに共感しながら、健康で安全な過ごし方について子どもと考え合う。
○子どもと一緒に片付けや掃除を行ない、きれいになった心地良さを共に感じていく。

(♪:『ヤッホッホ! 夏休み』
絵本:『くすのきだんちのなつやすみ』)

反省・評価のポイント

★友達と思いや考えをやり取りし、遊び方や遊びのイメージを伝え合いながら遊ぶ楽しさを感じられる援助や環境構成ができたか。
★夏休みになることを知り、友達と一学期の生活を振り返ったり生活の場を整えたりしながら過ごせたか。

CD-ROM ▶ 7月 ▶ 4歳児_7月_3・4週の計画

7月 週の計画

4週 7/22(月)～31(水)

今週の予定：夏休み、夏期保育

前週の幼児の姿

○プール遊びでは、友達の姿に刺激を受け、浮く、潜るなど新たなことにも取り組んでみようとしている。
○遊びのイメージやルールなどを異年齢児にも伝え、共に遊ぼうとする姿が見られるようになりつつある。
○自分の思いや考えを伝え、友達とやり取りを楽しんでいる。

○友達や異年齢児と誘い合い、体を動かして遊ぶことを楽しむ。…Ⓐ
○友達や異年齢児と互いの思いを出し合い、イメージを共有して遊ぶ楽しさを味わう。…Ⓑ
・異年齢児とプールに入るうれしさを感じながら、経験した遊びを見せ合う。
・友達と巧技台の組み立て方を考え、挑戦したり、遊びに使ったりする。
・作りたいイメージに合う素材や用具を選び、自分なりに工夫したり、試したりして遊びに必要な物を作る。
・友達や異年齢児と誘い合い、自分の考えを様々な形で表現し、遊びのイメージを伝える。
・友達と夏野菜の収穫を喜び、気付きや発見を伝えたり、食べたりする。

◆異年齢児と一緒にプール遊びができるよう水深を調節したり、浮き輪やビート板などを用意したりする。
○5歳児の姿に憧れ、まねをしたり、3歳児に優しく教えたりする気持ちを認め、異年齢児と関わる意欲へつなげる。
○水に浮く、潜るなど興味のある遊びに繰り返し取り組もうとする気持ちを支え、補助をしたり、見守ったりし、できるようになった喜びに共感する。
◆体を動かして遊ぶきっかけとなるように、巧技台やマットを出し、子どもたちがそれぞれ組んだ巧技台について遊び方やイメージを出し合い共有できる場をもつ。

○遊びの考えを出し合いながら異年齢児と関わり、巧技台を組み立てたり組み替えたりしていく楽しさに共感する。
○安全に遊べるよう、遊び方について話し合う。
◆遊びに必要な物を選び、作っていけるよう様々な大きさや形の段ボール板などの素材を準備し、種類分けしておく。
○形や大きさなどを考えて素材を選び、遊びに必要な物を工夫したり試したりして作ろうとする姿を認めていく。
○作った物を洞窟や家、船などに見立て、水中の生き物になって泳ぐ、船をこぐ、追い掛け合うなど、友達と互いのイメージを出し合い、共有して遊ぶ楽しさに共感する。
◆遊んできたことを異年齢児に伝えたり、交流したりして共に楽しめるよう伝え合いの場をもつ。
○友達の遊びに興味をもち、思いや考えを伝えて遊ぼうとする姿を見守りつつ、必要に応じて橋渡しをする。
○遊びを共有する楽しさを感じられるように、保育者も遊び仲間になって参加し、言葉を補ったり、遊びに必要な物を共に準備したりしながらイメージを紡いでいく。
◆衛生面に気を付けながら、子どもたちの目の前で簡単な調理をし、収穫した夏野菜を食べる機会を設ける。
○夏野菜の収穫は、色や大きさ、匂いなどの気付きを子ども同士が伝え合って行ない、実りの喜びをみんなで共有する。
○心をわくわくさせて調理を見ている子どもの気持ちを大切にし、収穫物をみんなで食べるうれしさに共感する。

反省・評価のポイント

★友達や異年齢児に積極的に関わり、プール活動や巧技台遊びなどで存分に体を動かし遊ぶ楽しさを感じていたか。
★友達や異年齢児と互いの思いを伝え合い、イメージを共有できるような援助ができたか。

7月

日の計画

7/3（水）

ねらい
- ○思いや考えを様々な方法で表しながら好きな遊びを楽しむ。
- ○七夕の世界に夢を膨らませ、ササ飾り作りを楽しむ。

内容
- ○自分の思いを身振りや言葉、行動などで表し、保育者や友達とごっこ遊びをする。
- ○水、砂、土、泥などの感触を楽しみながら遊ぶ。
- ○様々な形や色の色紙を組み合わせ、自分なりに工夫してササ飾りを作る。

環境を構成するポイント

○持ち物の整理や支度を自ら行なえるように、時間に余裕をもち、ゆったりとした雰囲気をつくる。

○遊びに必要な場や物を作って遊べるよう道具や素材を準備する。
（戸外：カラー標識、縄、乗り物　など
室内：積み木、色画用紙、箱、筒　など）

○水、砂、土、泥に存分に触れて遊べるよう必要な物を出しておく。
（シャベル、バケツ、とい、たらい、カップ、すり鉢、ポリ袋　など）

○物の置き場所や片付け方が分かりやすいように、棚とかごにイラストとひらがなで表示をしておく。

○顔を見合って話していけるように場をつくる。

○子どもが自分でも見られるように、七夕に関する絵本を保育室に置く。

○自分なりに考えたり、工夫したりしながら作れるよう、様々な形や色の色紙、のり、はさみを準備する。

○作ったササ飾りは、風になびく様子を見られるように窓際に飾る。

○思い思いの場に座り、顔を見合って楽しくおやつを食べられるよう、座卓を準備する。

予想される幼児の活動

○登園し、挨拶をする。
・持ち物の整理や支度をする。

○好きな遊びをする。
（ごちそう作り、団子作り、水流し、生き物探し、おうちごっこ、製作、描画、絵本　など）
・野菜の世話をする。
・水やりをする。

○片付けをする。

○手洗い・うがい、排せつをする。

○好きな遊びの話をする。

○絵本『10ぴきのかえるのたなばたまつり』を見る。

○ササ飾りを作る。
・色紙を思い思いにつなげる。
・輪つなぎや三角つなぎを作る。

○『たなばたさま』『おほしさま』を歌う。

○おやつの準備をし、食べる。

○降園準備をして降園する。

保育者の援助

○心地良く園生活が始められるように、一人ひとりと挨拶をし、迎え入れる。

○子どもの遊びの世界を大切にしながら、保育者も遊びに加わる。

○遊びの中で、様々な方法で伝えようとする子どもの思いを受け止め、周りに伝える。

○水、砂、土、泥に触れた思いや気付きを受け止める。

○他クラスの保育者と連携を取りながら子どもの遊びを支える。

○今後のクラスの活動へ期待をもてるよう声を掛け、共に遊びの場を整えていく。

○思いを聞いてもらううれしさを感じて話ができるよう、保育者が丁寧に子どもの言葉に耳を傾けていく。

○様々な形や長さのササ飾りに込められた子どもの思いを受け止め、共感する。

○七夕のイメージが広がるように、保育者も共に、作ったササ飾りが風になびく様子を見たり、歌をうたったりする。

○明日を楽しみにしながら降園できるように、明日の活動を伝える。

反省・評価のポイント

★様々な形で表される子どもの思いを受け止め、好きな遊びが存分に楽しめるよう関われたか。

★色紙を自分なりに工夫しながら組み合わせることで、様々な形や長さの飾りができていくおもしろさを感じていたか。

CD-ROM ▶ 7月 ▶ 4歳児_7月_3日の計画

7月 日の計画

7/16(火)

ねらい
○友達に思いや考えを伝え、イメージを共有しながら好きな遊びを楽しむ。
○できるようになったことややってみたいことを何度も行ない、プール遊びを楽しむ。

内容
○自分なりに工夫しながら遊びに必要な物を作る。
○自分の思いや考えを様々な方法で伝え、遊び方やルールを共有して遊ぶ。
○プールで、好きなことや挑戦したいことに繰り返し取り組む。

環境を構成するポイント

○登園後、心地良く過ごせるように、気温に応じてエアコンを入れて室内の温度調整をする。
○前日からの遊びの続きができるよう場を整えておく。
○必要な物を選んで作れるような用具や材料を準備する。
（色紙、色画用紙、箱、段ボール板、セロハンテープ、はさみ　など）
○遊びの中で、互いの思いや考えを伝え合う機会をもつ。
○収穫したミニトマトを入れる入れ物を準備し、見たり触れたりできるようにしておく。
○休息を十分に取り、安全にプール活動へと移っていけるように、時間配分に気を付ける。
○互いの声が聞き取りやすいよう、小さな輪になるなど座り方を考慮する。
○思い切り体を動かしたり、興味あることに挑戦したりできるようプール内の遊びの場を整えていく。
○安心して浮いたり、泳いだりできるよう浮く道具を準備する。
（「ザ・チューブ」、ビート板　など）
○休息を取り、ゆったりとした時間の中で降園できるようにする。

予想される幼児の活動

○登園し、挨拶をする。
・持ち物の整理や支度をする。

○好きな遊びをする。
（オオカミごっこ、おうちごっこ、ボール遊び、ごちそう作り、水流し、生き物探し、製作、描画など）
・ミニトマトの世話や収穫をする。

○片付けをする。
○手洗い・うがい、排せつをする。
○休息を取る。
○好きな遊びの話をする。
○『なつだよプールだよ』を歌う。
○水着に着替える。
○『ペンギンのプール体操』をする。
○プールで遊ぶ。
（顔をつける、浮く、潜る、泳ぐ、動物になって遊ぶ、シンクロごっこなど）

○食事の準備をし、昼食をとる。
○好きな遊びをする。
（電車遊び、製作、描画、絵本を見る、ごっこ遊び　など）
○降園準備をして降園する。

保育者の援助

○熱中症予防対策として、温湿度計を参考に、心地良く安全に遊べる活動場所や活動時間を考える。
○遊びに必要な物を自分なりに工夫して作ろうとする姿を見守り、作る楽しさに共感する。
○考えたルールや遊び方を自分なりの言葉で友達に伝えようとする気持ちを支える。
○遊びのイメージが共有できるよう子どもの思いをつなげていく。
○体を休めたり、水分補給をしたりする大切さを子どもと確認していく。
○遊び方やルールを共有していけるように、子どもたちの話を聞き取り、共有したい話題を保育者が整理して問い掛けたり仲介したりしていく。
○ペンギンになり切り、音楽に合わせて体を動かすおもしろさを、保育者も共に感じ、子どもに分かるような動きで表現する。
○自分なりの目当てをもって繰り返し取り組もうとする気持ちを、支えたり認めたりする。
○今日の遊びの満足感を共有しながら、明日の遊びへの期待が膨らむように、一緒に片付けをする。

反省・評価のポイント

★自分の思いや考えを友達に伝えたり、友達とイメージを共有したりして遊ぶことを楽しめていたか。
★好きなことや挑戦したいことに繰り返し取り組めるような関わりや環境構成ができたか。

CD-ROM ▶ 7月 ▶ 4歳児_7月_16日の計画

8月の計画

過ごしやすくする生活や遊びの仕方を考え合うように

生活

子どもたちの体調や健康状態に配慮し、休息をこまめに取り入れながら、戸外や室内の居心地の良い環境を子どもたちとつくるようにしましょう。また、家庭での夏の計画や様子などを出し合って話題にしてみるのもいいですね。

人との関わり

園によっては休みに入る子どもたちもいます。そのため、いつものクラスの雰囲気とは異なり、日によってはほのぼのとした子どもたちの関わり合う姿があります。

季節ごよみ

○セミの鳴き声が増え、園庭でカナブンなどの昆虫が見られる。
○夏野菜の収穫が続く。

○真夏日や猛暑日が多くなる。
○アサガオやヒマワリなどの季節の花がたくさん咲いている。

○暑い日が続き、入道雲や夕立も見られ天候が変わりやすい。
○休みをとる家庭が増え始め、異年齢や他クラスと一緒に過ごす時間が多くなる。

○夏野菜が終わりの時季を迎えたり、草花が種を付け始めたりする。
○登園する子どもが増え、同年齢での保育に戻る。

遊びへの取り組み

夏の暑さを避けながら、木陰やひさしのある所、室内で友達を誘い、なじみの遊具や道具を取り出して過ごしています。雷雨や虹などに突然出くわすこともしばしばです。天候や気象の不思議や美しさにもふれ、子どもなりの関心や好奇心をもつ機会にもなります。

保育なるほど解説!

「自ら学ぶ姿勢をもって研修に臨む」

保育者の資質向上には、研修は欠かせません。ところが、保育の現場では、毎日の忙しさに紛れ、なかなか園外研修に出にくい、また園内研修も、保育の長時間化のため継続的に取り組めないという実情を聞きます。また、一方では、研修というと、園長先生から「今度、○○研修に行ってください」と言われて出掛けるなど、受け身に捉えられているところもあります。夏の研修では、自らを振り返り「保育者としての自分」に必要な研修を考える機会にして、これからのキャリア・デザインを描いてみませんか。

8月の計画

8月 月の計画

※ねらい（…Ⓐなど）が、月案と週案で関連し合っていることを読み取ってください。

クラスづくり

○暑さ指数や子どもの体調を考慮して、戸外遊びやプールでの遊びを取り入れ、ゆったりとした生活の流れの中で、伸び伸びと活動できるようにしたい。

○身近な植物や小動物との関わり、雲や風の動きなど自然事象への興味・関心などを広げ、夏ならではの体験的生活を大事にする。ふだん関わりの少ないクラスの友達や異年齢児と生活や遊びを共にすることで、親しみがもてるようにする。

前月末の幼児の姿

生活

○水分補給や休息の大切さに気付き、促されたり自分からしようとしたりしている。

○異年齢児でプールでの遊びを楽しみ、5歳児をまねて浮く、潜るなどしようとする子どももいるが、顔に水が掛かるのが苦手な子どももいるなど様々な姿が見られる。

人との関わり

○友達と巧技台やマットを使って体を動かしたり、段ボール板を洞窟や家、船などに見立てて、イメージを伝え合いながら遊んだりしている。

○関心のある出来事や体験したことなどを伝えたくて、保育者や周りの友達に盛んに話し掛けている。

遊びへの取り組み

○色水で様々な紙を染め、折り方や染め方によっていろいろな模様ができることに驚き、繰り返し試している。

○収穫した夏野菜を使って保育者とクッキングすることを喜び、形や色、大きさ、匂いなどの気付きを友達と伝え合っている。

ねらい / 幼児の経験する内容

ねらい	幼児の経験する内容
○暑い日の生活の仕方が分かり、夏ならではの様々な遊びを存分に楽しむ。…Ⓐ	○涼しい場所で遊ぶ、こまめに水分補給をする、休息を取るなどの大切さが分かり、進んで行なう。 ○汗を拭いたり着替えたりして体を清潔にし、気持ち良さを味わう。 ○水、砂、土などの遊びに興味をもち、繰り返し試したり工夫したりして遊ぶ。 ○プールでの遊びの約束を守り、友達と楽しく遊ぶ。 ○全身に水の心地良さを感じながら、プールでの遊びを楽しむ。
○友達や異年齢児と関わり、共に活動する楽しさを味わう。…Ⓑ	○身近な素材を使って遊びに使う物を作ったり、作った物で遊んだりする。 ○異年齢児と生活し、親しみをもって関わる。 ○保育者や友達、異年齢児と夏の歌をうたったり、言葉遊びをしたりして楽しむ。 ○自分が経験したことを話したり、相手の話を聞こうとしたりする。 ○経験したことを遊びに取り入れ、保育者や友達と再現して楽しむ。
○夏の身近な自然にふれ、動植物や天候などの事象に興味・関心をもつ。…Ⓒ	○保育者と夏野菜の水やりや収穫などの世話をして、様々な発見を楽しむ。 ○身近な小動物に興味をもち、探したり触ったりして親しむ。 ○自然事象への気付きや驚きを保育者や友達と伝え合う。

家庭・地域との連携

保護者への支援も含む

★睡眠や食事の様子などを伝え合ったり、とびひや咽頭結膜熱などの感染症について早期発見の重要性と適切な対応の仕方を具体的に知らせたりして、健康状態を確認し合い、健康に過ごせるようにする。

★プールでの遊びや水遊び、異年齢児交流など園での姿や家庭で体験したことを知らせ合い、相互に話題にすることで、夏の体験を通して子どもの成長を共有できるようにする。

★災害発生時の連絡や引き渡し方法を保護者や地域の関連機関と確認し合い、必要な協力が得られるようにする。

健康・食育・安全への配慮
養護の視点も含む

○水分補給を促す、戸外では帽子をかぶる、日陰で遊ぶなど、熱中症予防について丁寧に伝えていく。
○育てている野菜でピザを作ったりバーベキューをしたりして、とれたてのおいしさをみんなで味わう。
○プールでの活動や水遊び中は適切な水温や水位に配慮し、衛生管理を行なう。遊びの指導と監視役の保育者の役割分担を明確にし、安全面に十分に注意して遊べるようにする。

保育力アップ 指導計画から学ぶ

こぢんまりとした雰囲気は子どもたちのつながりをつくる環境

4月からのあれこれあった生活体験が、それとなくこの夏の生活に生かされていきます。8月は、休みに入る子どもたちもいて、園全体がこぢんまりとしたものになります。一方、刺激的な環境もあり、異年齢児の関わり合う姿が生まれます。そうした輪の中に保育者が寄り添うと、暑さを避けながらの生活にも躍動感を楽しめます。

環境の構成と保育者の援助

夏の遊びを楽しみ、暑い日を健康に過ごす

○室温や湿度の調節をしたり、日ざしの強い場所にはグリーンカーテンや遮光ネット、よしずなどで日陰をつくったりして涼しく過ごせるように環境を整える。
○着替えや水分補給などを通して持ち物の扱い方を伝え、その都度、身の回りを整えて気持ち良く過ごせるよう、言葉を掛けたり手伝ったり認めたりする。
○水、砂、土などを使った遊びが十分に楽しめるように、素材や用具を取り出しやすい場所に準備する。保育者も感触を味わいながら子どもの気付きや不思議などに共感し、試したり工夫したりする姿を認めていく。
○プールでの遊びでは様々な方法で浮くことや沈むことを感じ、全身で水の心地良さを味わえるようにする。一人ひとりの楽しみ方や頑張りを認め、達成感を味わうようにする。
○遊びに必要な物を作れるよう子どもと素材を考えて準備し、いつでも作ったり作り直したりできる雰囲気や場を整えておく。

異年齢児との関わりを楽しんで

○虫取りや水遊びなどの異年齢児で遊びの伝え合いができるような機会をつくり、子ども同士の関わりを見守ったり仲立ちしたりして、工夫して遊ぶ楽しさを味わえるようにする。
○異年齢児との生活では、それぞれのクラスで日頃から楽しんでいる遊具を持ち寄ったり、歌やゲームなどを用意したりして、安心して過ごせるようにする。
○5歳児への憧れや3歳児に優しくしたい気持ちを受け止め、互いに親しみをもって関われるようきっかけをつくる。

夏の自然に興味をもって

○夏野菜や草花、虫などの状態を把握し、見る、触れる、世話をするなどの体験を通した感動や発見を大切にして、身近な動植物への興味・関心、愛情をもてるようにする。
○雲や雨、風などの身近な自然事象に関わる機会を捉え、子どもの気付きを受け止め、不思議や驚きを伝え合うようにする。突然の大雨や雷などに子どもたちが不安感をもたないよう配慮する。

ゆったり過ごすために… ～園で長時間過ごすための配慮～

気分転換を図りながら、メリハリのある生活を

○暑い日が続き、室内で過ごすことが多くなる。汗をかいたらシャワーをしてさっぱりする、自分で判断してお茶を飲む、風鈴や飼育しているスズムシの声に耳を傾けるなど、心地良さを感じながら活動するようにする。
○延長保育では昼間の子どもの体調や遊びの様子などに配慮する。夕方には異年齢児で草花の水やりをする、虫取りをするなど、少人数ならではの友達との関わりの楽しさを十分味わえるようにする。

保育者のチームワーク

★異年齢児保育では、それぞれのクラスの状況を伝え合い、一人ひとりへの配慮や家庭への連絡が間違いなくできるようにしておく。日々の引き継ぎを丁寧に行ない、子どもの姿を共有しておく。

反省・評価のポイント

★子ども自身が進んで夏の生活の仕方を身につけ、自分の体や健康に関心をもって過ごすことができたか。
★水遊びやプールでの遊びではどの子どもも満足して遊べるよう、一人ひとりに配慮した関わりができたか。

※ねらい（… Ⓐ など）が、月案と週案で関連し合っていることを読み取ってください。

8月 週の計画

1週 8/1（木）～10（土）

今週の予定：立秋、プール活動

前週の幼児の姿

○自分から水着に着替えたり、プールでの約束を守って遊ぼうとしたりする子どもが増えている。
○自分なりの目当てやイメージをもって好きな遊びを楽しんでいる。
○染め紙を通して模様や色のにじみなどに不思議を感じている。

ねらい（○）と内容（・）

○身の回りの整理や体の清潔の仕方を知り、様々な水遊びやプールでの遊びを楽しむ。… Ⓐ
○身近な虫に親しみ、見たり触れたりして興味・関心をもつ。… Ⓒ
・着替えの手順や衣服の整理、体の清潔の仕方が分かり、自分でする。
・友達と水、砂、土、泡などの感触や色、形、動きなどの変化に気付いて、繰り返し楽しむ。
・プールでの安全な遊び方を守り、友達と楽しんで遊ぶ。
・飼育しているカブトムシやスズムシの世話をしたり、虫探しをしたりして気付いたことを伝え合う。
・活動の後は休息することの大切さを知る。

具体的な環境（◆）と保育者の援助（○）

◆子どもの動線に配慮して着脱かごやタオル、足拭きマットなどを配置し、手順や仕方などイラストで分かりやすく示しておく。
○脱いだ衣服を畳む、『ふきふき体操』を口ずさみながら頭や背中を拭くなどの姿を認め、身の回りや体を清潔にしておく心地良さを味わえるようにする。
◆様々な水遊びを楽しめるよう、砂場や日陰、花壇のそばにテーブル、空き容器、とい、シャベルなど必要な材料や用具を使いやすいように置いておく。
（シャボン玉や泡遊び、水路や池、泥団子、色水、水中花、ジュース屋さん　など）
○自分なりのイメージをもって流す、浮かべる、固める、混ぜるなど繰り返し試して遊ぶ姿を見守り、子どもの思いや考えに共感する。
◆プールでは、手足を伸ばす、水につかるなど様々な動きを誘い出す言葉や遊びを準備しておく。
（ダイコン抜き、そうめん屋、忍者になろう　など）
○一人ひとりの水への慣れ具合に配慮しながら、子どもとおもしろい動きや言葉を考えて保育者も共に楽しむ。
○機会を捉えて水の危険性を話し、プールでの約束を子どもたちと確認して安全に遊べるようにする。
◆カブトムシやスズムシの世話をしながら観察できるよう、霧吹きや餌、虫メガネなどを置いておき、涼しい時間帯に園庭や畑の散策を設定する。
○飼育物の餌を替える、土や草を湿らせる、動きや形に興味をもって見る、好きな虫の絵を描くなど、その子なりの関わり方を大切に見守る。
○畑や花壇でバッタやカマキリ、セミなどを見つけた喜びに共感する。優しく触れる姿を認め発見や感動を伝え合って命の大切さに気付くようにする。観察した後は、元の場所に返すことを提案する。
◆活動の後はゆったりと過ごせるよう、休息の場や湯茶、遊びなどを用意しておく。
（虫の折り紙や塗り絵、絵本、図鑑、パズル、カード　など）

反省・評価のポイント

★水や砂、プールでの遊びの準備や片付けの仕方や約束が分かり、友達と楽しんで遊べたか。
★一人ひとりの虫への関わり方を大切にして、感動したり発見したりしたことを伝え合い、身近な小動物への優しさや親しみをもつような働き掛けはできたか。

CD-ROM ▶ 8月 ▶ 4歳児_8月_1・2週の計画

8月 週の計画

2週 8/12(月)〜17(土)

今週の予定：山の日の振替休日、お盆、異年齢児保育

前週の幼児の姿

○自分から湯茶を飲む、汗を拭くなどして、休息している。
○友達と色水遊びやプールでの遊びを楽しんでいる。５歳児のプール活動に興味をもち、熱心に見ている。
○セミやバッタなど身近な虫に興味をもち、虫の絵本や図鑑を見たり、折り紙や塗り絵をしたりして楽しんでいる。

○友達や異年齢児と生活や遊びを共にし、誘い誘われて活動する楽しさを味わう。… Ⓑ
○夏野菜の実りを喜び収穫や食べることを楽しむ。… Ⓒ
・様々な保育者や友達と関わりながら安心して過ごす。
・友達や異年齢児と気持ちを合わせて歌ったり手遊びをしたりして、親しみをもつ。
・身近な素材で遊具を作り、工夫して遊ぶ楽しさを味わう。
・５歳児の活動をまねたり試したりしようとする気持ちをもつ。
・収穫した夏野菜で簡単なクッキングをして、収穫や食べることを楽しむ。

◆保育者や保育室が変わることで不安にならないよう生活の場を整え、クラスの遊具を持ち寄り、遊びだしやすいように配置しておく。
○一人ひとりの思いに寄り添い、安心して食事や午睡などができるようにする。異年齢児で絵本を読んだり積み木遊びをしたりするなど、子ども同士のしぜんな関わりを見守り、和やかな雰囲気をつくっていく。
◆みんなが楽しめる歌や手遊びなどを用意しておく。
○保育者も仲間に入り名前を呼んだり楽しいしぐさを考えたりし、異年齢児のつながりがもてるようにする。
（♪：『おばけなんてないさ』『トマト』
『おてらのおしょうさん』『なべなべそこぬけ』
『さよならあんころもち』）
◆今までに作った遊具を使って遊び、手直しを加えながら楽しめるよう、紙やはさみ、のりなどを置いておく。
（室内：虫の紙相撲、にじみ絵、色水輪投げ
戸外：シャボン玉遊び、色水遊び、的当て　など）
○子ども同士で遊びのこつを教えたり、遊びをおもしろくしようと工夫したりしている姿を見守る。
◆５歳児と朝の会や給食などの当番活動をする機会をもてるようにする。
◆調理師と衛生面や包丁、ホットプレートなどの扱い方を確認しておく。食べ物の絵本や料理の本などを用意し、食べることへの興味が広がるようにする。
○収穫した野菜の数をかぞえたり大きさや色を比べたりして楽しむ姿を見守る。調理師に教えてもらいながら洗ったり切ったりしてピザを作る中で、手触りや艶、匂い、断面の形のおもしろさなどへの気付きを認め、できあがったピザをみんなで食べる楽しい気持ちに共感する。
○友達と絵本や料理本を見ている姿を見守ったり、保育者も仲間に入って会話を楽しんだりする。
（絵本：『ごはん』『やさいのおなか』『たべもの』
たべもののかるた　など）

反省・評価のポイント

★異年齢児と生活や遊びを共にして親しみをもち、５歳児を見習ったり３歳児に優しくしたりするなどの関わりが生まれるような配慮や援助はできたか。
★夏野菜の色や形、大きさなどの変化に気付き、収穫して食べることを楽しむことができたか。

8月 週の計画

3週 8/19(月)～24(土)

今週の予定 身体計測、避難訓練、夏祭り、プール活動

※ねらい(…Ⓐなど)が、月案と週案で関連し合っていることを読み取ってください。

前週の幼児の姿

○異年齢で過ごし、自分なりに考えて生活しようとしている。
○5歳児に教えてもらったわらべうたや手遊びを友達と声を合わせて歌い楽しんでいる。
○夏野菜の収穫や虫との出会いを楽しみにし、様々な事象に興味をもっている。

ねらい(○)と内容(・)

○園や家庭で体験したことを様々に表現して伝え合う楽しさを味わう。…ⒶⒷ
○夏の天候を通して、様々な事象に興味をもつ。…Ⓒ
・保育者や友達に自分の思いを話したり、友達の話に興味をもって聞こうとしたりする。
・楽しかったことや印象に残ったことを描いたり作ったりする。
・自分の考えを出しながら友達と好きな遊びを楽しむ。
・水の中で友達と様々な動きを楽しみ、関わりながら遊ぶ喜びを味わう。
・雷や夕立、台風など夏の自然事象について、印象に残ったことや不思議に思ったことを話し合う。

具体的な環境(◆)と保育者の援助(○)

◆体験したことが話題になるよう、夏の海や山、祭りの写真やポスターなどを目につきやすい所に置いておく。
○友達と思い思いに会話したり、写真やポスターと自分の体験を結び付けて話したりする姿を見守りながら、子どもの言葉に耳を傾ける。
◆楽しかったことや印象に残ったことを言葉や身振りで表現する姿を受け止め、いつでも描いたり作ったりできるよう、素材や用具を整えておく。
○一人ひとりの話を共感しながら丁寧に聞き、他児にも伝え、保育者や友達に伝えるうれしさや友達と体験を共有する喜びが味わえるようにする。
◆友達と好きな遊びができるよう子どもと相談しながらピクニックシートや段ボール板、机などで場づくりをし、必要な物を準備していく。
(バーベキューごっこ、キャンプごっこ、魚釣り、夜店の食べ物作り、花火 など)
○自分の考えを話したり友達をまねたりしながら、好きな遊びを楽しんでいる姿を見守り、思いがつながるように仲立ちしていく。
◆プールでの遊びの楽しさを共有し合う機会をもつ。
○ワニ歩きやラッコ泳ぎ、だるま浮きなど、できるようになったことを見てほしい子どもの気持ちを受け止め、他児にも伝えて喜び合う姿を見守る。
○『さいしょはグー』や『なべなべそこぬけ』などを歌いながらじゃんけんをしたり背中で押し合ったりして遊び、水の中での触れ合いを楽しむ。
◆天候や空に関する写真や図鑑などを用意し、雷や夕立、台風など自然事象は機会を逃さず話題にする。
○雲の形や色、流れなど空が変化していく様子に気付き友達と伝え合い写真や図鑑を見たりするなど、子どもなりの関心や好奇心を大切にする。

○自然のすばらしさとともに自然災害の怖さも伝え、災害時の安全な行動に関心がもてるようにする。

反省・評価のポイント

★体験したことを喜んで言葉や身振りで表したり、描いたり作ったりして伝え合い、友達と関わりながら遊ぶことができるように素材や用具、場の準備や援助ができたか。
★天気の変化を身近に感じて自然の事象に興味をもつことができたか。

CD-ROM ▶ 8月 ▶ 4歳児_8月_3・4週の計画

8月

週の計画

4週 8/26(月)～31(土)

今週の予定　誕生会、プール納め

前週の幼児の姿

○できるようになったワニ歩きやラッコ泳ぎなどを繰り返したり、5歳児をまねて、潜ったり浮いたりして楽しんでいる。
○家庭で体験したバーベキューや夜店、花火など、自分の好きな遊びに友達を誘って楽しんでいる。
○台風や大雨などに興味をもって友達と話している。

○友達とプールでの遊びや好きな遊びを楽しみながら、イメージを重ね合わせて遊ぶ楽しさを味わう。… Ⓑ
○身近な事象の変化に気付き、夏の終わりが近づいていることを感じる。… Ⓒ
・プールでできるようになったことや得意なことを見せ合い、友達の良さを認め合う。
・夏祭りの夜店や花火、盆踊りなど体験したことを遊びに取り入れて楽しむ。
・友達とかけっこをしたり踊ったりして体を動かして楽しむ。
・身近な草花や夏野菜、虫などの変化に気付く。
・生活のリズムを整え元気に過ごす。

◆プール納めでは水量を増やしたり、得意なことを見せ合う場をつくったりする。
○自分で考えて様々な浮き方や潜り方を楽しんだり、5歳児や友達をまねてやろうとする姿を見守り、一人ひとりの頑張っている姿を子どもと共に認め合い、満足感をもてるようにする。
○シャワーの後、進んで体をきれいに拭いて着替えている姿を認め、成長を実感できるようにする。
◆夏祭りの夜店や花火、盆踊りなどのイメージが共有できるよう、うちわやポンポン、音楽などの遊びに必要な物を子どもと用意する。
○子ども同士でアイディアを出しながら、作ったかき氷やたこ焼きなどを並べる、花火の音を鳴らして様々な花火にする、音楽に合わせて踊るなどの姿を見守り、保育者も仲間に入ってみんなで工夫して遊ぶ楽しさを味わえるようにする。
◆日ざしの和らいでいる日は子どもと木陰や風通しの良い場所を見つけて、体を動かして遊ぶ時間をもつ。
（用具：フープ、カラー標識
♪：『秘伝！　ラーメン体操』　など）
◆事前に草花や野菜などの変化を把握しておき、子どもが発見して楽しめるようにする。
○草花の種の様子や、野菜の茎や葉が枯れ始めたことに気付いたり、トンボを追い掛けたりしている姿を受け止め、夏の終わりの自然に関心がもてるようにする。
（絵本：『野の草花』『たねが とぶ』
『ふうせんかずら』『トンボしょうねん』
♪：『とんぼとんぼ』　など）

◆2学期に向け登園日を設け、誕生会を計画したりなじみのある玩具を用意したりしておく。
（積み木、ままごと、人形、
パズル、粘土、絵本　など）
○久しぶりに登園する子どもを温かく迎える。誕生会ではわらべうた遊びをしてふれあい、友達との遊びに期待をもてるようにする。

反省・評価のポイント

★一人ひとりが水の心地良さを全身に感じて遊び、楽しさを味わうことができたか。
★夏の体験を伝え合ったり身近な自然に目を向けたりして、友達と共感したり工夫したりして遊ぶ楽しさを味わえる援助や環境づくりができたか。

8月 日の計画

8/8（木）

ねらい
○プールでの遊びの約束を守りながら、水の中で様々な動きを楽しむ。
○身近な虫を探す、触れる、世話をするなどして特徴に気付き興味をもつ。

内容
○プールでの約束（プールサイドは歩く、友達を押さない　など）を守り遊ぶ。
○プールでは忍者になって、水の中を歩いたりつかったりして楽しむ。
○飼育しているカブトムシやスズムシの動きや形、食べ物などに興味をもつ。

環境を構成するポイント

○プールバッグや水筒の置き場所、着替えの場所などを整えておく。
○収穫用のかごやじょうろ、虫取り網、虫かごなどを準備しておく。
○飼育用の霧吹きや餌、虫メガネ、植物や虫の絵本や図鑑などを身近に置いておく。
（絵本：『ヒマワリさいた！』『あさがお』『かまきりのちょん』『くわがたのがたくん』『ぼく、あぶらぜみ』　など）
○こまめに水分補給ができるよう湯茶の準備をしておく。
○プールでの遊びの前に気温・水温・塩素濃度・子どもの人数を確認し、監視役の保育者と情報を共有し安全に遊べるようにする。
○子どもと忍者遊びが楽しめるよう様々な動きを考えておく。
○室温や湿度を調節して気持ち良く食事や午睡ができるようにする。
○ゆったりと遊べるような遊具や遊びを用意し、積み木やブロック、製作物などには、個人の名札を置いておき、翌日も遊べるようにする。

予想される幼児の活動

○登園し、挨拶をする。
・持ち物の整理をする。
○園庭や畑で遊ぶ。
（草花の水やり、収穫、虫探し　など）
○朝の会をする。
○室内で好きな遊びをする。
（飼育物の世話、好きな絵を描く、製作、積み木、ままごと　など）
○片付けをする。
○排せつをし、水着に着替える。
○体操をする。
（♪：『かえるのたいそう』）
○シャワーをしてプールで遊ぶ。
・ワニ歩きでフープの中をくぐる。
・忍者になって遊ぶ。
（石ころの術、忍び足、壁渡り　など）
○シャワーをして、着替える。
○昼食の準備をし、食べる。
○排せつをし、午睡をする。
○起床後、おやつを食べる。
○室内で好きな遊びをする。
（積み木、ブロック、絵本、折り紙　など）
○終わりの会をする。
・今日の遊びについて振り返る。
○降園する。

保育者の援助

○健康カードを確認しながら、子どもの健康状態を把握する。
○アサガオやオクラの開花を喜んだり、セミの抜け殻を壊さないようにそっと扱ったりする姿を見守る。カブトムシやスズムシの飼育を通して、動きや形の特徴、食べ物などに興味をもっている子どもの驚きや発見を、その都度、他児にも伝えていくようにする。
○自分で衣服の着脱ができるよう、励ましたり言葉を掛けたりする。
○プールでの約束は活動前に確認し、自分で守って遊ぼうとしている姿を認めていく。
○水の中で止まる、手足を伸ばすなどを楽しんだり、新しい動きを考え名前を付けたりする姿を受け止め保育者も楽しむ。
○体の部位を意識して拭き、全身がさっぱりした心地良さに共感する。
○暑さのため食事の量が少なくなっている子どもに配慮し、一人ひとりに合った量を配膳する。
○一人ひとりの体調を確認し、迎えの保護者に今日の活動の様子を伝える。

反省・評価のポイント

★プールでの約束を守り、様々な動きを楽しむことができるように一人ひとりに応じた関わりができたか。
★身近な虫に親しみ、楽しんで世話をし、気付きや驚きなどを友達と伝え合うことができたか。

CD-ROM ▶ 8月 ▶ 4歳児_8月_8日の計画

8月 日の計画

8/28(水)

ねらい
○保育者や友達と思いを伝え合い、歌ったり体を動かしたりして遊ぶ楽しさを味わう。
○夏野菜や草花、虫などの変化に興味をもつ。

内容
○気付いたことや考えたことを、保育者や友達に伝える。
○友達と歌をうたったり、花火になって表現したりして遊ぶことを楽しむ。
○夏野菜や草花の変化、トンボやバッタなどが飛び交う様子などに気付く。

環境を構成するポイント

○子どもたちが遊びだしやすいように、遊具や場を整えておく。積み木やままごとなど遊びが広がりそうな所は、あらかじめ場を広くしておく。

○子ども同士の顔が見えるように座る。

○思い思いの表現を楽しむことができるよう広いスペースを確保しておく。

○こまめに水分補給ができるように、湯茶の用意をしておく。
○種取り用の容器、虫取り網、植物や虫の絵本や図鑑などを子どもの取り出しやすい所に用意しておく。
(絵本:『ふうせんかずらのハートのたね』『たねが とぶ』『トンボしょうねん』など)

○気持ち良く食事をしたり遊んだりできるように、室温や湿度を調節する。
○昼食を終えた子どもから順に降園の用意をし、好きな遊びができるよう場を整えておく。

予想される幼児の活動

○登園し、挨拶をする。
・持ち物の整理をする。
○室内で好きな遊びをする。
(ブロック、パズル、積み木、ままごと、夜店ごっこ、花火　など)
○朝の会をする。
・出欠の確認、一日の流れを知る。
・歌『ホ！ ホ！ ホ！』をうたう。
○花火になって遊ぶ。
(線香花火や打ち上げ花火　など)
・友達の表現を見合う。
○体操をする。
(♪:『秘伝！　ラーメン体操』)
○水分補給をする。

○園庭で好きな遊びをする。
(草花の水やり、種取り、バッタ・トンボ取り、砂場での遊び　など)
○片付けをし排せつ・手洗いをする。
○昼食の準備をし、食事をする。
○室内で好きな遊びをする。
(絵本を見る、手合わせ遊び　など)
○片付けをし、終わりの会をする。
・今日の遊びで楽しかったことなどを話す。
・翌日の誕生会の話を聞く。
○降園する。

保育者の援助

○久しぶりに登園する子どもがいるので一人ひとりと明るく挨拶を交わし、丁寧に健康観察をする。
○遊びの中で思いの違いが出てきたときはそれぞれの話をよく聞き、相手の思いに気付けるよう仲立ちをする。
○一日の活動の見通しをもつことができるように、話をする。
○歌詞のおもしろさを感じながら歌っている子どもの気持ちに共感する。
○一人ひとりの花火のイメージを受け止め、工夫しているところを紹介したり、違った動きを考えたりして、友達と認め合って遊ぶ楽しさを味わえるようにする。
○フウセンカズラの種の模様を不思議がったり驚いたりして、子ども同士で気付きを伝え合う姿を見守る。
○様々なバッタを見つけた喜びに共感したり、トンボの捕まえ方を考えたりして保育者も楽しむ。
○誕生会について話をし、翌日も喜んで登園できるようにする。
○友達との関わりの様子や印象的な出来事などを保護者に伝える。

○今日の遊びについて話をし、明日も期待をもって登園することができるようにする。

反省・評価のポイント

★保育者や友達と、気付いたことや考えたことなどを自分なりに表現して遊ぶことができたか。
★夏の終わりが近づいていることに保育者自身が関心をもって関わり、子どもと楽しめるようなことばがけや遊びの工夫ができたか。

9月の計画

自分なりの体験やイメージを伝え合うことを楽しむ生活を

生活

長い休みを終えて、久しぶりに登園する子どもたち。その中には、休み前の調子が取り戻せない子どもや、夏の思い出や体験を誰かに語り掛けたい子どももいます。9月ならではの園生活の始まりです。

人との関わり

子どもたち一人ひとりから示される話題は、クラスの子どもたち全員の間でつなぎ、つむいでいきましょう。互いの思い出や体験を重ね合わせていくことで、子どもたちは一層親しみを感じ合える仲の良さをつくり上げていくことになります。

季節ごよみ

○残暑の厳しい日が続く。
○久しぶりにクラス全員がそろい、友達との再会を喜んでいる。
○地域で防災訓練が行なわれる。

○園庭にトンボやバッタなどの虫が見られるようになる。
○アサガオや、フウセンカズラの種が取れる。
○満月が近づき、月がきれいに見えるようになる。

○トンボやバッタ、カマキリなどの虫がよく見られるようになり、虫の声も聞こえるようになる。
○年長児がリレーをしたり、応援の練習をしたりしている。

○少しずつ朝夕の気温が下がり、涼しさを感じられるようになる。
○澄んだ青空やいろいろな形の雲が見られるようになる。
○台風がくることが多くなる。

遊びへの取り組み

物作り、絵に描く、お話づくり、遊びの技や仕方のパフォーマンス、壁面を飾る、展示などの工夫を心掛けて、家庭でのひと夏の生活が、子どもたち一人ひとりの成長や自信を実感することにつながるようにしましょう。子どもたちの生涯にわたる貴重なアルバムになります。

保育なるほど解説!

「『幼児期運動指針』をヒントに」

近年、体の操作が未熟な子どもが増えていることから、「幼児期運動指針」(文部科学省)では、「多様な動きが含まれる遊びを楽しもう」「楽しく体を動かす時間をつくろう」「安全に楽しく遊ぶことができる環境をつくろう」を軸に、保護者向けには、親子で楽しく体を動かすことを薦め、生活全体で運動を楽しむことを提案しています。保護者にその趣旨を伝え、親子のふれあいを通して体を動かす喜びを味わい、生涯スポーツが楽しめるような体づくりの基盤をつくっていきたいものです。

9月 月の計画

※ねらい（…Ⓐなど）が、月案と週案で関連し合っていることを読み取ってください。

クラスづくり

○長期休みが明け、久しぶりの登園となるので、保護者と離れることへの不安を受け止め、楽しく園生活が送れるようにしたい。
○経験したことや感じたことを、自分から保育者や友達に伝えることの喜びを味わい、クラスの友達との関わりが増えるような機会を大切にする。
○初秋の自然にふれたり気付いたりして話している子どもの思いに共感し、興味・関心を広げていく。

前月末・今月初めの 幼児の姿

生活

○クラスの友達に、久しぶりに会えることを楽しみにしている子どもが多いが、中には登園や集団生活のリズムに不安を感じている子どももいる。
○プール遊びを通して、できるようになったことを友達と喜び合い、満足感をもっている。
○涼しい場所で友達とかけっこをしたり音楽に合わせて踊ったりして遊んでいる。

人との関わり

○楽しかった出来事や夏休みに経験したことを、自分から保育者や友達に喜んで話している。
○夜店や花火など、友達とイメージを伝え合いながら再現して遊ぶことを楽しんでいる。

遊びへの取り組み

○新聞紙や空き容器などの身近な素材や用具を使って、けん玉や糸電話を作って遊ぶことを楽しんでいる。
○園庭を飛ぶトンボを追い掛けたり、野菜や草花などの変化に気付いたりして遊ぶ姿が見られる。

ねらい / 幼児の経験する内容

ねらい	幼児の経験する内容
○生活のリズムを整え、友達と十分に体を動かして遊ぶ。…Ⓐ	○身の回りのことや生活に必要なことに気付いて自分からしようとする。 ○運動や食事の後は、友達と落ち着いて過ごしたり、休息を取ったりする。 ○遊具や用具の使い方を知り、安全に遊ぶ。 ○友達と誘い合ってルールのある遊びを楽しむ。 ○走ったり跳んだりくぐったりするなど、様々な体の動きを取り入れる。 ○友達と歌ったり音楽に合わせて体を動かしたりして遊ぶ。
○自分の思いを保育者や友達に伝え、関わり合う喜びを味わう。…Ⓑ	○経験したことを保育者や友達に喜んで伝える。 ○保育者や友達に自分の思いを伝えたり、相手の思いに気付いたりする。 ○祖父母や地域の高齢者に関わり、親しみをもつ。
○初秋の自然や動植物に触れ、興味・関心を深める。…Ⓒ	○身近な素材や遊具を使ってイメージした物を表現する。 ○身近な植物の変化に気付いたり、秋の虫を見つけたり観察したりして、初秋の自然にふれる。 ○風や雲や月などの事象に気付き、興味をもって見たり話したりする。 ○災害時の避難の仕方や約束事を理解する。

家庭・地域との連携

保護者への支援も含む

★家庭で体験したことを知らせてもらったり、園生活での様子や友達との関わりを、連絡ノートや送迎時に伝えたりして、保護者との信頼関係を深めていく。
★敬老の日の集いの日程や内容を、クラス便りやホームページで事前に知らせ、様々な高齢者から昔遊びを教えてもらったり一緒に歌をうたったりして、子どもとのふれあいの機会をもてるようにする。
★未就園の親子向けに園生活の見学や親子遊びの機会を設け、子育ての相談を聞いたり園の方針を伝えたりする。

CD-ROM ▶ 9月 ▶ 4歳児_9月_月の計画

健康・食育・安全への配慮
養護の視点も含む

○残暑が続くので、進んでこまめに水分補給をすることや、日陰で遊ぶことに気付けるようことばがけをする。
○白玉団子を作り、お供えをしたり友達とおしゃべりしたりしながらおいしく食べたりする機会をもつ。
○様々な遊びに興味をもつようになるので、園庭の遊具や用具の安全な使い方を子どもたちと確認したり、点検したりする。

保育力アップ 指導計画から学ぶ

友達と体を動かす楽しさや心地良さが楽しめる環境

夏の様々な体験の話題を保育者や友達に伝えながら、子どもたちは遊びに取り入れています。体を巧みに動かし友達と会話を楽しみ関わり合う中で、体を動かしたくなるような音楽やボールや縄などを環境に取り入れていきます。日頃の活動が運動会につながるよう、楽しみながら意欲や気力が高まる生活を大切にしましょう。

環境の構成と保育者の援助

園生活に進んで取り組めるように

○登降園時の支度や持ち物の整理などが自分でできるよう、時間に余裕をもち、不安そうにしている子どもには一緒に行ない、徐々に生活のリズムが整うようにする。
○運動や食事の後はゆったりと過ごせるような遊びや場を用意し、子どもによっては休息の場を設けるなど、体調面に考慮する。
○戸外遊び後はうがいや手洗いが必要なことが分かるよう、手洗い場の前に手順が記されたポスターを掲示したり、清潔にすることを話題にしたりして、習慣づくようにする。

友達と体を動かして遊ぶ心地良さを味わう

○体を動かす楽しさや心地良さが味わえるように、保育者自身が子どもと思い切り体を動かして、様々な体の動きを取り入れて遊ぶ。
○自分たちで遊びだせるように、ライン引き、バトン、ボール、短縄などを用意しておき、友達とルールを考えたり守ったりしながら遊ぶ楽しさを味わえるようにする。

友達と関わり合う喜びを味わえるように

○見たこと、したこと、考えたことなどを友達や保育者と共有する機会を大切にし、子どもの気持ちに共感して自分から話す喜びを感じられるようにする。
○遊びの中で思いがぶつかり合うときは、必要に応じて仲立ちをし、相手の思いに気付いたときには十分に認め、子ども同士で解決できるように見守る。
○身近な素材で描いたり作ったりできるよう、子どもと場づくりをする。思い思いに活動したり、友達と協力して作り上げたりして表現する喜びが味わえるようにする。
○祖父母や地域の高齢者とふれあう機会をもち、親しみをもって関われるようにする。

初秋の事象や動植物に親しみをもって

○心地良い風、朝夕に見える月、様々な雲の形、草花の種、秋の虫など、子どもたちが見たり触れたりする機会を大切にする。子どもの気付きに共感し、保育者自身も秋の自然にふれることを楽しむ。

ゆったり過ごすために… ～園で長時間過ごすための配慮～

安心感のある雰囲気づくり

○夏の疲れが出てくる時季なので、十分に休息が取れるようにする。気温に合わせて窓を開けたりエアコンを活用したりして、快適に過ごせるようにする。
○自分のペースで好きな遊びが楽しめるよう、子どもが興味をもつ教具や落ち着く場と、十分な時間を確保しておく。

保育者のチームワーク

★長期休み中の子どもの様子や、配慮を要する子どもへの対応を保育者全員が把握し、適切な関わりができるようにする。
★園内研修会を行ない、保育内容の共通理解ができるよう話し合ったり、保育を見合ったりする。

反省・評価のポイント

★生活のリズムを整え、進んで運動をしたり友達と関わって遊んだりできたか。
★保育者や友達に自分の思いを伝えたり、イメージしたものを表現する喜びを味わったりすることができたか。

9月 週の計画

※ねらい(…Ⓐなど)が、月案と週案で関連し合っていることを読み取ってください。

1週 9/2(月)～7(土)

今週の予定：始業式

前週・週の初めの幼児の姿

○ほとんどの子どもが久しぶりに友達と会うことを楽しみにしているが、中には保護者から離れることに不安を感じている子どももいる。
○夏季保育を通して、異年齢児との関わりがスムーズになってきている。

ねらい(○)と内容(・)

○生活のリズムを整え、保育者や友達と遊ぶことを期待して登園する。…Ⓐ
○好きな遊びを楽しんだり、自分の思いを保育者や友達に伝えたりする喜びを味わう。…Ⓑ
・持ち物の準備や始末は自分で進んで行なう。
・夏の思い出や経験したことを、保育者や友達に喜んで話す。
・友達と、好きな遊びや場を見つけて遊ぶ。
・保育者や友達と、手遊びをしたり歌をうたったり絵本を見たりして親しみをもつ。
・戸外の植物の変化や、初秋の空の様子や昼間の月に興味をもつ。

具体的な環境(◆)と保育者の援助(○)

◆持ち物の始末が落ち着いて行なえるように時間に余裕をもち、提出物を出すかごに絵や名前を書くなどして分かりやすくしておく。
○保護者と離れることや園生活への不安をもつ気持ちを受け止め、スキンシップを図ったり遊びに誘ったりして自分から園生活に取り組めるようにする。
◆夏の思い出や経験したことなど、クラスの友達に話したり聞いたりする機会を設ける。
○子どもの話は目線を合わせて丁寧に聞き、緊張しながらも自分の思いを伝える姿を受け止め、満足感や喜びが味わえるようにする。

せんせい! なつやすみは プールいったよ
よかったね たのしかったんだね

◆自分から遊びだせるように、今まで楽しんできた遊具や用具などを準備し、好きな遊びを存分に楽しめるようにする。
(積み木コーナー、ブロックコーナー、描画、工作、手紙、たこ焼き屋さんごっこ　など)
○自分の好きな遊びを楽しんだり、思いを友達に伝えたりして遊ぶ姿を大切にする。様子を見ながら保育者も遊びに入り、互いに思いが伝わるうれしさや遊びが広がる喜びが味わえるようにする。
◆友達とふれあったり関わりが深められたりするような手遊びやよく知っている歌や絵本を用意しておく。
(♪:『いっぽんばしこちょこちょ』『なべなべそこぬけ』『さんぽ』『空にらくがきかきたいな』
絵本:『せんたくかあちゃん』『ぐりとぐら』　など)
○友達と同じ動きをしたりふれあったりする楽しさが十分に味わえるよう、保育者も参加し遊びを盛り上げていく。
◆月に関する絵本や写真、月の満ち欠けが記されたカレンダー、身近な動植物の図鑑などを子どもが手に取って見られる所に置いておく。子どもと空を見上げたり風の涼しさを感じたりする機会をもつ。
(絵本:『14ひきのおつきみ』『おつきさまこっちむいて』
♪:『十五夜さんのもちつき』『月』　など)
○園庭の草花の変化や雲、風、月について気付いて、友達と話している姿を見逃さず受け止め、子どもたちが絵本や図鑑で確かめられるようにする。

反省・評価のポイント

★保育者やクラスの友達と関わりながら、安心して園生活を送ることができたか。
★子どもが好きな遊びに取り組んだり、気付いたことを確かめたりできるような環境を整えられたか。

CD-ROM ▶ 9月 ▶ 4歳児_9月_1・2週の計画

9月 週の計画

2週 9/9(月)～14(土)

今週の予定：中秋の名月(月見会)、絵画製作活動

前週の幼児の姿

○園での生活リズムを少しずつ取り戻してきている。中には夏の疲れが出て体調が優れない子どもや、不安から泣きながら登園する子どももいる。
○「しろいおつきさまがみえる！」と空に浮かぶ月に関心をもっている。

○保育者や友達と好きな遊びや月見会を楽しみ、関わりをもつ。… Ⓒ
○様々な素材に興味をもち、遊びに取り入れたりイメージした物を表現したりする。… Ⓑ
・夏の経験を遊びに取り入れて楽しむ。
・友達と音楽に合わせて体を動かしたり、振りを考えたりする楽しさを味わう。
・手洗い・うがい、休息などの大切さが分かり、自分でしようとする。
・月見会を通して中秋の名月の由来を知り、異年齢児で月見団子を作ったり食べたりすることを楽しむ。
・身近な材料や用具を使ってイメージした物を、自分なりに描いたり作ったりする。

◆経験したことを再現して遊べるように、子どもと必要な用具や材料を用意していく。
（段ボール板、シート、卵パック、割り箸、画用紙　など）
○保育者も遊びに加わり、子どもの思いを受け止めたり仲立ちをしたりして、友達と関わり合いながら遊ぶ楽しさを感じられるようにする。
◆体を動かしたくなるような音楽や、ポンポン、旗などの用具を用意しておく。
（♪：『サンサンたいそう』『ジャンケントレイン』『ココ☆ナツ』『ハイサイ！ 島んちゅ』　など）
○知っている曲に合わせて、友達と踊ったり、自分なりに振りを考えたりする楽しさに共感しながら、保育者も様々な動きを取り入れて体を動かし、子どもの表現が広がるように関わっていく。
◆子どもがゆったりと落ち着いて好きな遊びが十分に楽しめるような時間と空間の確保とともに、必要に応じて休息を取ることができるよう、ジョイントマットやタオルケットを用意しておく。
○戸外で遊んだ後は手洗い・うがいをすることや、体をよく動かした後は静かに過ごす大切さを知り、自分で気付いて行なえるよう声を掛けていく。
◆身近な材料や用具を選んで思い思いに表現して活動できるよう、手に取りやすいように置いておく。
（絵の具、様々な筆、土粘土、毛糸、カップ類、段ボール板、布類、竹、紙管、テープ、のり　など）

○思い思いにイメージした物を表現しようと材料や用具を選んだり、描いたり作ったり工夫したりする姿を十分に認め、その子なりに表現する喜びを味わえるように作品の話を聞いて書き留めていく。
◆月見会は子どもとススキや月見団子を飾り、ペープサートや紙芝居で由来を分かりやすく伝えたり、豊作や旬の食べ物について考えたりして、感謝の気持ちをもてる機会をもつ。
○グループごとに作った白玉団子を食べ、自分で作った喜びやおいしさ、友達と楽しみ合う気持ちを受け止める。

反省・評価のポイント

★保育者や友達とやり取りすることの楽しさを味わうことができたか。
★自分の思いやイメージを表現できるような材料や用具などの環境構成ができたか。

9月 週の計画

3週 9/16(月)～21(土)

今週の予定：敬老の日の集い、防災訓練（消防署訪問）

※ねらい（…Ⓐ など）が、月案と週案で関連し合っていることを読み取ってください。

前週の幼児の姿

○思わず体を動かしたくなるような曲に合わせて、振り付けや掛け声を考えたり、友達と見せ合ったりしながらダンスをして、運動会に期待をもっている。
○月見会を通して、中秋の名月の由来を知ったり、月見団子を作って食べたりすることを楽しんでいる。

ねらい（○）と内容（・）

○友達と活動する喜びを味わったり、地域の人々と関わったりする。…Ⓑ
○身近な動植物に興味・関心をもち、見たり触れたりして秋の自然に親しみをもつ。…Ⓒ
・友達と様々な遊び方やルールを考えて遊ぶ楽しさを味わう。
・敬老の日の集いでは、地域の高齢者と一緒に歌ったり遊んだりして関わりをもつ。
・消防署では、火災予防や避難の仕方を知る。
・様々な動きや掛け声を友達と合わせ、リズムにのって表現することを楽しむ。
・身近な虫や草花に触れて観察し、不思議や変化に気付く。

具体的な環境（◆）と保育者の援助（○）

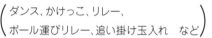

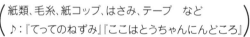

◆子どもたちが思い切り体を動かしたり、競技に挑戦したりして遊べるよう、他クラスと園庭の使い方や時間を調整する。
（ダンス、かけっこ、リレー、ボール運びリレー、追い掛け玉入れ　など）
○ペアの友達と手をつなぐ、新聞紙の上にボールを載せて走るなど、子どもたちが考えた遊びのおもしろさに共感し、もっとやりたいという意欲へとつなげていく。
◆地域の高齢者とけん玉や糸電話、紙鉄砲を作って遊んだり、歌をうたったりわらべうたで遊んだりできるように必要な素材、用具や歌詞カードを用意しておく。
（紙類、毛糸、紙コップ、はさみ、テープ　など
♪：『てってのねずみ』『ここはとうちゃんにんどころ』）
○地域の高齢者と歌ったり作ったり伝承遊びを教えてもらったり、手紙を渡したりするしぜんな姿を見守り、必要に応じて橋渡しをする。
◆地域の消防署に出掛け、避難の意味や安全な行動の仕方を知る機会をもつ。
○消防署職員の劇を見たり、火の用心の歌をうたったりして、自分の身を守ることの大切さや約束を子どもたちと理解し合っていく。
○避難訓練では、適切な行動をとれているか見守ったり、落ち着いて行動できるよう寄り添ったりする。
◆運動会に向けて楽しみながら取り組めるように、テンポの良い曲や、手に持つと心躍るような小道具を用意する。
○友達と動きが合ったり掛け声がそろったりしたときを見逃さず認め、全身で表現する喜びが味わえるようにする。
◆アサガオの種の色や感触の変化に興味をもてるように、いくつかのアサガオの種に印を付け生長を観察できるようにする。不思議に気付いたり、知りたいことなどを友達と話したり調べたりできるよう図鑑を取りやすい場所に用意しておく。（図鑑：『植物』）
○種の色の変化やトンボやバッタを見つけて観察する姿を見守り、子どもの驚きや気付きを見逃さずに受け止め、疑問に思ったことを考えたり調べたりできるよう関わっていく。

反省・評価のポイント

★身近な動植物や草花に興味をもって、見たり触れたり調べたりすることができたか。
★友達と共に活動したり、地域の様々な方々と関わったりする喜びを味わえるような機会や雰囲気づくりができたか。

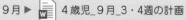

CD-ROM ▶ 9月 ▶ 4歳児_9月_3・4週の計画

9月

週の計画

4週 9/23(月)～30(月)

今週の予定　身体計測、園外保育(散歩)、誕生会

前週の幼児の姿

○友達とルールを考えて遊ぶことを楽しんだり、5歳児のリレーやドッジボールに興味をもったりして見ている。
○地域の高齢者に教えてもらった昔遊びを楽しんでいる。
○アサガオの種の生長を毎日観察し、色の移り変わりに気付いたり、種取りをして大事にカップに入れたりしている。

○友達と十分に体を動かす喜びを味わいながら、運動会を楽しみにする。… B
○身近な自然事象や地域の行事に興味をもつ。… C
・自分なりに目的をもって、友達とかけっこ、リレー、ドッジボールなどをする。
・パラバルーンやダンスなどをして、友達と体を動かすことを楽しむ。
・近隣の畑や風景に目を向け、秋ならではの事象に興味を深める。
・秋祭りを楽しみにして、屋台やしで棒を作り、お祭りごっこをする。
・9月生まれの友達に祝いの気持ちを込めて歌をうたう。

◆園庭のライン引きや運動遊びが子どもたち自身で進められるよう、ライン引きを手に取りやすい所に出したり、バトン、短縄、ボールを用意したりしておく。
○かけっこやリレー、短縄跳びなどの遊びを繰り返し行なうおもしろさに共感しながら、異なるルールでも楽しめるよう様々な遊び方を子どもたちと考えて楽しんでいく。
◆パラバルーンやダンスをする姿を見てもらったり、5歳児の行なうリレーや体操を見る機会をもったりして、拍手をもらうことのうれしさや憧れの気持ち、運動会を心待ちにする気持ちをもてるようにする。
○友達と動きをそろえることでパラバルーンが膨らむ楽しさに共感し、次もやってみたいという気持ちをもてるようにする。
○子どもが考えた振りや動きを引き出し、掛け声をそろえて体を動かす楽しさを味わえるようにする。
◆事前に散歩のルートを確認し、秋祭りの準備の様子や周辺の田畑の様子がよく感じられる道を選んでおく。
○地域の高齢者に挨拶する姿、近隣に立っている祭りののぼりやしで棒などを見つけて、掛け声を掛けたり友達同士で話をしたりする姿に共感しながら、公共の場での安全な行動に気付けるよう見守る。
◆祭りに興味をもつ子どもが話し合って屋台やしで棒が作れるように、子どもと様々な素材を用意する。
(段ボール板、長い棒、紙類、空き箱、テープ　など)
○祭りごっこに必要な屋台やしで棒、屋台蔵などを友達同士で意見を出し合いながら作る姿を認める。
○作った屋台を保育室に置いておき、好きなときに自分たちで動かして遊べるようにする。

◆誕生会が開かれることに期待がもてるように、手作りのカレンダーに予定を記し、子どもの見やすい所に掲示しておく。
○誕生会では、祝いの気持ちを込めて歌をうたい、楽しい時間を共に過ごす。
(♪:『みんなでたんじょうび』
『おはようのうた』　など)

反省・評価のポイント

★保育者や友達とパラバルーンやダンスを楽しみ、運動会への期待をもつことができたか。
★園外保育や日々の保育の中で、近隣の畑や地域の行事への子どもの気付きや興味を見逃さず受け止め、遊びに取り入れられるよう工夫できたか。

9月 日の計画

9/11（水）

ねらい
○保育者や友達と好きな遊びをしたり、歌をうたったりして楽しむ。
○自分の思いやイメージを話したり、描いたり作ったりして表現する。

内容
○保育者や友達とわらべうたを歌ったり、ふれあったりして遊ぶ。
○友達と、好きな遊びや場所を見つけて遊ぶ。
○自分の好きな材料を選び、様々に表現することを楽しむ。

環境を構成するポイント

○窓を開けて換気をし、快適に過ごせるようにする。

○遊びが広がりそうな場合は、広いスペースを確保しておく。
○手紙コーナーのそばにひらがな表を掲示しておき、興味をもった子どもが気軽に見られるようにしておく。

○季節を感じたり、ふれあう喜びを味わえたりする歌やわらべうたを用意しておく。

○汚れを気にせず自由に遊べるよう、保育室にシートを敷いておく。

絵画製作時の環境図

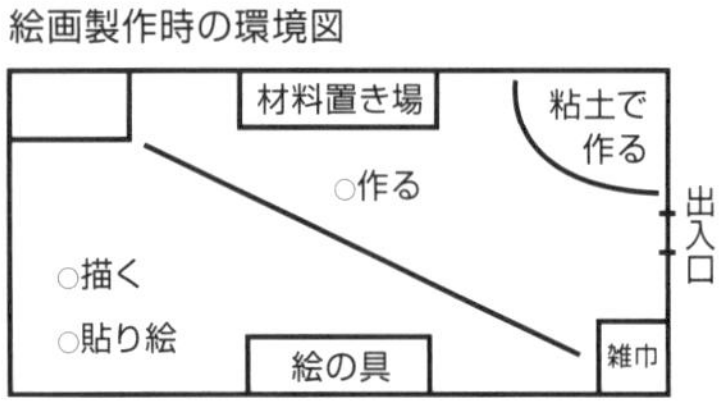

○子どもが欲しい材料を探せるよう、材料置き場は種類別に整えておく。
○汚れた場所をきれいに拭けるよう、ぬれ雑巾を用意する。

予想される幼児の活動

○登園し、挨拶をする。
・朝の支度をする。

○好きな遊びをする。
（積み木、ブロック、手紙コーナー（敬老の日の集いに向けて）、たこ焼き屋ごっこ　など）
○片付けをする。
○朝の集まりをする。
・出席調べをする。
・歌『月』をうたう。
・わらべうた『十五夜さんのもちつき』を歌う。
○絵画製作をする。
・スモックを着て、絵画製作の準備をする。
・自分の好きな材料、場を選ぶ。
・絵を描く、貼り絵、作る、粘土での造形などをする。

○片付けをする。
○排せつ・手洗いをする。

○降園準備をする。
・一日の出来事を振り返る。
○降園する。

保育者の援助

○活動の見通しをもち、進んで支度をしようとする姿を見守ったり、一人ひとりに合わせて手を添えたり励ましたりする。
○遊びの中で、自分の思いを伝えるだけでなく、相手の思いにも耳を傾けられるよう仲立ちしていく。
○敬老の日の集いを心待ちにできるよう声を掛けながら、心を込めて手紙を書く姿を見守っていく。
○保育者が子どもの動きに合わせて歌をうたいながら、友達と手を合わせたり手拍子をしたりする楽しさを味わえるようにする。

○他児に良い影響を与えられるように、自分なりに夢中で取り組む姿を認める。
○イメージに合う材料を選んだり接着剤を考えたりする姿を認め、夏の経験や月見会など興味をもったことや、一人ひとりの心に残ったことを表現しようとする姿を認める。

○楽しい気持ちに共感し、明日も喜んで登園できるようにする。

反省・評価のポイント

★保育者や友達とのやり取りを楽しみ、関わりを深めることができたか。
★一人ひとりが好きな材料を見つけ、自分の思いやイメージを存分に表現できるような声を掛けることができたか。

CD-ROM ▶ 9月 ▶ 4歳児_9月_11日の計画

9月 日の計画

9/25（水）

ねらい

○戸外で好きな遊びをして、体を動かすことを楽しむ。
○散歩に出掛け、田畑や地域の様子、空などの様々な事象に気付く。

内容

○友達と競ったりルールを守ったりして遊ぶ楽しさを味わう。
○様々な遊具や用具を使い、思い切り体を動かして遊ぶ。
○秋祭りの準備や稲穂、クリの木、サツマイモ畑を見て、秋の実りを感じる。

環境を構成するポイント

○一日の予定を子どもの目につきやすい所に貼っておき、スムーズに活動できるようにする。
○自分たちで遊び始められるよう、必要な用具は取りやすいように置いておく。
（ライン引き、カラー標識、バトン、ボール、短縄　など）
○けがが起こったときに素早く対応できるように救急セットを持っておく。
○ポリ袋や持ち運びができるポケット図鑑を用意しておき、草や花を見つけたときに袋に入れたり調べたりできるようにする。
○自分たちで興味をもっている遊びの用意をしたり、前日の続きを始めたりできるよう、取り出しやすい所に遊具や用具を用意しておく。

予想される幼児の活動

○登園し、挨拶をする。
・朝の支度をする。
○戸外で好きな遊びをする。
（かけっこ、リレー、ドッジボール、縄跳び　など）
○片付けをする。
○水分補給をする。
○5歳児の鼓隊、リレーを見る。
○園外保育（散歩）へ行く。
・秋祭りの準備の様子、稲穂やクリの木を見る。
○手洗い・うがい、排せつをする。
○昼食の準備をし、食事をする。
○休息を取り、ゆったりと過ごす。
○室内で好きな遊びをする。
（糸電話、けん玉、積み木、ブロック、パズル、ごっこ遊び　など）
○片付けをする。
○降園準備をする。
○絵本『さつまのおいも』を読む。
○降園する。

保育者の援助

○一人ひとりと気持ち良く挨拶を交わし、健康観察をする。
○活動量が増えてくるので、危険がないように見守る。
○保育者も遊びの輪に入り、勝負する楽しさやルールを守って遊ぶ楽しさを共有する。
○5歳児の真剣な姿への憧れを子どもの意欲につなげて、運動会を楽しみにしている気持ちに共鳴していく。
○保育者同士でこまめに連携を取り合い、子どもの安全を確保する。
○子どもの様々な気付きを見逃さずに受け止め、共感したり、より興味が深まるように声を掛けたりする。
○子ども同士でやり取りをしながら遊びを展開する姿を見守ったり、輪に入ったりして、友達と関わることの楽しさを感じられるようにする。
○落ち着いた雰囲気づくりを心掛け、子どもが絵本に夢中になれるようにする。

反省・評価のポイント

★友達と競ったりルールを守ったりしながら楽しんで遊ぶことができたか。
★園外保育では、子どもの安全を確保しながら季節の変化を感じられる事象を見逃さず、子どもの気付きに共感することができたか。

10月の計画

友達を誘い合って取り組む楽しさや心地良さを体感する園生活に

生活

ひと頃の暑さは和らぎ、心地良い爽やかな生活を楽しむ時季です。子どもたちはクラスの友達と遊具や用具を使いながら、戸外では様々な運動的な活動や遊びに親しみ、夢中になって生活を進めていきます。

人との関わり

自分たちの作品の出来映えは、他クラスの子どもたちのみならず、保護者や地域の高齢者にも見てもらいたいとの気持ちが高まっていくはずです。そうした思いを受け止めて、子どもたちの姿を見てもらう機会を、園の計画として立ててみましょう。

季節ごよみ

○日ざしは強いが、木陰では爽やかな風が吹く日もある。

○運動会が近づき、園内に用具や装飾が増え、運動会の雰囲気になる。

○青空が美しく、雲の動きがよく見える。

○朝夕は涼しくなり、日中の気温差が大きい。

○カキが色づいたり、サツマイモのツルが茂っていたりする。

○木の実が色づき始め、落ち葉も見られるようになる。

○ドングリやマツボックリを集めて持ってくる子どももいる。

遊びへの取り組み

運動的な活動や遊びには、安全にも配慮しながら、保育者も加わり、活動や遊びの盛り上がりとなる糸口を、それとなく提案してみましょう。クラスとしてのまとまりのある活動や遊びへ誘い掛けていくきっかけになりそうです。

保育なるほど解説！

「『共同の感覚』から『協同の芽生え』へ」

園生活では、いろいろな場面で、子どもたちが「友達と一緒」を楽しむ姿と出会います。「気の合う友達と一緒にいたい」「仲間だから遊具を譲り合う」など、まさに「友達と関わることが楽しい」という感覚です。5歳児頃になると、共通の目的をもって活動する協同的な遊びを楽しむようになりますが、その前提としては、3歳児、4歳児のときに体験する「共同の感覚」が不可欠です。まさに、「共同の感覚」を十分に楽しんできたからこそ、協同することができるようになるのです。

10月 月の計画

※ねらい(…Ⓐなど)が、月案と週案で関連し合っていることを読み取ってください。

クラスづくり

○運動会に向けて、運動遊びへの興味が高まり、クラスの友達と誘い合っていろいろなことに取り組もうとする気持ちを大切にしながら、体を動かして遊ぶ楽しさや心地良さが味わえるようにしていきたい。また、身近な秋の自然にふれたときの感動や気付きを大切にし、思いを言葉にして伝えたり、描いたり作ったりして表現することを楽しめるようにしていきたい。

前月末の幼児の姿

生活

○水分補給や汗を拭く、衣服を着替えるなど、健康な生活に必要なことが分かり、自分からしようとするようになってきている。

○友達とかけっこをしたりCDプレイヤーで音楽をかけて踊ったりして、体を動かして遊ぶことを楽しんでいる。

人との関わり

○保育者の仕事に興味をもち、食事の準備などを友達と手伝おうとしている。
○気の合う友達と誘い合い、鬼ごっこやかくれんぼうなどをして一緒に遊ぶことを楽しんでいる。
○遊びや生活の中で、自分の思いを言葉で伝えたり、相手の思いを聞こうとしたりしているが、気持ちをうまく伝えられずにいる様子も見られる。

遊びへの取り組み

○友達と一緒に園庭に落ちている木の実を見つけたり、虫を捕まえたりして遊ぶ姿が見られる。

○身近な素材や、集めた自然物などを使って遊びに必要な物を作り、楽しんでいる。

ねらい / 幼児の経験する内容

ねらい	幼児の経験する内容
○友達と体を伸び伸びと動かして遊ぶ心地良さと楽しさを味わう。…Ⓐ	○水分補給や休息、衣服の調節など、健康な習慣を身につける。 ○遊具や用具を使って、体を十分に動かして遊ぶことを楽しむ。 ○鬼ごっこやかけっこなどルールのある遊びに興味をもち、力いっぱい走る気持ち良さを味わう。 ○音楽に合わせて、友達や異年齢児と動いたり踊ったりしてリズムに親しむ。 ○5歳児の遊びや活動をまねたり、遊びに取り入れたりする。
○友達と関わる中で、自分の思いを言葉にして伝える。…Ⓑ	○遊びや生活に必要な遊具や用具を考え、保育者や友達と一緒に用意する。 ○友達の遊びに関心をもち、関わって遊ぶ。 ○遊びに必要な言葉を使ったり、自分の思いを言葉や動きにして友達や保育者に伝えたりする。
○秋の自然物を見つけたり、触れたりしながら遊びの中に取り入れて楽しむ。…Ⓒ	○秋の空の高さ、雲の形や様子、変化などに気付く。 ○素材や材料、用具を使い、描いたり作ったりすることを楽しむ。 ○土に触れて、自分でイモを収穫して楽しむ。 ○木の実や草花、イモのツルなど、身近な自然物を使って遊ぶ。 ○秋の天気の様子に興味をもち、気付いたこと、感じたことを表現する。

家庭・地域との連携

保護者への支援も含む

★運動会に向かう園生活での具体的な取り組みの様子を、掲示物やクラス便りを通して保護者に伝える。友達との関わりや一緒に楽しんでいる姿を、登降園時や電話連絡など、機会を捉えて伝えるようにし、成長している姿を共通理解できるようにする。運動量が増えることなどから体の疲れが見られるので、早寝早起きなどの規則正しい生活に配慮してもらう。

★子どもが木の実や草の種などの自然物に関心をもって遊んでいる姿を保護者に伝え、親子で話題にしてもらったり、一緒にドングリを拾う機会をもってもらったりして自然に親しむきっかけになるようにする。

CD-ROM ▶ 10月 ▶ 4歳児_10月_月の計画

健康・食育・安全への配慮
養護の視点も含む

◯運動会に向けて体を動かして遊ぶ機会が多いので、体を休めたり、落ち着いて過ごしたりできる時間や場を設ける。
◯イモ掘りで収穫したイモを洗ったり、調理室で調理するところを見たりして、自分たちで収穫した物を食べる喜びを感じられるようにする。
◯園庭の用具、遊具が安全に使えるように点検する。

指導計画から学ぶ 保育力アップ

いろいろに表現する子どもの姿に寄り添って

畑では、「おおきいおいも！」「ようちゅう、みつけた」と歓声が聞こえます。収穫物や秋の自然物との出会い、運動会の参加など、経験が豊かになる10月。思いが通らず、葛藤する４歳児の姿も見られます。友達との関わりでは思いを言葉にして伝え合う橋渡しをしましょう。また周りの環境に関わり、活動を楽しむ姿を受け止めましょう。

環境の構成と保育者の援助

友達と体を動かして遊ぶ楽しさを味わうために

◯いろいろな体の動きを楽しめるように、遊具や用具、音楽などを準備しておく。
◯遊びに必要な用具などを友達と準備したり片付けたりする姿を見守り、必要に応じて手助けをしながら安全な扱い方を知らせていく。
◯運動会に向かう中で、一人ひとりが楽しんでいることや自分の力を発揮している姿を十分に認めていく。
◯かけっこや玉入れなどにクラスで取り組み、ルールを守り競ったり体を動かしたりする楽しさを味わえるようにする。
◯自分たちで好きなときに音楽を流して、リズムや表現を楽しめるように、CDプレイヤーを置く場所を決めて、操作しやすいように印を付けておく。異年齢児が一緒に踊ったり歌ったりしてしぜんな形で交流ができるように、保育者間で連携をし、場の構成を行なう。

イメージや思いを自分なりに表現できるように

◯遊びや生活に必要な物や場を、自分たちで考えて準備するおもしろさが感じられるように、子どもとイメージを共有し、実現できるような素材や材料、用具などを用意する。
◯ごっこ遊びや製作では、時には保育者も仲間に入り、やり取りをしたり場を整えたりする。友達に思いが伝わらずトラブルになる場合には保育者が仲立ちをしながら、自分の思いを言葉で伝え、相手の思いに気付けるように言葉を掛けていく。

秋の自然にふれ、遊びに取り入れて楽しむように

◯木の実や草の実など、身近な自然に興味をもち、探したり集めたりして楽しめるように、容器などを用意する。集めた物を比べたり数をかぞえたりして楽しめるように、絵本や図鑑、はかりなどを準備しておく。
◯収穫したイモや集めた自然物の大きさや形、色の違いなどに気付いた子どもの言葉や驚きなどに共感する。
◯秋の気候や台風などの空の様子や雲の形に興味をもち、見つけたことを伝える姿を受け止め、友達と共有できるようにする。
◯天気、気温と、子どもの活動を関連付けながら知らせ、休息や衣服の調節など、健康に過ごせるよう配慮する。

ゆったり過ごすために…　～園で長時間過ごすための配慮～

休息を取りながらゆっくりと過ごせるように

◯日中の保育の活動量や運動量が増えるので、午後からは一人ひとりが好きな遊びをしながら自分のペースで過ごせる環境や、休息できる場所を用意する。日中の担当の保育者と午後の担当の保育者で子どもの体調について連絡を取り合い、疲労などに留意する。
◯長時間過ごす中で、夕方の涼しさを感じたり、夕日や月の形に気付いたりしながら秋の気配を楽しめるようにする。戸外で活動的に過ごす場合は疲れから動きが不安定になることも予想されるので、休息を取ったり保育者同士で連携を取ったりしながら見守っていく。

保育者のチームワーク

★年齢の違う子どもたちが同じ場で安全に伸び伸びと遊べるよう、保育者間で連携してそれぞれの年齢の子どもの動き、遊具や用具の出し方や置き方、遊びの内容を考えて場を調整する。

反省・評価のポイント

★子どもが遊びたいときにすぐ遊びだせるように、遊具や用具を準備することができたか。
★遊びの中で自分の気持ちを表したり、相手の気持ちに気付いたりしながら一緒に遊べるよう、個々に応じた援助ができたか。

10月 週の計画

1週 10/1（火）～5（土）

今週の予定 衣替え、運動会予行演習

※ねらい（…Ⓐなど）が、月案と週案で関連し合っていることを読み取ってください。

前週の幼児の姿

○クラスの友達とかけっこや踊りなど、体を動かして楽しく遊んでいる。
○畑になるサツマイモのツルや田んぼの稲などを見ながら、身近な秋の自然を感じている。

ねらい（○）と内容（・）

○友達と体を動かしたり、必要な物を作ったりしながら、運動会を楽しみにする。…Ⓐ
○自分の思いを言葉で相手に伝え、友達と関わって遊ぶことを楽しむ。…ⒷⒸ
・保育者や友達と玉入れやかけっこなどを通して、思い切り体を動かす心地良さを味わう。
・したい遊びに合わせて場や物を準備し、遊ぶことを楽しむ。
・気の合う友達との関わりを楽しみ、自分の思いを言葉で伝えようとする。
・空や雲の様子、自然物など、身近な秋の変化に気付き、親しむ。
・曲に親しみ、リズムに合わせて表現する。

具体的な環境（◆）と保育者の援助（○）

◆したい遊びに必要な遊具や用具を子どもと共に考え、使いやすいように準備する。
◆運動会を楽しみにできるような歌や絵本を取り入れる。
（絵本：『10匹のかえるのうんどうかい』
♪：『はしるのだいすき』『うんどうかいのうた』）
○友達とかけっこをしたり、運動用具に親しみ、十分に体を動かして遊ぶ姿を認め、励ましていく。
○運動会に向けて異年齢児の活動を見たり、自分たちの活動を見てもらったりしながら、期待が高まるようにする。
◆運動会で飾る旗や小物を作ったり、保護者への招待状を描いたりできるように材料を整えておく。

○友達の製作に興味をもち、自分の思いを言葉で表すなどの姿を認め、必要に応じて仲立ちをする。
○体を動かした後は、汗の始末をしたり水分補給をしたりするように伝えていく。
◆園内の場を調整して、簡単なルールのある遊びを繰り返し取り入れる。
○鬼ごっこやかけっこのルールを保育者が言葉にして丁寧に伝えたり、一緒に動いたりしながら、友達とルールを守って遊ぶ楽しさを味わえるようにする。
（色鬼、オオカミさん今何時、ごろごろどかん　など）
◆空の高さや雲の形など、身近な秋の自然の変化を感じたりふれたりしながら、気付いたことを伝え合う姿を受け止めて、共感していく。
◆秋の自然に関する歌や絵本を準備しておく。
（絵本：『ぼく、おつきさまがほしいんだ』
『あたまにかきの木』
♪：『虫のこえ』『おいもごろごろ』）
◆自分たちで好きなCDをかけて楽しめるよう、CDやプレイヤーの置き場所を決めて置いておき、操作しやすいように印を付けておく。
○音楽やリズムに合わせて異年齢で一緒に踊る、知っている曲を歌う、教える、まねるなどの姿を見守り、楽しめるようにする。

反省・評価のポイント

★友達と思い切り体を動かす楽しさを味わうことができていたか。
★子どもたちの気付きや様々な体験に共感しながら、子どもの興味・関心が広がるように、環境を整え援助できていたか。

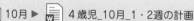

CD-ROM ▶ 10月 ▶ 4歳児_10月_1・2週の計画

10月 週の計画

2週 10/7(月)〜12(土)

今週の予定：運動会

前週の 幼児の姿

○保育者や友達と一緒に体を動かしたり、音楽に合わせて踊ったりすることを喜んでいる。
○簡単なルールのある遊びを保育者や友達と行ない、楽しんでいる。
○木の実や草花、虫など秋の自然に興味をもち、友達と話題にしている。

○友達と思い切り体を動かす楽しさや、一緒に取り組む楽しさを感じる。… A
○自分の思いや考えを伝えたり相手の思いに気付いたりしながら、友達と関わって遊ぶ。… B C
・運動会で自分の力を十分に発揮する楽しさや、友達と力を合わせる楽しさを感じる。
・保育者に見守られながら、共同の用具や遊具を安全に扱う。
・自分の体験したことを、身近な素材や材料を使って描いたり作ったりして表現する。
・自分の思いを伝えながら、友達の思いにも気付き、関わって遊ぶことを楽しむ。
・自然物を集めたり、飾ったりして親しむ。

◆運動会で使う玉入れやマット、ポンポン、曲のCDなどを準備し、遊びの中で繰り返し楽しめるようにする。
○運動会に向けて、子どもが意欲をもって取り組めるように、運動用具などを少しずつ増やしたり、動きのポイントを伝えたりして、当日への意欲が高まるようにする。
○異年齢児の活動を応援する中で、取り組みの様子を見る機会をつくったり、場を整えたりして、子どもが興味をもつ姿を大切にする。
○運動会で使う小物、共同の遊具や用具の準備や片付けを、友達と進んでしようとする姿を見守り、安全に留意する。

○運動会当日は、保護者などに応援してもらう中で、緊張したり張り切ったりする姿を受け止め、それぞれの子どもの取り組みを認めていく。
◆経験したことを、絵に描いたり製作したりして楽しめるように、必要な材料や場を整える。
（絵の具、インク、パス、墨汁、朱液、画用紙、段ボール板、布類、接着剤、テープ類、のり、はさみ　など）
○楽しかったこと、感じたことなどを絵や製作物で自分なりに表現できるように、子どもの話を丁寧に聞き、気持ちを受け止める。
◆自分たちで、それぞれの遊びのコーナーをつくれるように、間仕切りやカーペットなどを準備しておく。
○気の合う友達と遊びを楽しむ姿を見守り、状況に応じて保育者も遊びに加わり、関わりや言葉のやり取りを深めるきっかけをつくる。
○子どもたちがそれぞれの思いを友達に伝えようとして、思い通りにいかずに困っているときは、保育者が仲立ちをして、互いに思いが伝わるうれしさを感じられるようにする。
◆園庭のドングリを拾ったり、草花を飾ったりできるように容器や袋を用意し、集めた木の実や葉を保育室や廊下に飾る場を設け、遊びに使えるようにしておく。
○集めた木の実をカップに入れて、食べ物に見立てたり、葉の皿に料理を載せて友達とやり取りをしながら遊びを楽しむ姿を認めていく。

反省・評価のポイント

★運動会に喜んで参加し、満足感を感じ、クラスの友達や保護者とつながりを感じて楽しむことができたか。
★遊びに応じて、友達との関わりができやすいような仲立ちや場の構成ができたか。

10月 週の計画

※ねらい（…Ⓐなど）が、月案と週案で関連し合っていることを読み取ってください。

3週 10/14(月)～19(土)

今週の予定：体育の日、身体計測

前週の幼児の姿

○運動会では自分なりの力を発揮し、友達と思い切り体を動かす心地良さや満足感を味わう姿が見られた。
○５歳児のリレーやリズム表現に興味をもち、応援したり体を動かしたりして楽しんでいた。
○遊びの中で、友達に自分の思いを出しながら遊んでいる。

ねらい（○）と内容（・）

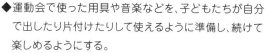

○運動会の経験を思い出し、遊びの中に取り入れて体を動かして遊びことを楽しむ。…Ⓐ
○身近な秋の自然にふれ、興味や関心をもつ。…Ⓒ
・異年齢で伝え合いながら、リレーやリズム遊びなどを楽しむ。
・マットや跳び箱などいろいろな遊具や用具を使い、十分に体を動かして遊ぶ。
・ルールのある遊びを、保育者や友達と楽しむ。
・木の実や落ち葉を集める、比べる、数える、並べるなど、自然物に関わって遊ぶ。
・食事の準備や片付けなど、自分たちでできることをしようとする。

具体的な環境（◆）と保育者の援助（○）

◆運動会で使った用具や音楽などを、子どもたちが自分で出したり片付けたりして使えるように準備し、続けて楽しめるようにする。
（リレーバトン、マット、跳び箱、リズム遊びの小道具など）
○マットなどの用具を５歳児に教えてもらいながら準備したり、仲間に入れてもらって遊んだりして、憧れの気持ちをもって関わる姿を見守る。
○３歳児に、自分たちのリズム遊びを見てもらい、一緒に行なうなどし、教えることのうれしさを感じ、自信をもつなどの機会を大切にする。
○運動用具を組み合わせて使ったり、５歳児に教えてもらったリレーを４歳児なりに楽しみ、十分に体を動かしたりしている姿を認め、励ましていく。
◆友達と体を思い切り動かして遊ぶ楽しさを感じられるよう、他の遊びとの動線を考えて場を構成する。
（じゃんけん列車　など）
○鬼になることや負けることに抵抗感のある子どもには、みんなで話し合い、安全地帯をつくるなどルールを工夫する。

◆園庭や園外で拾った木の実に関心をもつ姿を大切にし、形や色、大きさや重さの違いに気付けるよう、種類別に分けられるような容器やはかり、図鑑や絵本などを用意しておく。

○コーナーでは園庭で見つけたドングリ、園外で見かけた作物や草花を、友達と話題にして保育者に名前を尋ねる、図鑑と見比べるなどの姿を認め、子どもの言葉を橋渡ししながら興味が広がるようにする。
○砂場でケーキを作り、木の実で飾る、スロープでドングリを転がすなどを楽しむ子ども同士が、互いの遊びを見て、取り入れて楽しめるように、周りの子どもが気付けるような言葉を掛けていく。
◆食事の準備や片付けの手伝いができるよう、数や扱いやすい大きさに配慮し、台拭きやトレイなどを準備する。
○クラスの生活に必要な、食前のテーブル拭きや食後の床掃除などを、保育者をまねたり教えてもらったりしながら、ゆっくりと取り組めるようにする。
◆体を動かす心地良さや一緒に遊ぶ楽しさが感じられるよう、ルールのある遊びを用意しておく。

反省・評価のポイント

★運動会で経験した種目や異年齢児の種目を、十分に体を動かして友達と繰り返し楽しむことができたか。
★身近な秋の自然にふれ、遊びに取り入れて楽しむような環境構成や援助ができたか。

CD-ROM ▶ 10月 ▶ 4歳児_10月_3・4週の計画

10月 週の計画

4週 10/21(月)〜31(木)

今週の予定：誕生会、イモ掘り遠足

前週の幼児の姿

○運動会で経験した競技などを5歳児に教えてもらう、ダンスを3歳児と一緒に踊る、などして繰り返ししっぽ取りなどルールのある遊びで十分に体を動かすことを楽しんでいる。
○木の実や種などを集めて、色や大きさに興味をもち、見たり遊びに取り入れたりしている。

○身近な秋の自然物に触れて親しみ、収穫の喜びを味わう。… Ⓒ
○友達と思いを言葉で伝え合いながら遊ぶことを楽しむ。… Ⓑ
・季節に関わりのある絵本の読み聞かせや、歌をうたうことを楽しむ。
・イモ掘りを通して、土の感触を楽しみ、自分で掘って収穫したものを食べる喜びを味わう。
・イモのツルや木の実など身近な自然物に興味をもち、遊びに取り入れて楽しむ。
・自分の思いや考えを言葉で表しながら遊び、相手にも思いがあることに気付く。
・天気や気温、活動に合わせて汗を拭く、衣服を調整するなどして健康に過ごす。

◆イモ掘りに期待をもてるような歌や手遊びを取り入れ、絵本は手に取りやすい場所に置いておく。
（♪：『いもほりのうた』『やきいもグーチーパー』 など
絵本：『ねずみのえんそく　もぐらのえんそく』『おいもさんがね‥』　など）
○サツマイモを掘りながら、土の感触、イモの形や大きさ、幼虫など、子どもたちの気付きや発見を受け止める。土の感触や虫が苦手な子どもには励ましながら一緒に掘ることで安心感を与えられるようにする。
◆サツマイモやツルは見たり触れたりできる場所に置く。
○掘ってきたイモを子どもたちが洗い、ホットプレートで焼いて園で食べる機会をつくり、収穫の喜びが感じられるようにする。
○イモ掘りの経験をみんなで話したり、大きな画面に描く、新聞紙や封筒などを丸めて色を塗って作るなど、再現して楽しむことができるようにする。
○ツルは、木の実と合わせてリースにして飾ったり、綱引きなどの遊びに取り入れたりして楽しめるようにする。
◆園庭や園周辺の絵地図を作り、子どもが見つけた木の実や葉を展示したり、地図に貼り付けたりして、関連付け、園や地域の自然物に興味をもてるようにする。
◆製作や継続している遊びに必要な用具や材料を用意しておく。
◆畑に見立てて囲いを作り、製作したイモなどを隠して、イモ掘りを再現して楽しめるようにする。
○遊びの展開を見守り、必要に応じて保育者も遊びに加わり、遊びを盛り上げたり、友達との関わりの橋渡しをしたりする。
○遊びの中で行き違いからトラブルになる場合には、それぞれの思いを伝え合っている姿を見守り、個々の訴えを受け止めていく。必要に応じて思いが言葉で伝わるように仲立ちをし、互いの思いに気付くようにする。
◆その日の気候や遊びに応じて、自分で衣服の調節ができるように、天気、気温を絵や図などで示しておく。

○天気の変化に興味をもつ子どもの姿や、暑い、涼しいなどの感じ方を受け止めながら、健康な生活習慣と関連付けていけるよう個々に応じて言葉を掛けていく。

反省・評価のポイント

★収穫の喜びを感じたり自然物を取り入れたり、経験したことを再現したりして遊びを楽しんだか。
★子どもが自分の思いを言葉にしたり、友達にも思いがあることに気付けるような関わりができたか。

10月 日の計画

10/4（金）

ねらい

○ルールのある遊びに興味をもち、保育者や友達と一緒に体を動かして遊ぶ。
○遊びや生活に必要な場を自分たちで整えようとする。

内容

○合図やルールを知り、友達と一緒に動いたり競ったりする楽しさを味わう。
○玉入れの玉を数えて、多い少ないなど数に興味をもって楽しむ。
○活動に必要な事柄をイメージして、保育者や友達と準備や片付けをする。

環境を構成するポイント

○遊びを十分に楽しめるよう、子どもが必要な遊具や用具を扱いやすい場所に用意し、自分たちで準備ができるようにしておく。

○園庭にクラスごとに円を描き、クラス対抗玉入れに期待をもてるようにする。
○玉入れの玉やかごを、保育者と一緒に準備をしたり片付けたりすることで、運動会への意欲を高めていく。
○こまめに水分補給ができるよう、身近にベンチやテーブルを設置して、水筒を置く場所を準備する。
○午前中の遊びの続きを楽しんだり、自分のペースで好きな遊びに取り組んだりできるよう、遊具や用具、素材などを準備する。
○虫探しや草花探しなどの遊びに関連した絵本や図鑑を用意し、親しめるようにする。

予想される幼児の活動

○登園し、朝の挨拶をする。
・支度をする。
○好きな遊びをする。
（室内：ごっこ遊び、製作、絵本
園庭：かけっこ、色鬼、
リズムにのって踊る　など）
○片付けをする。
○朝の会をする。
・『おはようのうた』『うんどうかいのうた』を歌う。
○紅白玉入れをする。
・玉入れのルールを聞く。
・クラス対抗で玉入れを楽しむ。
・玉の数をかぞえる。
○片付けをする。

○手洗い・うがい、排せつをする。
○昼食の準備をし、食べる。
○好きな遊びをする。
（室内：製作、絵本、パズル　など
園庭：色鬼、虫探し、草花探し　など）
○片付けをする。
○降園準備をする。
○歌をうたい、絵本を見る。
（♪：『はしるのだいすき』
絵本：『よーいどん！』）
○降園する。

保育者の援助

○一人ひとりと挨拶を交わし、健康観察をする。
○子ども同士で関わりながら遊びを楽しむ姿を見守ったり、時には仲間に入ったりして遊びが深まるようにする。
○片付けるときは、保育者や友達と協力して、片付ける楽しさが感じられるような言葉を掛けていく。
○運動会に期待をもちながら歌えるように声を掛ける。
○かごにたくさん玉が入ると勝ち、というルールを伝え、クラスの友達と力を合わせる楽しさを味わえるようにする。
○高く放り投げる、速く投げるなど、子どもの工夫を認め、保育者も応援しながら思い切り体を動かす心地良さを味わえるようにする。
○子どもとゆっくりと数をかぞえ、入ったことを喜び合う。勝敗を気にする子どもには、投げ方を友達と教え合うなどして、次に期待をもてるように促す。
○遊んだ後は休息を取り、水分補給ができるようにする。
○昼食時に保育者を手伝おうとする子どもの気持ちを受け止め、できることに取り組む姿を認めていく。
○一人ひとりが安定して過ごせるように場を確保し、声を掛けていく。
○明日も元気に登園できるように、笑顔で挨拶を交わす。

反省・評価のポイント

★ルールのある運動遊びを通して、友達と思い切り体を動かすことができたか。
★保育者や友達と遊びを楽しみ、深めていけるよう、子どもと共に場を整えることができたか。

10月 日の計画

10/25（金）

ねらい
○イモ掘りの経験を取り入れながら、保育者や友達と様々に表現して遊ぶ楽しさを味わう。
○感じたことや考えたことを言葉で伝え、友達と関わって遊ぶことを楽しむ。

内容
○経験したことを再現して製作し、作った物で遊ぶ楽しさを味わう。
○驚きや楽しさ、思ったことなどを友達に伝え、楽しく遊ぶ。
○クラスの友達とイモ掘りゲームをして楽しむ。

環境を構成するポイント	予想される幼児の活動	保育者の援助
○イモ掘り時の様子の写真や収穫物などを置いて、経験したことを話題にして楽しめるようにする。 （土付きのサツマイモ、イモのツル、飼育ケースの幼虫、ダンゴムシ など）	○登園し、朝の挨拶をする。 ・支度をする。 ○好きな遊びをする。 （室内：ごっこ遊び、製作 園庭：鬼ごっこ、砂場、自然物を使った遊び） ○片付けをする。 ○朝の会をする。 ・『おはようのうた』『やきいもグーチーパー』を歌う。	○一人ひとりと挨拶を交わし、健康観察をする。 ○友達と繰り返し楽しんでいる遊びを、いろいろな場所で楽しめるように見守る。 ○イモ掘りで経験したことを保育者と振り返りながら、取り入れて遊ぶ楽しさを感じられるようにしていく。 ○畑の囲いに気付き、イモ掘りゲームに興味をもった子どもとどうするか話し合いながら、一緒に準備を進めていく。
○製作の続きができるように、場や材料を整えておく。 （太めのひも、画用紙、新聞紙 など） ○イモ掘りゲームができるように、積み木や段ボール板で畑の囲いを作り、作ったイモや土に見立てた新聞紙、落ち葉などを入れられるようにする。 ○片付けるときは落ち葉や新聞紙が散らばらないように、場所を決めて箱などを用意しておく。 ○午前中の遊びの続きを楽しんだり、落ち着いて過ごしたりできる場や遊具を準備する。	○イモ掘りゲームをする。 ・畑の製作をする。 （サツマイモ、イモムシ、木の枝、ダンゴムシ など） ・できた物を畑の中に入れて隠す。 ・イモ掘りゲームをする。 ○昼食の準備をして食べる。 ○休息を取る。 ○降園準備をする。 ○歌をうたい、絵本を見る。 （♪：『おれたちゃドングリ団』 絵本：『さるくんにぴったりなおうち!!』）	○できたイモ畑を子どもに紹介して、遊び方を子どもと考え、みんなで楽しむ。 ○自分で作ったイモを探したり、ツルに見立てたひもを引っ張り何が出てくるかを楽しんだりして喜ぶ姿に共感しながら、遊びを盛り上げていく。 ○アイディアを伝えたり、感動を共有したりしながら、友達と繰り返し楽しむ姿を見守る。 ○イモを引っ張るときの「うんとこしょどっこいしょ！」などの掛け声をみんなで掛け合って、友達との一体感を楽しめるようにする。 ○午睡時は一人ひとりをよく観察し、健康状態を把握する。午睡後は疲れが出る時間に留意し、安定した気持ちで、ゆっくり過ごせるように、一人ひとりに寄り添っていく。
	○降園する。	○明日も元気に登園できるように、笑顔で挨拶を交わす。

反省・評価のポイント
★経験したことを思い出しながら、イモ掘りゲームなど、いろいろに表現して楽しむことができたか。
★友達と関わり、考えたり工夫したり思いを出し合ったりできるような環境構成や援助ができたか。

CD-ROM ▶ 10月 ▶ 4歳児_10月_25日の計画

11月の計画

クラスの友達との輪をつくる園生活に喜びと自信を感じながら

生活

夏野菜の時季とは異なる実りの季節を楽しみ、豊かな幸を味わいます。地域の行事や文化にふれて、自分たちが大切にされていることを喜び合える園や地域の生活があります。また、いつしか初冬の気配も忍び寄ってきます。寒い時季に向けての健康な生活にも配慮していきましょう。

人との関わり

5歳児の力を借りながらも、クラスの友達と力を合わせて、いろいろなことに取り組みたいとの思いが出てくる時季です。

季節ごよみ

- ○木々の色づきの変化や、身の回りの自然の変化が見られる。
- ○戸外で体を思い切り動かす中で、秋の風の心地良さに気付く。
- ○ドングリや色づいた木の葉などが落ち、集めたり遊びに使ったりしている。
- ○ヒヤシンスの水栽培、コマツナ、豆類の種まきを始める。
- ○たくさんの落葉が見られる。
- ○風が冷たく感じられるようになる。
- ○木枯らしが吹く。
- ○ヒヤシンスなどの栽培物の根や茎が徐々に伸びたり、大きく生長したりしてくる。
- ○寒い日が増えてくる。

遊びへの取り組み

季節の変化を感じ、その不思議に気付き、分かりたいと思うこともしばしばです。刻々と変化する環境にふれて、生活や遊びを膨らませていきます。毎日が新鮮な思いで生活や遊びに取り組みながら、子どもたちが喜びを互いに表し、自信を深めていけるように、寄り添っていきましょう。

保育なるほど解説！

小学校のカリキュラムとの「円滑な接続」

「幼児期の終わりまでに育ってほしい姿」(10の姿)は、小学校のカリキュラムとの「円滑な接続」のために設定されたものです。つまり、幼児教育の遊びを通しての総合的な指導で培われた資質・能力を具体的な「10の姿」にまとめて、小学校教員に子どもたちの育ちや学びを伝え、それらを小学校教育に生かしてもらうためのものです。保育や授業の参観などを通して、幼児教育と小学校教育との「尊重すべき違い」への理解を深めつつ、互いに「伝わる言葉」をもつことが必要です。

11月 月の計画

※ねらい(…Ⓐなど)が、月案と週案で関連し合っていることを読み取ってください。

クラスづくり

○運動会を経験して、日々の生活の中でも新しいことへの興味・関心が深まっている。自分でやってみようという意欲を大切にすると同時に、友達との遊びを楽しみながら、自分の思いを伝えたり、相手の気持ちに気付いたりして関わり合う楽しさを感じられるようにしたい。秋の深まりを全身で感じ、一人ひとりが自分の思いやイメージをいろいろな方法で表現する楽しさを味わえるようにする。

前月末の幼児の姿

生活

○手洗い・うがい、天候や気温差に応じた衣服の調節を進んでする姿が見られる。

○気の合う友達と「色鬼」や「オオカミさん今何時?」を繰り返し楽しんで遊んでいる。

○運動会で見た5歳児の竹馬や鉄棒を見て興味をもち、やってみようとしている。

人との関わり

○地域の秋祭りなど自分の経験したことや感じたことを話したり、聞いてもらったりすることを喜んでいる。

○秋の空の変化や肌で感じる気温の違いなど、友達と伝え合っている。

遊びへの取り組み

○落ち葉やドングリなどを集めたり、集めた物を使ってリースや飾りを作ったりして楽しんでいる。

○収穫したサツマイモを並べたり、感触や形、大きさや重さを比べたりすることに関心をもっている。

ねらい / 幼児の経験する内容

ねらい	幼児の経験する内容
○生活に必要な活動を自分でし、友達と関わり合いながら好きな遊びを十分に楽しむ。…Ⓐ	○初冬に向けて、手洗い・うがい、衣服の調節など進んで行なう。 ○園外での行動の仕方やマナーを知る。 ○様々な運動遊具や用具に興味をもち、やってみようとする。 ○簡単なルールを守り、友達と繰り返し遊ぶ楽しさを味わう。 ○5歳児との活動を楽しみ、憧れの気持ちをもつ。
○自分の思いやイメージを伸び伸びと表現する喜びを味わう。…Ⓑ	○経験したことや思ったこと、感じたことなどを言葉で保育者や友達に伝えようとする。 ○見たことや感じたことを、言葉で伝えたり、遊びに取り入れたりする。 ○友達の表現のおもしろいところや工夫したところに気付き、共感する。
○身近な自然に親しんで遊んだり、秋から冬への季節の移り変わりに気付いたりする。…Ⓒ	○初冬の風や光を感じながら、自然散策を楽しむ。 ○風の冷たさや、木々の変化などに気付き季節の移り変わりを感じる。 ○様々な素材に親しみ、イメージに合わせて見立てたり、工夫したりしながら遊ぶことを楽しむ。 ○木の実や落ち葉を集め遊びに取り入れ、数や量、色、形、大きさなどに興味をもつ。 ○遊びに必要な物を作ったり、作った物で遊んだり飾ったりして楽しむ。

家庭・地域との連携
保護者への支援も含む

★七五三の行事を通して、七五三詣でに行った話を聞いたり、写真を見せてもらったりして、成長を共に喜び合えるようにする。

★作品展に向けて素材集めを依頼し、それらを使って遊んでいる子どもの様子を伝える。登降園時に親子で作品を見合う場をもち、一人ひとりの思いや工夫しているところを伝え、子どもなりの表現や成長を喜び合う。

CD-ROM ▶ 11月 ▶ 4歳児_11月_月の計画

健康・食育・安全への配慮
養護の視点も含む

○気温の変化や体調に合わせて衣服を調節することや、手洗い・うがいが感染症予防になることを知らせ、励行するようにする。
○散歩に出掛けた際に、畑のダイコンやハクサイを見せてもらったり、カキやミカンの色づきなどに気付いたりして、旬の食材に興味をもてるようにする。
○交通安全や公共施設でのマナーを守り、安全で気持ち良く遊びや活動を楽しめるようにする。

指導計画から学ぶ 保育力アップ

友達とのつながりの中で、互いの良さを感じられる生活を

5歳児の姿に憧れてまねながらも、自分の思いを存分に発揮して、自分の力で生活や遊びを進めていこうとする気持ちが膨らんできます。遊びの中で、互いの思いの違いや自分とは異なる発想や表現のおもしろさに気付く機会をもつことが大切です。ゆったりと時間を取って話し合ったり、互いの作品を見合ったりし、子どもたちの間で、互いの良さが感じられる関わりを大切にしていきましょう。

環境の構成と保育者の援助

友達と関わって遊ぶ楽しさを味わえるように

○クラスのみんなでいろいろな運動用具にチャレンジする時間を設ける。毎日取り組む中で少しずつできるようになったことを喜び合い、繰り返し挑戦して得る満足感や自信を味わえるようにする。
○ルールを守って遊ぶおもしろさを味わえるように、様々な鬼ごっこやしっぽ取りなどの遊びを取り入れる。興味をもった子どもから遊び始め、繰り返し遊ぶ姿を見守り、次第に誘い合って仲間を増やしていくようにする。
○遊び方やルールの思い違いがあった場合には、子どもの思いを受け止め、どのようにしたら楽しく遊べるか話し合って解決できるようにする。

伸び伸びと自分なりの表現を楽しめるように

○子どもたちが自分のイメージに合った素材や用具を選んで、自由に描いたり作ったりできるよう、取り出しやすくしておく。
○子どもの思いが実現し、遊びが楽しくなるように、時には素材や用具、方法などを提案したり一緒に考えたりする。
○子どもの作品について丁寧に話を聞いて書き留め、目につく所に飾ったり、みんなに紹介したりして、互いの良さを認め合う心地良さや満足感を味わえるようにする。

初冬の気配を感じながら、遊びに取り入れて楽しめるように

○地域の自然散策や、「自然観察の森」へのバス遠足などを計画し、自然との関わりが豊かになるようにする。身近な木々や木の実の変化に気付く、全身で秋の空や風、木漏れ日の美しさや不思議を感じるなど、感動や発見を伝え合うようにする。
○秋の自然物を並べる、分けるなどして遊んだり、絵本や図鑑で見比べたりして、好奇心をもって自然に関われるようにする。
○友達と秋の絵本を見たり、歌をうたったりして、イメージを共有し楽しめるようにする。

ゆったり過ごすために… ～園で長時間過ごすための配慮～

初冬の気配を感じながら室内遊びをじっくりと

○朝夕は気温が下がり肌寒くなってくることを、子どもの体感を捉えて上着を着用したり、日没前の夕日を見たりして初冬の気配を感じられるようにする。室内や廊下などを明るくし、温かい雰囲気をつくる。
○日没まで思い切り戸外遊びを楽しんだ後は、室内で保育者と絵本を見たり、異年齢児と関わりながら、好きな色紙で紙飛行機を作って飛ばしたりして、ゆったりと過ごすようにする。

保育者のチームワーク

★子どもの健康状態を保育者間で細やかに連絡し合い、子ども一人ひとりが健康で気持ち良く生活できるよう配慮する。また、下痢、おう吐などの始末の仕方や手順などを共通認識しておく。

反省・評価のポイント

★友達と好きな遊びを楽しむ中で、友達との関わり合いを十分に楽しめるような援助ができていたか。
★秋の自然に興味をもち、見たり触れたり遊びに取り入れたりして楽しんでいたか。

11月 週の計画

1週 11/1（金）〜9（土）

今週の予定 避難訓練、文化の日、散歩

※ねらい（… Ⓐ など）が、月案と週案で関連し合っていることを読み取ってください。

週の初めの 幼児の姿

○サツマイモ掘りを経験し、感じたことを友達と話したり、遊びに取り入れたりして、秋の自然に親しんでいる。
○好きな遊びを通して友達との関わりが増えてきている。
○友達との関わりの中で、体を動かす楽しさを感じている。

ねらい（○）と内容（・）

○友達と関わり合いながら戸外で遊ぶことを楽しんだり、竹馬、縄跳び、鉄棒などに挑戦しようとしたりする。
○身近な木々の色づきや実りを感じながら、友達と感動や発見を楽しむ。
・友達と関わり合いながら、進んで戸外で遊ぶ。
・5歳児の姿を見て、縄跳びや竹馬などに挑戦しようとする。
・近隣に散歩に出掛け、木の実を見つけたり、木の葉やドングリなどを集めたり、虫を見つけたりする。
・遠足を楽しみに、秋の歌をうたったりバス遠足について話し合ったりする。
・見たことや感じたことを、話したり、描いたりして自分なりに表現する。

具体的な環境（◆）と保育者の援助（○）

◆戸外で友達と好きな遊びを楽しめるよう十分に戸外遊びの時間を設ける。
○砂場でご飯作りをしているやり取りや、鉄棒やフープ転がし、はん登棒を友達とやってみようとする姿を見守る。遊びが見つけられない子どもには、保育者が一緒に入ったり仲立ちしたりすることで、友達と遊ぶ楽しさを感じられるようにする。
◆縄跳びや竹馬などは安全に遊べる場所を確保し、5歳児の遊ぶ姿を見せてもらったりコツを教えてもらったりしながら、興味をもって取り組めるようにする。

○子どもたちのやりたい気持ちを受け止め、励ましたり5歳児に教えてもらったりする姿を見守る。
◆木の実や木の葉、虫の住みかなどの場所や危険箇所など散歩コースを事前に確認しておく。
○木の葉などの美しさやおもしろさに共感し、身近な自然に関心をもてるようにする。
○草むらや落ち葉の下のコオロギなどを発見した喜びを友達と伝え合い、観察している姿を見守る。
◆「自然観察の森」の写真や地図を掲示し、ウォークラリーのルールやそのときの保育者の立ち位置などを子どもと確認したり、秋の歌をうたったりする機会を設け、遠足に期待をもてるようにする。
（♪：『きのこ』『まつぼっくり』『バスごっこ』『おべんとうばこのうた』 など）
○ウォークラリーや弁当を食べる楽しさとともに交通安全や公共のマナーについて話し合い、安全で気持ちの良い行動の大切さを知らせる。遠足中に行なうウォークラリーのグループをつくり、遠足が楽しみな子どもの気持ちに共感する。
◆描きたいときに自由に描いて表現できるよう、絵のコーナーを常時構成しておく。
○一人ひとりの子どもと会話をしながら、子どもが描きたいこと、日々の遊びや遠足などでの発見や感動を受け止める。

反省・評価のポイント

★友達との遊びを楽しみ、5歳児の遊びに興味をもって挑戦していたか。
★保育者自身が身近な秋の深まりに気付き、子どもの発見に共感することができたか。

11月 週の計画

2週 11/11(月)〜16(土)

今週の予定　誕生会、遠足、七五三

前週の幼児の姿

○友達と関わり合ったり、5歳児の遊びに興味をもち、挑戦したりしながら好きな遊びを楽しんでいる。
○「自然観察の森」の地図を見たり、ウォークラリーの話を聞いたりして、遠足を楽しみにしている。
○描きたいものを自由に描いて楽しんでいる。

○空の高さや風を感じながら友達と秋の自然の変化や美しさを伝え合う楽しさを味わう。
○友達と簡単なルールのある遊びを楽しむ。
・森の空気や風、日ざしなどの気持ち良さを全身で感じる。
・友達とウォークラリーをして木の実や落ち葉、虫を見つけたり触れたりして、気付きや思いを伝え合う。
・自然物や身近な素材を工夫して使うことを楽しみながら、イメージしたものを作る。
・友達と遊び方やルールを考えながら、しっぽ取りをする。
・様々な場面でルールやマナーを守ることの大切さを知る。

◆遠足当日は、グループごとに地図を渡し、印の付いた場所に立っている保育者からお題を出してもらうこと、グループでお題をクリアし、スタンプを押してもらって次に進むことなど、ルールを確認する機会をつくる。
○森の空気や光、澄み渡った空や風の心地良さ、紅葉の美しさ、鳥の鳴き声などを保育者自身が感じ、子どもに感動を伝えたり子どもの思いに共鳴したりする。
○同じ色の葉や同じ木の実を見つけようというお題に対して、「あかいいろはこんなはっぱがある」「これとおなじきのみはここにおちてそう」「かたちがにてるけどすこしちがう」など友達と相談しながら進めていく姿を見守る。

○安全で気持ちの良い行動を認め、その場を捉えてルールやマナーに気付くようことばがけをする。
◆ウォークラリー後に子どもが集めた木の葉や木の実を持ち寄って他のグループと見せ合う時間を設け、類似や違い、様々な感じ方や見方があることに気付くようにする。
○子どもの様々な感じ方を受け入れ、自分の考えを素直に表現する喜びや、友達の感じ方や見方に気付けるようにする。
◆ドングリや木の枝を使ったオーナメントや、簡単なゲームなどの見本を置いておく。自然物は扱いやすくしておき、空き容器や木片、紙、粘土などとともに工作コーナーに置いておく。
○子どもが自由な発想で見立てたり組み合わせたりしている姿を見守り、作ることを楽しめるようにする。困っているところは手伝ったりイメージが湧くようなことばがけをしたりして、思い描いたことが実現できる喜びが味わえるようにする。
○作品は飾ったり遊びに使ったりして満足感や自信をもてるようにする。
◆今まで遊んできたしっぽ取りを、クラスのみんなで楽しめるようルールを確認しておく。
○遊びの展開を見ながら新しい遊び方やルールを子どもたちと考えていく。子どもの考えやアイディアを受け入れ、考えを出し合いながら遊びを進める楽しさ、ルールのあるおもしろさを味わえるようにする。

反省・評価のポイント

★秋の自然を全身で感じられるような遠足、ウォークラリーができたか。
★友達同士で感じたことや気付いたことを話したり、自分たちなりにルールのある遊びを楽しんだりすることができたか。

11月 週の計画

3週 11/18(月)～23(土)

今週の予定 身体計測、勤労感謝の日、作品展

※ねらい(… Ⓐ など)が、月案と週案で関連し合っていることを読み取ってください。

前週の幼児の姿

○遠足で見つけた木の葉や木の実などについて友達と話したり、気付いたことを伝え合ったりしている。
○木の実や木の枝でオーナメントやコリントゲームなどの簡単なゲームを作り遊ぶことを楽しんでいる。
○クラスのみんなでしっぽ取りを楽しんでいる。

ねらい(○)と内容(・)

○自分なりに考えたり工夫したりしながら様々に表現して楽しむ。
○身近な人の仕事への興味を広げ、感謝の気持ちをもつようになる。
・経験したことを遊びに取り入れてイメージを膨らませて遊ぶ。
・友達のしていることに興味をもち、やり取りを楽しんだり同じことをしようとしたりする。
・身近な素材や自然物を使って自分なりに工夫して表現することを楽しむ。
・作品展で自分の作品を友達や家族に見てもらうことを喜ぶ。
・家族や身近な人々の仕事を見たり聞いたりし、いろいろな仕事があることを知る。

具体的な環境(◆)と保育者の援助(○)

◆遠足で印象に残ったことや楽しかったことを話し合ったり、写真やパンフレット、地図を掲示したりして体験したことを遊びに取り入れられるようにする。
(バスごっこ、ピクニックごっこ　など)
○子どもたちの表現や工夫を認め、興味をもっている子どもが仲間に入れるように、遊具や用具の数や種類を見直して、環境の再構成をする。
◆自然物や身近な素材や用具を使って思い思いに表現できるよう、素材や用具は扱いやすいように準備しておく。
(はぎれ、障子紙、段ボール板、木の葉、ドングリ、サツマイモ、歯ブラシ、たわしなどの日用品　など)
○子どもが集中して取り組んでいる姿を認め、工夫したところやイメージなどを十分に認めていきながら、表現したい気持ちが膨らんでいくようにする。

できた!
はっぱのすたんぷ
いもがすたんぷになった

○にじみ絵やスタンプ遊びなどの不思議、絵筆以外で描くおもしろさなどを保育者と体験し、いろいろな表現を楽しみ、作品展を心待ちにできるようにする。
◆作品展では一人ひとりの良さが伝わるようなコメントと活動している写真を添えて展示する。友達や異年齢児の作品を見たり、登降園時に保護者や家族と見たりする機会をもつ。
○一人ひとりの表現や工夫したところに共感することばがけをし、子どもが感じたことに気付けるようにする。家族を案内して見てもらう喜びを感じている子どもの気持ちを受け止める。
◆いろいろな仕事に興味をもてるように絵本や図鑑を用意する。
(絵本:『しごとば』『ありがとうしょうぼうじどうしゃ』)
○家族や地域で働いている人の仕事について話し合ったり、身近な人の仕事を見たりして、いろいろな人の働きのおかげで自分たちが暮らすことができていることに気付けるようにする。

反省・評価のポイント

★子どもたちが自分なりにイメージを膨らませ、描いたり作ったりすることを楽しめるようなことばがけや援助、環境構成をすることができていたか。
★考えたり工夫したりして表現した作品を家族や友達に見てもらうことを喜んでいたか。

11月 週の計画

4週 11/25(月)～30(土)

今週の予定

前週の幼児の姿

○バスごっこやピクニックごっこなど体験したことを遊びに取り入れて楽しんでいる。
○自然物や身近な素材を使って描いたり作ったりすることを楽しんでいる。
○作品展で保護者に作品を見てもらったことを喜んでいる。

○保育者や友達と遊びの場をつくり、友達と関わりながら好きな遊びを楽しむ。
○初冬の気配を感じ、進んで体を動かす心地良さを味わったり、健康に必要な習慣を知ったりし、行なうようになる。
・気の合う友達と誘い合って、好きな遊びをする。
・自分の思いや考えを相手に分かるように伝えたり、友達の思いを聞こうとしたりする。
・身近な物や自然物を使って音を鳴らしたり作ったりする。
・体を動かして遊ぶ心地良さを感じながら、友達と体操や鬼ごっこ、わらべうた遊びなどをする。
・自分の体調に関心をもって手洗い・うがい、衣服の調節などをする。

◆子どもたちが自分で遊びの場をつくって、自由に色紙を折ったり、ごっこ遊びをしたりして好きな遊びができるようにフリースペースをつくり、間仕切りになる物や用具を準備しておく。
(シート、マット、段ボール板、座卓、机　など)
○友達と場を決めて遊び始める姿を見守り、子どもの思いを聞きながら必要な物を準備していく。
◆生活や遊びのいろいろな場面で言葉で思いや考えを伝え合う機会を大切にする。
○思いや考えのすれ違いが生じたときは、それぞれの思いを受け止めた上で、伝え方や相手の気持ちを考えられるよう、分かりやすく状況を整理する。時には周りの子どもの考えを聞き、いろいろな考え方があることに気付けるようにする。
◆身近な物や自然物を使って楽しめるよう素材や用具を準備しておく。
(紙、ポリエチレン、金属など材質や大きさの違う容器、ドングリ、ビーズ、ボトルキャップ、輪ゴム　など)
○振る、たたく、転がす、はじくなどいろいろな遊び方を試し、音の違いに気付いたり音から想像したりして繰り返し遊ぶ姿に共感し、保育者も楽しむ。

○イメージに合う音をつくろうと工夫している姿を見守り、子どもの遊びを見ながら歌に合わせて鳴らしたり、友達とそろって鳴らしたりして楽しめるようにする。
(♪:『まつぼっくり』『たのしいね』)
◆氷鬼やバナナ鬼などの鬼ごっこ、体操やわらべうた遊びなど、伸び伸びと体を動かして遊べるよう場所を確保しておく。
(♪:『ロケットペンギン』『あぶくたった』　など)
○保育者も仲間入りをし、体を動かして遊ぶ心地良さを味わえるよう楽しい雰囲気づくりをする。
◆風邪や感染症の予防について話し合う場をもち、自分の体の健康について関心がもてるようにする。
○みんなで手洗い・うがいの仕方を確認し、「せきエチケット」を守る、衣服を調節する、体調が悪いときは知らせるなど自分で進んでしようとする。

反省・評価のポイント

★体調や気温に応じて、衣服の調節を自分でしようとする姿を見守り、必要に応じて援助できたか。
★保育者や友達と一緒に遊びの場をつくり、友達と関わりながら好きな遊びを楽しむことができたか。

11月 日の計画

11/14(木)

ねらい

○思いや考えていることを描いたり作ったりして楽しむ。
○ルールのある遊びで、クラスみんなで遊ぶ楽しさを味わう。

内容

○いろいろな形の枝をイメージに合わせて組み合わせ、好きな物を作る。
○自分たちで意見を出し合い、工夫しながら遊ぶ。
○友達と体を十分に動かして遊ぶ。

環境を構成するポイント

○子どもたちが遊びだしやすいように、遊具や場を整えておく。興味のある子どもがイメージした物を作ることができるように材料や用具を多めに用意しておく。作りかけの作品を置いておく場を決めておく。
（木の枝、木の実、空き容器、粘土、紙、油性フェルトペン　など）
○子ども同士の顔が見えるように座る。
○他クラスの保育者と話をし、広々と園庭が使える時間を調整する。
○水線でしっぽ取りのコートを描く。
○遊んでいく中で作戦タイムをタイミングよく設ける。

○こまめに水分補給ができるようにテラスに水筒を置くためのかごを用意しておく。

○午睡時は、室温に配慮する。

予想される幼児の活動

○登園し支度をする。
○室内で好きな遊びをする。
（ままごと、オーナメント作り、描画など）

○朝の会をする。
・出欠の確認と一日の流れを知る。
・絵本を見る。
（絵本：『おいもをどうぞ！』）

○園庭でしっぽ取りをする。
・チーム分けをする。
・しっぽ取りをする。
・チームごとに作戦を立てる。
（どうすれば取られにくいか、誰を狙うか　など）
○戸外で好きな遊びをする。
（砂場、ボール遊び、鬼ごっこ　など）
○保育室に戻って手洗い・うがい、排せつなどをして昼食の準備をし、食事する。
○午睡をする。
○起床後おやつを食べる。
○室内で好きな遊びをする。
○終わりの会をする。
○降園する。

保育者の援助

○笑顔で挨拶をし、健康状態を一人ひとり確認する。
○いろいろな素材を使い思い思いの物を、楽しんで作る姿を見守る。

○子どものイメージや思いが伝わるように作品を紹介し、他児にも興味を広げたり、作りかけの作品を大事にする気持ちを共有したりする。
○チームがよく分かるように帽子の色を変えるように促す。
○作戦タイムでは、出てくる子どもの言葉を取り上げ、子どもの意見を反映し、しっぽ取りが進められるようにする。

○手洗い・うがいなどの大切さを知らせ丁寧に行なっている姿を認める。習慣化できるように一人ひとりを確認する。

○一日の遊びを振り返り、作品の続きの製作や、しっぽ取りを継続する気持ちを保育者と子どもで再確認する。

反省・評価のポイント

★枝や木の実、その他の素材を組み合わせながら、思い思いの物を作ることを楽しめたか。
★しっぽ取りでは考えを出し合いながら遊びを進めていけるよう、子どもの意見を取り上げ認めることができたか。

CD-ROM ▶ 11月 ▶ 4歳児_11月_14日の計画

11月 日の計画

11/27（水）

ねらい
○身近な素材や自然物を使って音を鳴らしたり、音をつくったりすることを楽しむ。
○友達と音やリズムを感じ合い、心地良さやイメージを伝える楽しさを味わう。

内容
○身近な素材や自然物を使って音をつくったり、音の違いに気付いたりする。
○友達と一緒に音を鳴らしたり、気付いたことを話したりして、やり取りを楽しむ。

環境を構成するポイント

○朝晩の気温差があるので、防寒着などを始末しやすいハンガーを用意しておく。

○季節の変化に気付くように、子どもの目に留まる高さに大きな気温計を掛けて、日々の気温の変化に興味が向くようにしておく。

○音の違いを確かめながら音をつくることができるように、様々な素材を用意しておく。
（紙・ポリエチレン・金属など材質や大きさの違う容器、ドングリ、ビーズ、ボトルキャップ、輪ゴム　など）
○音楽に合わせて鳴らすことを楽しめるように音楽を用意しておく。

○昼食を終えた子どもから、降園の準備をし、午前中の遊びの続きなど、好きな遊びができるように場所を整えたり、遊具をそろえたりしておく。

予想される幼児の活動

○登園し、挨拶をする。
・朝の支度をする。

○室内で好きな遊びをする。
（パズル、ピクニックごっこ、ブロック、スタンプ遊び、様々な素材を使った音づくり　など）
○朝の会をする。
・出欠の確認をする。
・一日の流れを知る。
・歌『きのこ』をうたう。
○音を鳴らしたりつくったりする。
・様々な素材を使って音をつくった子どもの話を聞く。
・様々な素材の中から自分たちで好きな素材を選び、音づくりをする。
・歌ったり音楽に合わせたりして、できた物で音を鳴らして遊ぶ。

○体操をする。
（♪：『ロケットペンギン』）
○片付けをする。
○昼食の準備をし、食べる。
○休息する。
○室内で好きな遊びをする。
（絵本を見る、積み木、塗り絵　など）
○片付けをし、終わりの会をする。
・今日の遊びで楽しかったことなどを話し合う。
○降園する。

保育者の援助

○一人ひとりと明るく挨拶を交わし、健康状態を把握する。
○子どもの登園時の話を聞きながら、「寒い」「暖かい」「冷たい」などの生活用語を保育者が意識して使い、気温の変化に興味をもてるようにする。
○友達とやり取りをしながら遊んでいる子どもには、遊びが続くように言葉を掛ける。
○好きな遊びの中で音をつくることを楽しんでいた子どもの気付きやつくった音を紹介できるようにする。
○子どもたちがしてみたい、どのような音がするのかと興味をもって音づくりができるように、見守りながら声を掛けたり、素材を提供したり、共感したりする。
○明日も続きができるように、自分の作った物は大切に置いておくように伝える。
○動作の確認をしながら曲に合わせて楽しく体操する。
○食べた後は、室内で静かに遊ぶように話をする。
○今日一日を振り返り、明日への期待をもてるようにする。

反省・評価のポイント

★身近な素材や自然物を使って、音の違いに気付いたり音を鳴らしたりすることを楽しむことができたか。
★遊びの中で子どもが楽しめるようなことばがけをしたり、子どもの気付きや工夫を認めたりできたか。

CD-ROM ▶ 11月 ▶ 4歳児_11月_27日の計画

12月の計画

この時季ならではの自然や文化に親しみ、関心を寄せて

生活

一年の終わりを感じ、新しい年を迎え気持ちも新たになる、締めくくりの月です。少しずつ厳しくなっていく冬の自然環境、毎年のことでありながら、園は年末年始の行事や文化を心新たに受け止める雰囲気に包まれます。

人との関わり

冬ならではの遊びや生活を、保育者や5歳児から教えてもらったり、3歳児から頼られて教えたりして、いつになく慌ただしい毎日を楽しみ満喫していきます。クラスや園の行事にも、様々に工夫して進めていく姿があります。

季節ごよみ

- ○木の葉が落ち始め、冬の気配が少しずつ感じられる。
- ○商店街や地域の家の窓にイルミネーションやクリスマスの飾りが見られるようになる。
- ○日なたと日陰の温度差が大きくなる。
- ○水の冷たさを感じるようになる。
- ○風が冷たく、吐く息が白くなっている。
- ○日が短くなり、暗くなるのが早くなる。
- ○門松やしめ縄などの正月飾りが街で見られ、年末の雰囲気になる。

遊びへの取り組み

日中の時間も短く感じられる時季であり、長時間にわたって園で過ごす子どもたちには、環境へ配慮していきます。寂しい思いをしない、安心できる、暖かく明るい部屋の確保と、子どもたちへの穏やかな関わりを心掛けていきましょう。

保育なるほど解説！

「要録の準備」

要録作成は3月ですが、この時季になると、保育記録をどう整理して要録作成するか園内で話し合うことがあると思います。こうした話し合いで、ぜひ、担任する子どもの一人ひとりについて、年度当初からの保育記録を時系列に並べながら、どのような変容を遂げてきているか書き出した事例を持ち寄り、話し合ってみましょう。一つひとつの記録は「点」ですが、「線」となることで、その間にある「育ち」に気付きます。保育者間で、発達の読み取りを共有し、要録作成の準備をすることは大切です。

12月 月の計画

※ねらい(…Ⓐなど)が、月案と週案で関連し合っていることを読み取ってください。

クラスづくり

○寒さが身に染みる季節となり、健康に気を付けながら冬の自然事象にも興味をもち、ふれたり遊びに取り入れたりしていきたい。そして、自分の思いを伝えたり相手の思いに気付いたりしながら、ルールのある遊びや全身を動かす遊びを楽しめるようにするとともに、イメージした物を製作したり表現したりする楽しさをクラスの友達や異年齢児と体験できるようにしたい。

前月末の幼児の姿

生活

○体調や活動に合わせて衣服の調節を自分でしようとする。

○生活の流れが分かり、身の回りのことを進んでする。

人との関わり

○保育者や友達と遊びの場をつくり、友達と関わりながら好きな遊びを楽しんでいる。

○友達と関わりたい気持ちがあるが、思いがうまく伝わらず、トラブルになることがある。
○遊びを通して友達同士でルールを決めたり順番を決めたり、守ったりする。
○自分の経験したことを保育者や友達に伝える。

遊びへの取り組み

○作品展に参加し、友達とイメージを共有しながら、作る楽しさを味わっている。

○落ち葉やドングリの形や色の違いに気付き、保育者や友達に伝えている。

○ドングリを集め、種類に分けたり数えたり、集めた自然物を使って手作り楽器を作ったりして、友達と遊んでいる。

ねらい / 幼児の経験する内容

ねらい	幼児の経験する内容
○活動に合わせて衣服の調節をしながら、冬を健康に過ごせるための生活習慣を身につける。…Ⓐ	○気温や活動に合わせて自分で衣服の調節をしようとする。 ○冬の健康について紙芝居を読んだり、ポスターを貼ったりして、手洗い・うがいの大切さに気付き、自分から行なう。 ○寒さの中でも、園内の至る所で友達を誘って体を十分に動かして遊ぶ楽しさを味わう。
○自分の思いを言葉や自分なりの方法で伝え、友達と関わることを楽しむ。…Ⓑ	○自分の気持ちを友達に伝えたり友達の話を聞こうとしたりする。 ○歌をうたったり合奏をしたりして、みんなで音やリズムを合わせる心地良さを味わう。 ○異年齢児と関わって遊ぶ中で、優しく親しみをもって接したり一緒に誘い合って遊ぶ楽しさを感じたりする。
○冬の自然の変化に興味・関心をもち、年末や正月の準備など新年を迎えることへの期待を膨らませる。…Ⓒ	○自分のイメージに合わせて、いろいろな素材や材料、自然物を工夫して使い、季節の製作をすることを楽しむ。 ○風の冷たさに気付き、木々や植物、飼育物の様子を観察して季節の変化を感じる。 ○大掃除を行ない、きれいにする気持ち良さを味わう。 ○正月飾りを作る、餅花を飾るなど新年を迎える準備をして心待ちにする。

家庭・地域との連携
保護者への支援も含む

★流行性疾患(風邪、インフルエンザ　など)が流行する時季なので、健康管理についての園便りを配布し、家庭でも手洗い・うがいを行なってもらうようにする。また衣服は、活動に合わせて調節しやすい物を用意してもらう。
★年末年始ならではの文化にふれ、興味・関心を高めるきっかけとなるように、冬休みの過ごし方などについて手紙で知らせていく。

健康・食育・安全への配慮
養護の視点も含む

○うがい、手洗いを行ない、乾燥しやすい時季なので、水分補給を行なう。室内の温度や湿度にも気を付け、換気をするなど感染症予防に努める。
○自分の健康に関心をもち、体の中から温まるような食べ物(カボチャ、ショウガ、レンコン、ユズ　など)に興味をもてるように伝えていく。
○暖房器具や加湿器の安全点検や掃除を行なう。

指導計画から学ぶ　保育力アップ

さりげなく異年齢児の間で誘い合って

少しずつ厳しくなっていく冬ならではの自然環境にふれる生活で、年末の心弾む雰囲気が盛り上がってきます。そうした中で子どもなりに感じ取り、誰かに伝えたくなります。伝え合うことの喜びを重ね、慌ただしい園生活の中にあっても自分たちなりの課題に誘い合って取り組んでいく姿があります。保育者もその雰囲気に溶け込み、子どもたちのつながりを支えていきましょう。

環境の構成と保育者の援助

冬を健康に生活するために

○衣服の調節では、子どもが自分でやろうとする気持ちを認め、衣服の着脱が自分でできていくことの達成感につなげていく。
○手洗いの手順やうがいの大切さなどを描いたポスターを子どもの見えやすい所に貼り、自分の健康管理に意識づけできるようにしておく。
○保育者も鬼ごっこや中当てなどの遊びに加わり、新しいルールを知らせていく。
○運動的な遊びが苦手な子どもも楽しめるように遊びの進め方を工夫し、一人ひとりに応じた援助をしていく。

自分なりに表現する喜びを味わえるように

○子どもの遊んでいる姿を見守りながら、子どもたち同士の思いがうまく伝わらないときには、一人ひとりの気持ちを受け止め、互いの思いに気付かせていく。
○いろいろな楽器のコーナーを準備し、思い思いに音を鳴らして楽しめるようにしておく。
○子どもたちが意欲的に取り組めるように親しみやすい曲や好きな曲を準備する。
○どの年齢の子どもも楽しめるような遊びを選び、小さい子への関わりを見守りながら、優しく言葉を掛けられるように伝えていく。
○作品展に引き続き、製作遊びを楽しめるように様々な素材や用具を分類し用意しておく。
○製作の遊びでできた物を飾ったり、製作途中の物を置いておく場所をつくったりして、遊びを継続できるようにする。

年末年始の地域の様子や冬の自然に関心をもつ

○冬の自然の変化に気付けるよう園庭や散歩に出掛ける機会を多くもち、子どもの発見や驚きに共感していく。
○この時季の行事や季節に合った絵本を読み聞かせたり、歌をうたったりしてお楽しみ会に期待をもてるようにする。
○みんなで掃除をして、気持ち良く新年を迎える準備をすることの大切さに気が付けるよう、大掃除の意味を知らせていく。
○正月の準備や飾り付けをし、年末の文化にふれる機会をもつ。

ゆったり過ごすために…　～園で長時間過ごすための配慮～

温かさを感じながら

○子どもたちの健康状態や日中の様子を伝達し合い、保育者間で確認する。
○日没が早まる季節なので、カード遊びやすごろくなどの室内遊びを充実させ、異年齢児で遊び方を教え合いながら、ゆったりと遊べるようにする。
○部屋や廊下、玄関、門などの電灯をつけて明るくしたり、部屋を暖かくしたりして、子どもや保護者にとって心地良く待てる環境をつくっていく。

保育者のチームワーク

★子どもの体調の変化に早めに対応し、流行性疾患に対する処理の仕方など保育者全員で話し合い、共通理解しておく。
★戸外で遊んでいるときに、子どもたちの様子を見守るために保育者の立ち位置など連携を取る。

反省・評価のポイント

★子どもたち同士で話し合い、自分の思いを相手に伝え、相手の思いを聞くことができていたか。
★子どもたちが充実して遊べるような工夫や一人ひとりに丁寧に寄り添うことができていたか。

12月 週の計画

※ねらい(…Ⓐなど)が、月案と週案で関連し合っていることを読み取ってください。

1週 12/2(月)～7(土)

今週の予定 避難訓練

前週の幼児の姿

○作った紙飛行機ややっこだこなどを飛ばして遊ぶことを楽しんだり風を感じたりしている。
○手作り楽器を作り、音が鳴ることを楽しんだり、使う材料によって音の違いがあることに気付いたりする姿が見られる。

ねらい(○)と内容(・)

○身の回りを安全にし、生活に必要な活動を自分でする。…Ⓐ
○友達とイメージを出し合って、表現することを楽しむ。…Ⓑ
・手洗い・うがいの大切さに気付き自分から行なう。
・衣服の着脱や持ち物の整理整頓を進んで行なう。
・戸外でルールのある遊びを楽しみながら、体を動かして遊ぶ。
・自然物や様々な素材などを使い、工夫して作ることを楽しむ。
・自然の中には、様々な音があることを知り、いろいろな音に興味をもつ。

具体的な環境(◆)と保育者の援助(○)

◆手洗い場にせっけんを用意し、手洗いの手順のイラストを貼り、意識できるようにする。
○進んで手洗い・うがいをする姿を認めることで、周りの友達も意識できるようにしていく。
◆上着を掛けられるようにハンガーを用意し、ハンガーやハンガーラックなど破損していないかを点検していく。
○気温や活動に合わせて衣服の調整をすることを伝えたり、持ち物の整理整頓をしている姿を認めたりしていく。
◆『あーぶくたった』や『だるまさんがころんだ』など体を動かす遊びに必要な線を、足や竹棒で引く。
○自分の気持ちを相手に伝えたり、相手の気持ちを理解したりすることで楽しい活動へと結びついていくように、誘い合って楽しんでいる姿を見守ったり声を掛けたりする。
○保育者も遊びに参加し、ルールを守ることの大切さを知り、友達と楽しく遊ぶことができるようにする。
◆ドングリやマツボックリなどの自然物や季節の飾りに必要な素材を用意し、自由に選べるようにしておく。
○絵本を読むことで、季節のイメージをもてるようにする。
(絵本：『ばばばあちゃんのクリスマスかざり』
『まどから おくりもの』
『クリスマスにくつしたをさげるわけ』)
○作る楽しさやできた喜びを共感し合うことで、次への意欲につなげ、自信をもって伸び伸びと表現できるよう言葉を掛ける。

◆戸外で遊んだり散歩に出掛けたりして、自然との関わりの中で様々な音に興味・関心をもてるようにしていく。
○戸外や散歩で見つけた音で、気付いたことを互いに問い掛け、話し合いをするなどして、子どもたちの気付きを引き出すようにする。
○落ち葉を踏みしめる音、風の音などの発見した音を、体を使って表現したり、楽器で音を再現したりすることを十分に楽しめるようにしていく。

反省・評価のポイント

★冬を健康に過ごす大切さを分かりやすいように伝えることができたか。
★戸外で友達とイメージを出し合って表現することができたか。

CD-ROM ▶ 12月 ▶ 4歳児_12月_1・2週の計画

週の計画

2週 12/9(月)～14(土)

今週の予定　誕生会

前週の幼児の姿

○衣服の着脱では、友達に声を掛けられて自分で身だしなみを整える姿が見られる。
○自分なりにイメージを広げ、工夫して季節の製作を楽しんでいる姿が見られる。
○自然の中にある様々な音に気付き、友達に知らせている。

○異年齢児でいろいろな表現を楽しむ中で、お楽しみ会への期待を膨らませる。… Ⓑ
○思い切り体を動かしたり、冬の自然に興味・関心をもったりする。… Ⓒ
・年末お楽しみ会に向けて、部屋の飾りを作ったり、飾ったりして期待して待つ。
・歌をうたったり楽器を使ったりして表現を楽しみながら遊ぶ。
・友達と思い切り体を動かし合って遊ぶ。
・冬の生き物や植物の育て方について調べたり、考えたりする。
・戸外で遊びながら、日なたを見つけ、日ざしの暖かさを感じる。

◆色紙やフラワーペーパー、キラキラテープなどを準備しておく。
○異年齢児でのグループで部屋の飾り付けをする機会をもち、保育者がそばで見守り、必要に応じて声を掛けたり、手伝ったりする。
○優しく教えている姿や、一生懸命に作っている姿を認めたり、飾り付けをしたりすることで、お楽しみ会に期待をもてるようにする。
◆木琴や鉄琴などの様々な打楽器を用意し、いつでも音遊びができるようにしておく。
○楽器の扱い方や、約束を伝え、思い思いに音の響きを楽しめるようにする。
○言葉や歌に合わせてリズム打ちをしたり、保育者がたたくリズムをまねしたりしながら、楽器遊びを楽しめるようにする。
（♪：『あわてんぼうのサンタクロース』『ジングルベル』）

◆園庭の石拾いをしたり、危険な物がないかを確認したりする。
○『押しくらまんじゅう』や『ぐるぐるじゃんけん』など遊びの中で、友達と力を出し合い、けががないように見守り、必要に応じて言葉を掛ける。
○保育者も遊びの中に入り、負けて悔しい、勝ってうれしいなどの子どもの気持ちに寄り添う。
◆生き物や植物の世話や観察をする中で、図鑑などを用意し、冬の自然事象に興味・関心がもてるようにする。
○飼育小屋のカメの姿が見えないことを不思議に思い、なぜいないのかなどを保育者や友達と話し合い、冬の生き物の様子に気付けるようにしていく。
○草花の水やりを通して、チューリップの生長を楽しみにしたり、寒い季節でもサザンカやツバキなどの花が咲くことを知らせたりする。
◆暖かい日や天気の良い日は、戸外に出て遊ぶ機会をつくる。
○日なたで遊ぶことで、日ざしの温かさに気付けるようにし、手に息を吹き掛けてこすり合わせたり、友達と背中をさすったりしながら温かさを感じられるようにする。

反省・評価のポイント

★いつでも楽器に触れられるように環境を整えたり援助したりできたか。
★友達と互いに思いやりながら、けがなく安全に遊んでいくことができたか。

※ねらい(… Ⓐ など)が、月案と週案で関連し合っていることを読み取ってください。

12月 週の計画

3週 12/16(月)～21(土)

今週の予定：身体計測、年末お楽しみ会、冬至

前週の幼児の姿

○友達と合わせ、楽器を鳴らしてリズム打ちを楽しんでいる。
○異年齢児で部屋の飾り付けをする中で、年末のお楽しみ会を楽しみにする姿が見られる。
○寒い中でも戸外で体を動かしたり、冬の自然にふれたりすることを楽しんでいる。

ねらい(○)と内容(・)

○年末お楽しみ会に期待をもって友達と準備に取り組む楽しさを知り、満足感を味わう。… Ⓑ
○季節の遊びを楽しみながら、寒さに負けない体づくりをする。… Ⓐ
・異年齢児の間で思いを出しながら、年末お楽しみ会の準備を進める。
・年末お楽しみ会で友達と歌をうたったり合奏したりすることを楽しむ。
・こまやたこを作り、正月に向けて伝承遊びを楽しむ。
・散歩に出掛け身近な冬の自然にふれ、季節の変化に気付く。
・友達と伸び伸びと体を動かして遊ぶ。

具体的な環境(◆)と保育者の援助(○)

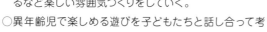

◆年末お楽しみ会に必要な準備物を用意し、音楽をかけるなど楽しい雰囲気づくりをしていく。
○異年齢児で楽しめる遊びを子どもたちと話し合って考えていく。(宝探しゲーム、音当てゲーム、なぞなぞ)
○異年齢児でグループをつくり、教え合ったり、助け合ったりしながら交流を楽しめるようにする。
◆年末のお楽しみ会で使う楽器やCDを用意する。
(♪:『見えないおくりもの』『うさぎ野原のクリスマス』)
○友達と歌ったり合奏したりする楽しさを味わえるように声を掛けたり認めたりしながら、意欲や自信をもって表現できるようにしていく。
○他クラスや異年齢児に見てもらったり、みんなで歌ったりするうれしさが味わえるようにしていく。
◆様々なこまやたこの見本を用意し、厚紙や竹串、たこ糸、ポリ袋などの材料を準備しておく。

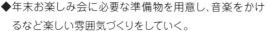

○作りたい物を選び、うまく作れない子どもには、丁寧に作り方を伝えていく。
○細かい模様を描くことで、こまが回ったときの模様の変化に気付くように声を掛けたり、こま回し競争をしたりして、みんなで遊ぶ楽しさを味わえるようにする。
◆戸外で友達と体を動かして遊べるように縄跳びやフープなどの用具を準備しておく。
○寒い日でも太陽の日ざしの暖かさを感じられるような場所を見つけたり、冷たい風が来ない場所(土管や遊具の下)を自分たちで見つけたりし、子どもたちの気付きに共感できるようにする。
◆冬の道路の危険な所を事前に確認しておく。
○水たまりに氷が張っていることに気が付いたり、あぜ道を歩き霜の感触を感じたりしながら、散歩を十分に楽しめるようにする。
○広場で大きく深呼吸して冬の空気の冷たさを感じることや、かけっこをしたり、たこ揚げをしたりして、風の冷たさや強さを感じることで、冬の自然を十分に体験できるようにする。

反省・評価のポイント

★十分に楽しみ合いながら年末お楽しみ会に参加し、満足感を味わえたか。
★自分の思いを伝えたり友達の思いを聞いたりしながら遊びを楽しむことができたか。

CD-ROM ▶ 12月 ▶ 4歳児_12月_3・4週の計画

12月 週の計画

4週 12/23(月)～31(火)

今週の予定：終業式、大掃除

前週の幼児の姿

○歌や合奏をしたり、異年齢で関わりながら遊んだりすることを楽しむ姿が見られる。
○友達と作ったこまやたこで遊ぶことを楽しむ。
○氷が張っていることに気付き、触って冷たい感触を確かめている姿がある。

○子ども一人ひとりのやってみたいと思う気持ちを大切にして、喜びや達成感を味わう。… Ⓑ
○年末年始の行事や過ごし方に興味・関心をもち、新しい年を迎えることを楽しみにする。… Ⓒ
・寒さに体を慣らし、思い切り遊ぶことを楽しむ。
・大縄や縄跳びなど体を動かす運動遊びを楽しむ。
・伝承遊びに興味をもち、保育者や友達と誘い合って遊ぶことを楽しむ。
・大掃除や片付けに進んで取り組み、きれいになった心地良さを感じる。
・正月飾りを作ったり飾ったりして、新年を迎える準備をする。

◆子どもたちの人数や場所の広さに配慮して環境を整える。
○子どもたちとルールを考え、遊び終わったときには振り返りをし、約束を守ることで鬼ごっこの楽しさを味わえるようにする。
○何度も繰り返し遊んでいるうちに子どもの「こうしてみたい」という思いを取り入れ、よりおもしろくなるように遊びを工夫していく。
◆大縄や縄とびを用意しておく。
○子どもたちのやってみたい思いを受け止めながら危険がないように見守る。挑戦する姿にエールを送り、できるようになったうれしさに共感し、自信につなげていく。
◆伝承遊びに興味をもって遊べるよう、ひも付きこま・かるた・絵合わせなどを準備しておく。
○保育者や友達と遊ぶ中で、遊び方やルールを守って遊ぶ楽しさを知り、何度も繰り返し楽しめるようにする。
◆子どもたちが扱いやすい大きさの雑巾を用意し、片付けをしやすいように棚には玩具の絵などを表示しておく。
○大掃除の意味を伝えたり、用具の扱い方を知らせたりしていく。

○棚の用具などを整理して、きれいにする心地良さを感じられるように声を掛けていく。
◆新年を迎える行事に関する正月飾りを自由に製作できるように、絵本や様々な素材や用具を準備しておく。
○正月飾りの意味について知らせ、製作した作品を大切に部屋に飾り、新年を楽しみに待てるようにする。
○季節の歌をうたったり、絵本を見たりして新年に興味をもてるようにする。
（絵本：『十二支のはじまり』『おせちいっかのおしょうがつ』『おもちのきもち』　など
♪：『お正月』『もちつき』　など）
○年末年始の休みのことを話題にし、楽しみにしている気持ちに共感していく。
○手洗い・うがいの習慣や家庭でできる手伝いなど、休みの日の過ごし方に気付けるように声を掛けていく。

反省・評価のポイント

★自分の思いを伝えたり友達の思いを聞いたりしながら、遊びを楽しむことができたか。
★大掃除や片付けに進んで取り組むことができたか。

12月 日の計画

12/11（水）

ねらい

○異年齢児で年末お楽しみ会に期待をもち、製作や歌、合奏を楽しむ。
○冬の自然に興味・関心をもち、体を使った遊びを楽しむ。

内容

○異年齢児で協力して、部屋の飾り付けを製作したり飾ったりする。
○リズム打ちを楽しみ、大型楽器や打楽器に十分に触れて遊ぶ。
○体を動かし温まったり、冬の生き物の過ごし方について興味をもったりする。

環境を構成するポイント	予想される幼児の活動	保育者の援助
○部屋の換気を行ない、湿度や室温に気を付ける。	○登園し、挨拶をする。 ・朝の支度をする。	○子ども一人ひとりと挨拶をし、健康状態を把握する。
○好きな遊びが十分に楽しめるよう、玩具を用意しておく。 ○マツボックリなどの自然物を種類別に分けておく。素材を用意しておく。 （綿、毛糸、リボン、フラワーペーパー、キラキラテープ　など）	○室内で好きな遊びをする。 （ままごと、積み木、トランプ　など） ○異年齢児で製作をする。 （部屋の飾り付け　など） ・グループに分かれて製作する。 ○片付けをする。	○子どもたちの遊んでいる姿、製作に取り組む姿を見守り、必要に応じて声を掛けていく。できた作品を飾るなどし、製作する楽しさやうれしさに共感したり、年末お楽しみ会に期待をもてるようにしたりする。
	○朝の会をする。 ・『あわてんぼうのサンタクロース』を歌う。	○保育者が歌詞を分かりやすいように言葉や体で表現し、歌う意欲が高まるようにする。
○打楽器の用意をする。 （木琴、鉄琴、シンバル、ウッドブロック　など）	○好きな打楽器を選び、音を鳴らす。 ・リズム打ちを楽しむ。	○楽器の使い方や約束を守り、楽しんでいることを認め、褒めることで自信につなげていく。
○手洗いの手順イラストを子どもの見える所に掲示する。 ○部屋を少し暗くする、静かな音楽をかけるなど、午睡を取りやすい雰囲気をつくる。 ○それぞれの遊びが十分に遊べ、危険がないように遊ぶ場所を工夫する。	○手洗い・うがいをする。 ○昼食の準備をし、食べる。 ○絵本を見る。 ○午睡をする。 ○おやつを食べる。 ○戸外で好きな遊びをする。 （押しくらまんじゅう、ぐるぐるじゃんけん）	○体調に合わせて食事の量を調節する。 ○静かな雰囲気をつくり、そばで見守る。 ○危険がないように見守りながら、保育者も遊びに入り、ルールを知らせたり、子どもの気持ちに寄り添ったりしながら、必要に応じて言葉を掛ける。
	○降園準備をし、降園する。	○明日の活動を知らせ、楽しみに登園できるようにする。

反省・評価のポイント

★十分な材料を使って、自分のイメージした物が製作できたか。
★年末お楽しみ会に向けて、異年齢児で取り組む楽しさを味わえたか。

CD-ROM ▶ 12月 ▶ 4歳児_12月_11日の計画

12月 日の計画

12/17（火）

ねらい
○異年齢で年末お楽しみ会に期待をもって参加し、満足感を味わう。
○身近な冬の自然にふれ、寒さに負けず体を動かして遊ぶ。

内容
○異年齢児で年末お楽しみ会のゲームを楽しむ。
○歌をうたったり、合奏したりして、異年齢児で集まって楽しむ。
○友達と伝承遊びを楽しむ。

環境を構成するポイント

○子どもたちが十分に遊べるよう、コーナーをつくるなど自由に遊びの環境を構成する。
○子どもたちが遊べるよう、素材や自然物などの置き場所を工夫する。
○のりやセロハンテープなどは、補充しておく。
○打楽器、鍵盤ハーモニカの用意をしておく。

○せっけんやハンドソープなどを子どもが使いやすい場所に置いておく。
○冬の自然に関する本を用意する。
○休息時には、室温や湿度を調節し、子どもの体調に合わせゆったりと体を休めるようにしていく。

予想される幼児の活動

○登園し、朝の挨拶をする。
・朝の支度をする。

○室内や戸外で好きな遊びをする。
（室内：すごろく、かるた、こま、積み木、ブロック、絵本、製作　など
屋外：固定遊具、縄跳び　など）
○片付けをし、朝の会をする。
○異年齢児で年末お楽しみ会をする。
・歌をうたったり、合奏をしたりする。

○異年齢児でゲームを楽しむ。
・グループに分かれて出し物をする。

○手洗い・うがいをする。

○昼食の準備をし、食べる。

○絵本を見る。
○午睡をする。
○おやつを食べる。
○戸外で遊ぶ。

○降園準備をして、降園する。

保育者の援助

○子どもや保護者と挨拶をし、子どもの健康状態や家庭での姿を把握する。
○保育者も遊びに入り、遊び方を知らせながら伝承遊びの楽しさを味わえるようにする。
○跳べたことを共に喜び、認め褒めることで自信につなげていく。
○リズムや音を合わせる楽しさを味わえるように声を掛け、褒めたり認めたりしながら自信や意欲につなげていく。
○それぞれのグループを見守りながら、楽しい雰囲気で年末お楽しみ会に参加できるようにする。

○個々に合わせた食事の量に調節する。

○静かな雰囲気をつくり、そばで見守る。
○ゆったりとした雰囲気で遊べるように保育者同士で連携を取る。
○けがのないよう安全に遊べるように見守り、言葉を掛ける。
○迎えに来られた保護者に子どもの様子を伝えていく。

反省・評価のポイント

★異年齢児で協力して、年末お楽しみ会に参加できたか。
★冬の自然にふれたり、友達と伝承遊びを十分に楽しめたか。

CD-ROM ▶ 12月 ▶ 4歳児_12月_17日の計画

1月の計画

自分なりの目当てや力を出し合っていく遊びや生活を

生活

冬の寒さが一段と厳しくなってきます。手洗い・うがい、十分な睡眠、食事などの健康な生活の仕方について、子ども一人ひとりが自分自身でも考え、分かりながら習慣を身につけていくように、保護者とも連携しながら、園での生活を進めていきましょう。

人との関わり

年末の盛り上がりを引き続き感じながら、新年最初の1月を迎えます。夏休み明けとは異なる話題の数々を、周りの友達や保育者に伝えながら、冬の寒さも忘れたかのように遊びを進めていきます。

季節ごよみ

○門松や正月飾り、鏡餅などが飾られている。

○新年の挨拶を交わし、正月の雰囲気が感じられる。

○地域で正月の行事が行なわれている。

○風や空気が冷たく、吐く息が白い。

○冷たい風が吹き、寒さが厳しい日には、霜柱や氷が見られる。

○雪が降る日もある。

○インフルエンザなどの感染症が流行し始める。

遊びへの取り組み

年末年始の生活文化、伝統文化、食文化は、家庭や地域によっても違うことを感じ取っていく日々です。自分たちのそうした様々な文化を大切に思っていく機会にもなります。冬の環境の変化にも目を向けていくようにしましょう。

保育なるほど解説！

「異年齢児との関わりの良さ」

異年齢には、同年齢では見られない子ども同士の関わりがあり、乳幼児期の発達には、その両方が必要です。特に、家庭や地域で異年齢児との関わりが少なくなっている現代では、異年齢児との関わりの良さを改めて見直すことが大切です。そのためには、生活体験や発達が異なることによって生み出される活動の中で、子ども一人ひとりが経験していることを丁寧に読み取りつつ、それぞれに豊かな体験が得られる環境を工夫することが求められます。

1月 月の計画

※ねらい(…Ⓐなど)が、月案と週案で関連し合っていることを読み取ってください。

クラスづくり

○休み中に経験した正月の伝承遊びやルールのある遊びを友達と楽しむ中で、自分の思いや考えを言葉で伝えたり、相手に伝わるうれしさを感じたりできるようにしたい。また、自分なりの力を発揮しながら友達と一緒に遊びを進められるようにしていきたい。

○冬ならではの自然事象に触れる体験をし、不思議をたくさん味わってほしい。

	前月末・今月初めの幼児の姿	ねらい	幼児の経験する内容
生活	○正月の飾りや挨拶などに関心をもち、保育者や友達と一緒に楽しんでいる。 ○休み明けで生活リズムが乱れがちな子どももいる。 ○手洗い・うがいなど自分から行なおうとするが、中には冷たい水を嫌がる子どももいる。	○冬を健康に過ごすために必要な生活習慣を知り、自分から行なおうとする。…Ⓐ	○七草や鏡開きなど正月の伝統的な行事や遊びに興味をもつ。 ○戸外で体を動かして遊び、体が温まる心地良さを感じる。 ○インフルエンザや感染症の予防のための手洗い・うがいの必要性が分かり、自分から進んで行なおうとする。 ○その日の気候や活動に合わせて衣服の調整を自分で行なう。
人との関わり	○年末年始の休みの中に経験したことや遊びを、うれしそうに保育者や友達に話したり、一緒に遊んだりしている。 ○友達とのやり取りの中で、自分の思いや考えを伝えようとする姿が見られる。	○友達と思いや考えを伝え合いながら、遊ぶ楽しさを味わう。…Ⓑ	○伝承文化に興味をもち、友達と一緒に遊ぶ。 ○ごっこ遊びの中で役割を決め、友達とやり取りをしながら遊びを楽しむ。 ○自分の経験したことや感じていることを保育者や友達に自分から進んで伝える。 ○友達の話に興味をもって聞く。 ○簡単なルールのある遊びを友達と一緒に行なう。 ○こま回しや縄跳びなど、自分なりの目当てをもって繰り返し取り組んだり、友達と一緒に遊んだりする。
遊びへの取り組み	○吐く息の白さや風の冷たさに気付いたり、雪や氷に触れて遊ぶことを楽しんだりしている。 ○気温によって、戸外で遊ぶより室内で遊ぼうとする子どもがいる。	○冬の自然事象に興味をもち、見たり触れたり遊びに取り入れたりして楽しむ。…Ⓒ	○風の冷たさ、手指の冷たさ、吐く息の白さなどから寒さを体感し、冬を感じる。 ○雪、霜柱、氷を見つけ、触れたり不思議に思ったり試したりして遊ぶ。

家庭・地域との連携

保護者への支援も含む

★休み中の家庭での様子を聞いたり、園での様子を伝えたりしながら、生活のリズムを整え、安定して過ごせるようにする。

★園や地域で、インフルエンザなど感染症の発生状況を適宜知らせ、予防には手洗い・うがいの大切さ、栄養のある食事や休養の重要性などを知らせ、家庭でも予防に努めてもらえるようにする。

健康・食育・安全への配慮
養護の視点も含む

○感染症予防のために、部屋の温度・湿度に留意するとともに定期的に換気を行なうようにする。
○おせち料理や七草がゆ、鏡開きなど日本の伝統的な食文化にふれる機会をもつ。
○地震の避難訓練について保育者間で再確認する。子どもと命を守る大切さについて話し合い、避難訓練後、適切な行動をとることができたかなど、確認する。

指導計画から学ぶ 保育力アップ

豊かな経験ができる正月、冬の自然は不思議やおもしろさでいっぱい!!

年末年始の出来事や厳しくなってきた冬の自然は、驚きと感動に満ちあふれています。自分の経験を伝えたい、友達の話を聞きたい、もっと知りたい、という思いでいっぱいです。子どもが経験したことを生かす遊びや水や風、霜柱や氷などの冬の自然への気付きから発生する遊びを発展させ、「遊び力」を発揮させましょう。

環境の構成と保育者の援助

冬を健康に過ごせるように

○子どもたちと相談しながら鬼ごっこやたこ揚げ、縄やボールなど使った遊びの場を、動線を考えながら構成していく。
○興味をもった遊びを繰り返し取り組むことができるよう、遊具や用具を用意しておく。
○保育者も子どもと共に戸外に出て思い切り体を動かし、体が温まっていくことを実感し合いながら、体を動かすことのおもしろさや楽しさに共感する。
○体が温まると、自ら衣服の調整や始末ができるよう洋服掛けなどを用意しておく。
○子ども自身が病気の予防に必要な手洗い・うがいの大切さなどを知り、必要性を感じて自ら取り組む姿を認める。

友達に思いを伝えながら遊びを楽しめるように

○友達と正月ならではの遊びやルールのある遊びができるよう、子どもと共に場を整えていく。
○かるたやすごろくなどを通してしぜんに数や文字にふれる機会をもてるようにする。
○遊びの中で、自ら思いを伝えたり、思いが伝わった喜びが感じられたりするように関わっていく。
○子どもだけで伝え切れていないことは保育者が補足し、思いが友達に受け止められた実感がもてるようにする。
○友達とイメージの共有や役割分担などをしてごっこ遊びを楽しめるよう、子どもと一緒に遊具や用具を用意するとともに、遊びに必要な物を作ったり、作った物で遊んだりする。

冬の自然にふれて遊べるように

○自然の不思議やおもしろさ、美しさに気付けるように、雪や霜柱、氷、つららなど身近な自然事象を見逃さずに遊びに取り入れたり、絵本や写真などを掲示したりする。
○氷が張る日と張らない日、張る場所と張らない場所の違いなど、子どもが気付いて不思議に思ったことなどを友達と伝え合っている姿を見守る。
○疑問に思ったことを友達と話したり絵本や図鑑で調べたりしている姿に共感し、興味・関心が深まるようにする。

ゆったり過ごすために… ～園で長時間過ごすための配慮～

体調の変化に留意しよう

○休み明けは特に、一人ひとりの体調に十分に留意し、それぞれの子どものペースに合わせて休息が取れるような場を用意しておく。
○気温や湿度に留意し、遊びの内容を工夫し、室内でゆったりと過ごせるようにする。

保育者のチームワーク

★子ども同士が、思いが伝わる喜びを感じられるように、必要に応じて仲立ちをするとともに、関わった状況などの情報を共有し合う。
★体調の変化にすぐに対応できるように、連携を図る。

反省・評価のポイント

★自分の思いや考えを出したり友達の話を聞いたりしながらイメージを共有し、一緒に遊ぶことを楽しんでいたか。
★寒さに負けず戸外での遊びが楽しめるような環境や、冬の自然に親しめるような環境を整えることができたか。

1月 週の計画

1週 1/6(月)～11(土)

今週の予定　七草、鏡開き

※ねらい(…Ⓐなど)が、月案と週案で関連し合っていることを読み取ってください。

前週・週の初めの幼児の姿

○保育者や友達と久しぶりに出会えたことを喜び、新年の挨拶を交わしている。
○正月の経験や休み前の遊びを友達と話したり遊んだりして楽しんでいる。

ねらい(○)と内容(・)

○正月の伝統的な遊びや生活に興味をもち、友達と楽しむ。…Ⓐ
○保育者や友達と遊びや生活の楽しかった話をして再会を喜び合う。…Ⓑ
・正月の挨拶や食べ物など日本の伝承文化に関心をもつ。
・こま回しやかるた取りなど、正月ならではの伝承的な遊びを友達と楽しむ。
・寒さに負けず、戸外でたこ揚げなどをして体を動かして遊ぶ。
・休み中に経験したことを保育者や友達に話したり、友達の話を聞いたりする。
・身支度や手洗い・うがいなどの必要性を知り、自分から行なう。

具体的な環境(◆)と保育者の援助(○)

◆正月の挨拶、鏡餅や七草などの飾り、絵本や正月に関する新聞記事の掲示、鏡開きの経験などを通して正月の伝統文化の意味や由来を知る機会を設ける。
(絵本:『おしょうがつさんどんどこどん』
『あけましておめでとう』
『おしょうがつおめでとうはじまりの日!』)
○鏡開きを見たり、割った餅を焼いて雑煮にして食べたりなど正月の雰囲気を楽しんでいる姿を見守る。
○子どもたちが経験した正月の挨拶や遊びなどの話を聞きながら、地域や家庭による違いなど、正月の伝統文化に関心や興味を広げられるよう伝える。
◆正月の挨拶や遊びが楽しめるよう逆立ちこま、手回しこま、糸引きこま、かるたやすごろくなどを用意しておく。

○珍しいこまに興味をもったり、すごろくやかるたなどで遊びながらルールを確認したり遊び方を教え合ったりなど、友達と遊びを進めようとしている姿を認める。
◆戸外でたこ揚げや羽根つきなど遊びができるよう動線を考えて、十分なスペースを整えておく。
○保育者も遊びが続くよう関わり、子どもが風向きに気付いたりどうするとたこが高く揚がるかを考えたりしながら走ったり、数えながら羽根つきをしたりして、体を動かして遊んでいる姿に共感する。
◆休み中の経験を友達の前で話す機会をもち、共通の経験をごっこ遊びで再現して遊ぶ場を用意する。
○子どもの休み中の出来事の話を、友達と一緒に保育者も楽しんで聞いたり、似た経験をしている子どもの話とつなげたりして、話す楽しさや聞いてもらえる喜びやうれしさを感じている姿に共感する。
◆衣服の調節がしやすいように、身近な所に洋服掛けを用意したり、風邪予防を意識できるポスターを掲示したりしておく。
○必要に応じて上着の着脱や風邪予防の重要性を意識して丁寧に手洗い・うがいをする姿を認めるなどして、他児にも伝わるように関わっていく。

反省・評価のポイント

★正月の文化を感じ親しむことができるような環境構成や援助ができていたか。
★伝えたいことを自分なりに表現しようとしていたか。

CD-ROM ▶ 1月 ▶ 4歳児_1月_1・2週の計画

1月 週の計画

2週 1/13(月)〜18(土)

今週の予定：成人の日、身体計測、避難訓練

前週の幼児の姿

○保育者や友達と正月ならではの伝承遊びを、遊び方を伝え合いながら楽しんでいる。

○冬休み中の経験や遊ぶ中で、うれしかったことや楽しかったことなどの感じたことを自分なりに表現し、友達に伝えようとする姿が見られる。

○自分なりに工夫して作ったり、目当てをもって挑んだり、伝承遊びを繰り返し楽しんだりする。… Ⓐ

○友達とやり取りを楽しみながら、ごっこ遊びをする楽しさを感じる。… Ⓑ

・たこやこまなどを工夫して作ったり、作った物を使って遊んだりする。

・縄跳びやこま回しなど、自分なりの目当てをもち、繰り返し挑戦する。

・正月の経験などを生かして、イメージを共有しながら友達とごっこ遊びをする。

・遊びの中で、気付いたことや思っていることを、友達に伝える。

・地震時の身の守り方を知り、放送や保育者の指示を聞いて、安全に避難訓練に参加する。

◆工夫しながらたこやこまを作って遊べるように、材料や道具を用意しておく。

（厚紙、紙皿、CD、たこ糸、ストロー、紙テープ類、油性フェルトペン、爪ようじ、ビー玉、セロハンテープ、木工用接着剤　など）

○素材を選び試行錯誤しながら工夫してたこやこまを作る姿を認める。作った物で遊びながら、友達の作ったたこやこまの工夫に気付いたり、自分なりに工夫したところを友達に話したりして、更に考えようとする姿に共感する。

◆子どもが自分で目標などを決めて遊ぶことができるように、こまの的を用意したり、回せた時間や跳べた回数を記入したりできるようにしておく。

○こま回しや縄跳びなど、できるようになったことを保育者と一緒に喜んだり、コツを伝えたりしながら、繰り返し楽しみながら取り組めるようにする。

◆休み中の経験を生かす活動ができるよう正月をイメージできる餅や重箱、紙やパス類、はさみやのりなど材料や用具類などを用意し、必要な物を作ったり、ごっこ遊びができる場を用意したりする。

○イメージを共有して遊ぶことができるように話し合ったりやりたいことや思いをつないだりしていく。

◆互いに思いを出し合いやすいように、気の合う友達と関わって遊ぶことができるようなすごろくやかるた、あやとり、お手玉、様々な種類のこま、けん玉などを用意する。

○遊びの中で、自分の思いや考えを言葉で伝えようとしている姿を認める。また、思いが伝わりにくいときには、言葉を添えたり、伝え方を知らせたりして、伝えたい気持ちを支える。

◆絵本や紙芝居、ニュースや写真などを用いて自然の力や地震の怖さ、命を守る方法について話し合う。

○地震時の避難訓練の放送や保育者の指示に従い、自分の命を守ることや、もしものときの落ち着いた行動の大切さを伝える。

反省・評価のポイント

★遊びに使う物を考えたり、工夫したりして作るおもしろさや楽しさを感じることができたか。

★自分なりに工夫したり、目当てをもったりして遊べるような環境構成や援助ができていたか。

1月 週の計画

3週 1/20(月)～25(土)

今週の予定：誕生会

※ねらい(… Ⓐ など)が、月案と週案で関連し合っていることを読み取ってください。

前週の幼児の姿

○自分で作ったたこやこまで遊ぶことを楽しんでいる。
○やりたいことに繰り返し挑戦し、できるようになったことを喜んでいる。
○友達と休み中に経験したことを伝え合いながらイメージを共有して、ごっこ遊びを楽しんでいる。

ねらい(○)と内容(・)

○友達に自分の思いを話したり、相手の話を聞いたりして、イメージを共有して遊ぶ楽しさを味わう。… Ⓑ
○冬の自然事象や行事に触れ興味・関心をもつ。… Ⓒ
・自分の思いが伝わるように話したり、友達の思いを聞いたりしながら遊ぶ。
・自分の考えや思いを出し合い、友達と遊びを進める。
・氷や霜柱などに触れたり、遊びに取り入れたりして、冬ならではの自然事象に親しむ。
・歌をうたったり昔話を聞いたりして、節分について知り、関心を高める。
・インフルエンザや感染症予防の大切さを知り、丁寧に手洗い・うがいをする。

具体的な環境(◆)と保育者の援助(○)

◆友達と考えや思いを伝え合い、イメージを共有しながら製作活動ができるよう、机の配置を考えたり素材や用具を整えたりする。
○遊びの中で相手の思いに気付いたり、自分の思いを伝えたりしながら活動が発展するよう仲立ちしていく。
◆継続して友達と一緒にこま回しや鬼ごっこ、縄跳び、中当てなどを楽しめるよう、長縄や短縄、ボール、積み木、フープなどの遊具や用具を常設しておく。
○保育者も共に遊びながら、子どもが頑張っているところを具体的に認めるとともに、思いがぶつかったときはじっくりと話し合うことの必要性を伝え、自分たちで解決できるよう仲立ちしながら見守る。
◆冬の自然事象に興味をもち、氷を集めたり作ったりできるように空き容器、絵本、図鑑、虫メガネなどを用意する。

○氷作りをする中での気付きや不思議の思いを受け止めていく。「つめたい！」と言いながら手に持つ、虫メガネで見る、氷を日の光に透かす、板の上を滑らせるなどして、水の変容や場所、日による氷のでき方の違いなど、興味をもったり、不思議に思ったりしたことを、絵本や図鑑を見ながら考えたり話したりしている姿に共感する。
◆『まめまき』の歌などをうたったり絵本を見たりして節分が近いことや由来を伝えるとともに、鬼を作れるように必要な素材や用具などを用意しておく。
○子どもが表現したい鬼を作れるよう、一緒に考えたり見守ったりしながら、イメージしたことを表現しようと工夫している姿に共感していく。
◆風邪の予防や健康な冬の過ごし方を理解できるよう、せきやくしゃみをしたときにウイルスや菌が飛ぶ距離を示し、話をする機会をもつ。加湿器で湿度調節を行ない、随時水分補給ができるようにする。
○丁寧に手洗い・うがいをする姿を認め、見えないウイルスや菌などを洗い流した気持ち良さを感じられるように声を掛ける。

反省・評価のポイント

★霜柱や氷などに触れたり、遊びに取り入れたりして、冬ならではの自然に興味をもつことができたか。
★自分から進んで友達に思いを話したり、相手の話を聞いたりすることができるような援助ができたか。

週の計画

4週 1/27(月)～31(金)

今週の予定

前週の幼児の姿

○氷や霜柱などを遊びに取り入れたり、氷作りを楽しんだりしている。
○節分について知り、興味をもっている。
○友達と自分の思いや考えを伝え合いながら遊んでいるが、時には思いの行き違いからトラブルになることもある。

○寒さに負けず、戸外で友達と関わり合いながら遊ぶことを楽しむ。… Ⓐ
○友達とイメージを共有し、遊びに必要な物を作ったり、表現したりして遊ぶことを楽しむ。… Ⓑ
・誘い合いながら、ルールのある遊びや縄跳びなどをして、体を十分に動かして遊ぶ。
・友達と話をしながら、遊び方やルールを決めていく。
・友達に刺激を受け、自分なりに目当てをもって遊ぶ。
・節分の意味を知り、お面作りや金棒作りなど、自分なりのイメージを表すことを楽しむ。
・遊びに必要な物を考えたり、工夫して作ったり、思いを伝えたりしながら、友達とごっこ遊びを楽しむ。

◆友達と誘い合って体を思い切り動かしたり、目当てをもって遊んだりできるよう、安全面に考慮しながら場や遊具の準備をする。
（氷鬼、中当て、縄跳び、ドンジャンケン　など）

○保育者も一緒に遊びながら、友達と体を思い切り動かす楽しさを味わうことができるように必要に応じて遊び方を伝えたり、困ったときにはどうすればよいかを子どもと一緒に考えたり、ルールを確認したりして遊びが継続するよう関わっていく。
◆自分たちで遊び方やルールを決めながら遊びを進められるよう、子どもの考えや思いを引き出していく場をもつ。
○子どもだけではうまく表現できないところは、保育者が言葉を補うなどして、互いに納得して遊びが継続するよう仲立ちをしていく。
◆5歳児や友達に憧れて縄跳びやドッジボールなどをしている姿を見たり、やってみようという思いが高まるように一緒に遊んだりする時間を設ける。
○5歳児や友達からコツを教わることができるように、子ども同士の関わりが生まれるよう仲立ちする。
◆節分の行事に向けて自分なりの表現に必要なお面や豆を入れる箱、金棒作りに必要な素材や材料を用意する。
（画用紙類、紙袋、毛糸、パス類、接着剤　など）
○作りたい物が思うようにできず試行錯誤しているときは、友達の考えや工夫を紹介したり、一緒に考えたりして、思いを表現できるように支える。
◆共通のイメージや目的をもって遊びが楽しめるよう身近に絵本や物語など必要な物を用意しておく。
○やり取りを楽しみながらごっこ遊びができるよう、遊びに必要な小道具を考えて工夫して作ったり、思いを伝え合ったりしながら遊ぶ姿を見守る。
○ストーリーを展開し好きな場面を繰り返し遊んで楽しむ姿を見守るとともに、保育者も役になって一緒に遊びを盛り上げていく。

反省・評価のポイント

★友達と関わり合って、ルールのある遊びを楽しむことができたか。
★友達とイメージを共有し、遊びを進めていけるような環境構成や援助ができていたか。

1月 日の計画

1/15（水）

ねらい

○自分なりに工夫して、たこを作ったり、たこ揚げをしたりすることを楽しむ。
○気付いたことや思ったことを進んで友達に話そうとする。

内容

○自分で素材を組み合わせたり、工夫したりしながら、たこ作りを楽しむ。
○作った自分のたこを使って、友達と一緒にたこ揚げを楽しむ。
○気付いたことや感じたことを友達と話しながら遊ぶ。

環境を構成するポイント

○正月ならではの伝承遊びの玩具などを、すぐに取り出しやすい所に用意しておく。
○室内では、選んだり試したりしながら好きなこまで遊べるよう、手回しこまやすごろくなどを用意する。
○興味のあるこまを作ることができるよう、見本や紙類、爪ようじなど芯になる材料を用意しておく。
○戸外で、体を動かして遊べるように、動線を考えて遊具を配置する。
○やっこたこ、ダイヤたこ、ポリ袋たこ、くるくるたこ、はがきたこなど、様々な形や素材のたこなどを展示しておく。
○工夫してたこを作れるように、レジ袋、古はがき、紙皿、紙テープ、油性フェルトペンなどを用意しておく。
○作ったたこが壊れたときやもっと工夫したいときなどに、すぐに作ることができるように、道具や材料を準備しておく。
○自分の作ったたこを紹介したり、友達の作ったたこの工夫したところを知ったりする機会をもつ。

予想される幼児の活動

○登園する。
・挨拶や支度をする。
○室内の好きな遊びをする。
（こま作り、こま回し、すごろく　など）
○片付け、遊びの振り返りをする。
○戸外で好きな遊びをする。
（縄跳び、鬼ごっこ、ボール遊び　など）
○片付け、遊びの振り返りをする。
○手洗い・うがいをする。
○排せつをする。
○たこを作る。
・たこに絵を描いたり色を塗ったりする。
・紙テープなどを付ける。
○園庭に出て、作ったたこを揚げる。
○片付けをして、作ったたこの紹介をし合ったり、遊びの振り返りをしたりする。
○手洗い・うがいをし、昼食の準備をする。
○友達と楽しく食事をする。
○好きな遊びをする。
○降園の支度をする。
○絵本『たこ　たこ　あがれ』を見る。
○降園する。

保育者の援助

○一人ひとりと朝の挨拶を交わしながら、健康状態などを把握する。
○遊びの中で、自分の思いを話すことができるよう、必要に応じて仲立ちをする。
○遊びの振り返りでは、友達に知らせたいことを安心して話せる雰囲気を大切にする。クラスで共有することが望ましいことを伝える。
○自分なりの目標をもって縄跳びなどに取り組めるよう、保育者も一緒に遊んだり、その子どもの気付きやつぶやきに共感したりする。
○一人ひとりの思いが達成できるように支えながら、友達にも工夫したり考えたりしていることが伝わるようにする。
○たこ作り、たこ揚げをして困ったことやうれしかったこと、友達の遊び方の良かったところなどが、次の活動の意欲につながるよう受け止める。
○友達と一緒の食事が楽しくなるよう子どもの話を受け止めていく。
○今日の園生活に満足し、明日も楽しみに登園できるように、子どもの表情やしぐさなどを確認しながら見送る。

反省・評価のポイント

★たこ揚げを楽しみながら、友達の様子を見たり、時には教え合ったりして遊びを進められていたか。
★自分で選んだり、工夫したりしてたこを作れるような環境の構成ができていたか。

CD-ROM ▶ 1月 ▶ 4歳児_1月_15日の計画

1月 日の計画

1/23（木）

ねらい

○霜柱や氷に触れて遊び、その冷たさや不思議を十分に感じる。
○友達とイメージを共有し合いながら、一緒に遊ぶことを楽しむ。

内容

○園庭にできた霜柱や氷を見つけ、触れて遊ぶことを楽しむ。
○園内で氷ができそうな場所を考え、自分で氷を作ろうと試す。
○自分の思いを話したり、相手の思いを聞いたりして、イメージを共有して遊ぶ。

環境を構成するポイント

○子どもが登園する前に、園内のどこに霜柱や氷ができているか把握しておく。
○雪や氷などが出てくる絵本や冬の図鑑を用意しておき、自由に見ることができるようにしておく。
○氷集めができるよう、洗面器やバケツ、カップなどを用意する。
○氷などで遊び、手がかじかんだ子どもが手を温めることができるように、温水を用意する。
○氷作りに興味をもつことができるよう、絵本『おかしなゆき　ふしぎなこおり』を見る時間をもつ。
○子どもが形や大きさを決めて氷を作れるよう、様々な容器を用意しておく。

○誰がどこで氷を作ろうとしているのかが分かるように名前を表示し、互いに確認し合えるようにする。
○ごっこ遊びが楽しめるように、子どもと一緒に場づくりをしておく。
○綿やオーロラ紙、カラーセロハン、紙袋、毛糸などを用意し、遊びに必要な物を作れるようにしておく。

予想される幼児の活動

○登園する。
・挨拶や支度をする。
○戸外の好きな遊びをする。
・氷で遊ぶ。
・霜柱を探し、音や感触を楽しむ。
・中当て、鬼ごっこ、縄跳びなどをする。

○片付け、遊びの振り返りをする。

○絵本を見る。
○氷作りをする。
・氷はどうしてできるのかを考える。
・園内で氷ができそうな所を探す。
・容器を選び、水の量を調節して自分が見つけた場所に容器を置く。
○室内の好きな遊びをする。
（お話ごっこ、製作　など）

○片付け、遊びの振り返りをする。
○手洗い・うがいをする。
○排せつをする。
○歌『ゆげのあさ』を歌う。
○降園の支度をする。
○降園する。

保育者の援助

○一人ひとりと朝の挨拶を交わしながら、健康状態などを把握する。

○氷の冷たさ、氷が割れる音や感触、霜柱を踏んだときの音や感触など、子どもの発見や気付きに共感したり、周りの友達に広げたりする。

○どこで氷を作るか迷っている子どもの話を聞き、作りたい大きさや形などについて解決できるようにヒントを出すなどする。

○日陰と日なたの温度差、土とコンクリート、金属との温度差、風が通る場所など、氷作りをするための子どもの発見や気付きを受け止める。

○友達と自分の思いを出し合いながら遊びを進めようとしている姿を見守り、思いがより実現できるように必要に応じて仲立ちする。

○明日、氷ができているか楽しみに降園できるよう話し合い、見送る。

反省・評価のポイント

★氷に触れ、その冷たさなどを体感し、不思議やおもしろさを感じて遊んでいたか。
★氷の不思議を感じられる環境の構成や援助ができていたか。

2月の計画

異年齢児など他クラスとの親しみのあるつながりを

生活

5歳児を気持ち良く送り出す気配が園に漂う2月です。クラスや園としての一年間の締めくくりの行事や生活があります。4歳児は、5歳児を送り出す準備をすることも園では期待されています。3歳児もその様子を見ています。こうしたことから、クラスは緩やかに開かれて、クラスでの遊びや生活が広がっていきます。

人との関わり

4歳児の遊びや生活が発信元になって、異年齢児にも伝わっていくこともままあります。4歳児は、園生活の中で手ごたえを実感しながら、自信を積み重ねていきます。3歳児からは、憧れの対象として見られる4歳児です。5歳児からは様々に託された期待を自覚します。4歳児が、園の遊びや生活のつなぎ役となるように、そばに立ち会っていきましょう。

季節ごよみ

○寒い日には雪や氷、霜柱などの自然事象が見られる。木枯らしが吹く日もある。

○園内にヒイラギ、イワシの頭、豆殻などの飾りや鬼の面が飾られている。

○引き続き、インフルエンザなどの感染症が流行している。

○寒さの厳しい日が続く。

○ウメ、スイセン、ヒヤシンスなどが咲き始める。

○暖かな日もあり、寒さが厳しい日との気温差がある。

○木々が芽吹き始め、日だまりが暖かな日が増えてくる。

○園内にひな人形やモモの花が飾られている。

遊びへの取り組み

保育者や友達と安心して関わる姿が見られる頃です。また、生活や遊びの中で決まりを守る大切さが分かってくる時期です。友達とルールのある遊びを楽しむ姿を見守っていきましょう。生活発表会に向けての活動では、一人ひとりが伸び伸びと様々な方法で表現する姿を捉え、"自分らしさ"を大切にしていけるようにします。

保育なるほど解説!

「自立心を育む」

「自立」は幼児期に完成するものでなく、幼児期の「自分のことは自分でする」という「生活の自立」は、思春期の「自分の人生は自分で決めたい」という「精神的な自立」につながり、青年期の「経済的な自立」となるといわれています。幼児が、やりたいことがある中で、「生活していくために、しなければならないこと」を自覚して取り組み、それを成し遂げたときに味わう達成感が大切であり、そのことが自信となり、「自立しようとする心」につながるのです。

2月 月の計画

※ねらい（…Ⓐなど）が、月案と週案で関連し合っていることを読み取ってください。

クラスづくり

○3学期を迎え、安心して保育者や友達と過ごす中で、友達と考えた遊びやルールのある遊びを楽しむ姿が見られるようになってきた。子どもたちの「やりたい」「やってみたい」という気持ちを大切にし、生活や活動を見守っていく。
○遊びの中で楽しんできたことや経験したことを生活発表会に生かしながら、一人ひとりが伸び伸びと表現できるように援助していきたい。

	前月末の幼児の姿	ねらい	幼児の経験する内容
生活	○感染症のことを知り、予防しようと手洗い・うがいをしている。 ○寒い日は、体を動かしたり戸外で縄跳びなどをしたりして遊んでいる。	○健康に過ごし、見通しをもって、いろいろな活動に取り組む。…Ⓐ	○冬の健康生活に必要な習慣である手洗い・うがいを自ら進んで行なう。 ○寒さに負けず友達と戸外で体を十分に動かして遊ぶ。 ○やりたい役を自分なりに楽しみながら表現する。
人との関わり	○友達と相談しながら遊びを進めていき、楽しんでいる。 ○自分の思いがはっきりと言えるようになり、友達とのやり取りも充実してきている。 ○5歳児のこま回しや縄跳びをする姿をじっと見たり、声を掛けてもらって仲間に入れてもらったりしている。	○自分の考えを友達に伝えようとしたり、相手の思いに気付いたり共感したりしながら遊びを進める楽しさを味わう。…Ⓑ	○友達の話を聞いたり、自分の考えを言葉で伝えたりする。 ○友達とイメージを膨らませ遊びに必要な物を作るなど、いろいろな方法で表現する。 ○遊びのルールの大切さに気付き、友達とルールを守って遊ぶことを楽しむ。 ○自分たちで簡単なルールをつくり、友達と相談しながら遊びを進める。 ○異年齢児の遊びを見たり、一緒に遊んだりして進級への期待をもつ。
遊びへの取り組み	○絵本や物語の世界の登場人物になり切って、友達と一緒に表現遊びを楽しんでいる。 ○霜柱や氷を見つけると、保育者や友達に知らせて喜んでいる。 ○雪空を眺めたり、積もった雪に触れたり、冬ならではの自然に親しんでいる。 ○すごろく、かるた、カードゲームを友達とルールを教え合って、遊びを進めて楽しんでいる。	○自然の変化に興味をもち、季節ならではの遊びや行事に親しむ。…Ⓒ	○氷や霜柱などを発見し、見たり触れたり不思議さを感じるなどしながら遊びに取り入れる。 ○日ざしのぬくもりや草木の芽吹きなどの身近な自然の変化から、春の訪れを感じる。 ○節分やひな祭りなど、日本の伝統行事に興味をもって関わる。

家庭・地域との連携
保護者への支援も含む

★感染症が流行しやすい時季なので、家庭でも手洗い・うがいの励行、マスクの着用などの予防を呼び掛け、感染症の状況や近隣の小学校、医療機関からの情報を提供して連携を図る。
★園に地域の方を招いて、行事などに積極的に参加していただける機会を設ける。節分では、由来などを伝えてもらったり、鬼になってもらったり、子どもたちと交流を深めていくようにする。また、園外保育などに同行してもらい、冬の自然について教わる機会を設ける。

CD-ROM ▶ 2月 ▶ 4歳児_2月_月の計画

健康・食育・安全への配慮
養護の視点も含む

○感染症を防ぐため、手洗いの仕方を掲示し、保育者も歌に合わせて行ない、進んで行なえるようにする。
○伝統行事に使われる節分豆やひなあられなどのイラストや写真を提示したり、由来を話したりして、興味をもてるようにする。
○朝の園庭、遊具などが凍っていないか、危険がないかなどを点検し、戸外で安全に遊ぶことができるように整え、保育者間で共有する。

指導計画から学ぶ 保育力アップ

友達との関わりを自信に

生活発表会の計画では、子どもがお話を表現して見せ合う喜びや、見通しをもって準備する姿を支えましょう。鬼ごっこなどで自分たちのルールをつくって楽しむ姿が見られます。5歳児の遊びに挑戦しようと、仲間に入れてもらいたい思いを伝えるための橋渡しも、時には必要です。活動の深まり、友達や異年齢児との関わりで、大きくなることへの期待と自信を育んでいきましょう。

環境の構成と保育者の援助

活動に積極的に参加し、力を発揮できるように

○好きな遊びを繰り返し楽しめるように、必要な用具や道具、図鑑や絵本などを準備し、十分な時間を設ける。
○自分の健康に関心をもち、手洗い・うがい、食事や睡眠などの習慣を守ることの大切さを知らせたり、できたことを認めたりして、意欲につなげていくようにする。
○寒さに負けず戸外で体を動かして遊ぶ楽しさを味わえるように、活動を提案したり、誘い掛けたりする。
○劇遊びの役を自分なりに表現する姿を受け止め、小道具などを考えて友達と作ろうとしている姿を見守り、周囲にも知らせて関わりを広げていく。

友達とのやり取りを通して楽しめるように

○様々な場面で自分の考えや思いを伝えたり、友達の話を聞いたりできるように十分な時間を設ける。
○4歳児クラスで誕生会を計画し、子ども同士のやり取りを保育者間でも共有しながら、やりたいことが実現できるよう子どもの意思を尊重し、進めていく。
○鬼ごっこやケイドロなどをする中で、ルールを守って遊ぶ、自分たちでルールを増やす、新しくつくるなどの楽しさを感じられるように提案したり援助したりしていく。
○異年齢児との交流ができるような機会をつくり、一緒に遊ぶことで、進級への期待を膨らませていく。

行事や冬の自然、春の訪れを感じられるように

○季節の遊びや行事に親しみがもてるように、自然物や絵本、図鑑などを子どもが手に取りやすい場所に用意しておく。
○気象予報を見て雪や氷など季節ならではの自然を遊びに取り入れられるように配慮する。
○自然に関わって不思議さを感じる、試すなど、子どもの興味が広がるようにする。
○冬から春への自然の変化に気付くように、園庭や園外に散歩に出掛け、風や日ざしのぬくもりを肌で感じる機会をもつ。自然物に触れながら子どもの発見に耳を傾け、受け止めていく。
○豆まきやひな祭りを通して、伝統行事の由来に興味をもち、楽しんで参加できるようにする。

ゆったり過ごすために… ～園で長時間過ごすための配慮～

やりたいことを十分に楽しめるように

○夕方には寒さが増してくるので、暖かい室内で異年齢児がふれ合って遊ぶことができるように、ゲーム遊び(フルーツバスケット、ジャンケン列車)、カードゲーム(かるた、トランプ)の教材を準備し、保育者も入って遊びを楽しめるようにする。
○感染症の流行時期でもあるため、一人ひとりの体調の変化に留意し、子どもそれぞれのペースでゆっくり過ごせるように、遊びのコーナーや、マットを敷くなどして休息する場所を設けるようにする。

保育者のチームワーク

★進級に期待をもつように、異年齢児と関わる機会を設けたり、クラスや学年で楽しんでいる遊びや興味のあることを保育者間で共有したりして、他クラスや子ども同士の関わりを深められるようにする。

反省・評価のポイント

★様々な場面で自分なりの表現を十分に楽しみ、友達と相談し見通しをもって活動を進めていこうとしていたか。
★子ども同士のやり取りを見守り、その過程を認めたり、子どもと一緒に確認したり、助言できたか。

2月 週の計画

※ねらい（…Ⓐなど）が、月案と週案で関連し合っていることを読み取ってください。

1週　2/1（土）〜8（土）

今週の予定　節分、豆まき、立春

前週の幼児の姿

○絵本などの内容を味わい、友達と関わり合いながら劇遊びの好きな場面を楽しんでいる。
○節分について、鬼のお面作りを楽しみながら、疑問に思ったことを保育者に尋ねるなど伝統行事に興味・関心を深めている。

ねらい（○）と内容（・）

○劇遊びのストーリーに親しみ、友達と表現する楽しさを味わう。…Ⓑ
○季節の自然や伝統行事に触れ、生活に取り入れて遊ぶことを楽しむ。…Ⓒ
・ストーリーの言葉や表現のおもしろさに気付き、せりふや動きを考えて伝えようとする。
・保育者や友達と相談しながら、劇遊びに必要な小道具を工夫して作る。
・節分の由来を知り、地域の方と豆まきを楽しむ。
・寒さに負けず保育者や友達と戸外で思い切り体を動かして遊ぶ。
・霜柱や氷、雪などの冬の自然事象に興味をもち、考えたり、体験したことを伝え合ったりする。

具体的な環境（◆）と保育者の援助（○）

◆劇遊びのストーリーや好きな場面を話し合い、表現しておもしろさを共有する時間を十分に設ける。
○繰り返し遊ぶ中で、やりたい役になって楽しむ姿を認めたり、表現を引き出したりして、子どもの発想を逃さず受け止め、周囲に知らせて共有していく。
◆衣装や小道具作りでは子どもの考えや思いが表現できるように用具や材料を用意しておく。
（紙類、絵の具、布、容器、カラーポリ袋、油性フェルトペン、テープ、接着剤　など）

○生活発表会を話題にしながら劇遊びに必要な物を友達と相談して作っている過程を見守り、子どもが工夫する姿を認める。
○自分の作りたいイメージを形にできるように必要に応じて提案や助言を行なう。
◆節分に親しみがもてるよう絵本や写真、イラストなどを子どもたちが手に取れる場所に置く。
（絵本：『せつぶんだ まめまきだ』
『ふくはうち おにもうち』
『おなかのなかに おにがいる』）
○地域の方を招き、節分や鬼の話などをしてもらい、一緒に歌ったり、豆まきをしたりして行事を楽しみ、交流が深まるようにする。
◆戸外では気温に合わせて適切な服装ができるよう、上着などを手に届く所に置く場所を設けておく。
○保育者も一緒に体が温まる遊びを楽しみ、寒い季節でも全身を動かす心地良さを味わえるようにする。
（縄跳び、ボール遊び、鬼ごっこ　など）
○遊びの中で数をかぞえたり人数を合わせたりするなどの経験を通して、数に親しめるようにする。
◆冬の自然事象に興味をもち、霜柱を見たり氷作りなどを試したりできるように素材を準備する。
（図鑑、ルーペ、はかり、プラスチック容器、空き缶、絵の具、毛糸　など）
○氷作りなどに見られる子どもの発想や考えたことを伝え合って楽しむ姿を認め、様々に試せるように関わっていく。
○氷を見つけた驚きや不思議さを友達と共感し合えるように、周囲にも知らせ、共有する。

反省・評価のポイント

★子どもがイメージや創造力を膨らませながら、ストーリーに親しみ、いろいろに表現する上で楽しむことができたか。
★季節の自然や伝統行事に触れるような環境設定をしたり、生活に取り入れて楽しめるような援助をしたりできたか。

2月

週の計画

2週 2/10(月)～15(土)

今週の予定：避難訓練、生活発表会、園外保育

前週の幼児の姿

○登場人物になって遊んだり、表現を遊びに取り入れたりする姿が見られるが、遊びに入り切れない子どももいる。
○生活発表会で他クラスの友達や保護者に見てもらうことを話題にしている。
○節分の行事を知り、自分で作った鬼のお面を友達と見せ合いながら、豆まきを楽しんでいる。

○劇遊びを通して役に取り組み、生活発表会への期待を高める。… Ⓑ
○健康に関心をもち、生活習慣を守る。… Ⓐ Ⓒ
・自分たちで作った小道具や大道具を使い、繰り返し劇遊びを楽しむ。
・喜んで生活発表会に参加し、他クラスの発表に興味をもつ。
・異年齢の遊びに興味をもち、ルールを守って遊ぶ楽しさに気付く。
・園外保育で地域の方に自然の様子を聞いたり、教えてもらったりして、冬から春への様々な発見を楽しむ。
・風邪や感染症について知り、進んで手洗い・うがいをしようとする。

◆劇遊びの小道具などの手直しができるように、用具を整えておく。
（セロハンテープ、クラフトテープ、油性フェルトペンなど）
○自分たちで作った道具を使って、喜んで劇遊びをする姿を認め、見てもらううれしさや緊張する気持ちに寄り添い、生活発表会を楽しみに待てるようにする。
◆他クラスの友達の表現を楽しみ、見てもらううれしさを感じられるよう、劇を見せ合う機会をつくる。
○生活発表会で楽しかったことや他クラスの劇や友達のことで気付いたことを伝え合って、友達と劇遊びに取り組む楽しさや満足感が味わえるようにする。
◆生活発表会での交流の経験から、他クラスや異年齢児の遊びに関心をもつ姿を受け止め、一緒に遊んだり、仲間に入れてもらったりする機会を設ける。
（色鬼、氷鬼、ケイドロ、中当てドッジ、大縄など）
○遊びが活発になる中で、やり取りがうまくいかない場合は、保育者が間に入り、それぞれの思いや考えが伝わるようにし、ルールを守って楽しく遊びが進められるようにする。

◆園外保育で地域の方を招いて、近くの公園で冬の公園の様子や季節による違いなどの話を聞く機会を設ける。
○公園を散策する中で、積もった落ち葉を踏んで感触を楽しむ、音や色に気付く、落ち葉の下に隠れている虫や芽を探すなど、冬から春への自然のいろいろな様子を感じられるようにする。

パリパリなるね
はっぱのうらにカタツムリのあかちゃん！

◆手洗い・うがいの大切さを再確認できるように手洗い場に写真やイラストで手順を掲示したり、絵本や紙芝居を用意したりする。
（絵本：『どうしてかぜをひくの？インフルエンザになるの？』『ばいきんがっこう』『かぜにまけるな！』『はなみず じゅるじゅる せき ごほごほ』など）
○自分から進んで手洗い・うがいをする姿を認め励ましながら、清潔にする心地良さや大切さを共有し、習慣づくようにする。

反省・評価のポイント

★友達とのやり取りを楽しみながら、自信をもって劇遊びに参加することができたか。
★子ども同士の遊び方を見守り、援助の工夫や、必要に応じて環境の再構成をすることができたか。

2月 週の計画

3週　2/17(月)～22(土)

今週の予定　身体計測

※ねらい(…Ⓐなど)が、月案と週案で関連し合っていることを読み取ってください。

前週の幼児の姿

○生活発表会を経験し、お客さんに見てもらうことがうれしく、劇遊びを見せ合ったり、ごっこ遊びをクラスで楽しんだりしている。
○ルールのある遊びでは、友達同士で話し合いながら、ルールを守って楽しむ姿が見られる。

ねらい(○)と内容(・)

○友達と意見を出し合って、様々な遊びを楽しむ。…Ⓑ
○冬から春の移り変わりを全身で感じ、季節の行事に興味をもつ。…Ⓒ
・劇遊びを通して、互いの表現を認め合い、違う役や他クラスの劇を楽しむ。
・グループの友達と協力して、見通しをもって誕生会の出し物の準備に取り組む。
・ルールのある遊びを楽しみ、自分たちでルールを確認しながら遊ぶ。
・自然の変化に気付き、春の訪れを楽しみに待つ。
・ひな祭りの歌をうたったり、絵本を楽しんだりして、由来に興味をもつ。

具体的な環境(◆)と保育者の援助(○)

◆生活発表会後の劇遊びで、いろいろな役や他クラスの劇を楽しめるように、小道具を用意し、時間や空間を設ける。
○友達の役に興味をもち、やってみたい気持ちを受け止める。うまくいかないときには手助けをしながら、劇遊びを再構成したり発展させたりして楽しめるようにする。
◆4歳児クラスで誕生会を計画し、見通しをもって準備の手順が書き込めるように、見やすい場所に模造紙を用意しておく。
○5歳児クラスの誕生会の出し物を紹介し、思い思いの出し物をグループで考えることを提案し、子どもの言葉を模造紙に記していく。
○友達の誕生日を祝う気持ちでグループで自分の考えを伝えようとしている姿を認める。様々な出し物のおもしろさを共感しながら、準備が進んでいくようにする。
(なぞなぞ、得意技、手品、ダンス　など)

◆戸外では、今まで親しんだ遊びが楽しめるように、場を確保したり、必要な用具を自分で出し入れできるように用意したりしておく。
(色鬼、高鬼、ケイドロ、中当てドッジ、大縄跳び　など)
○ルールのある遊びでは、トラブルで話し合いをしているときは、それぞれのやり取りを見守りながら、必要に応じてルールを増やす、整理するなどの仲立ちをする。
◆季節ならではの草花のつぼみや芽に気付くように写真を掲示し、身近な所に実物を用意する。
(モモ、ウメ、ヤナギ　など)
○暖かい日には戸外で春の訪れを感じられるよう、春探しをしたり、日ざしの暖かさなどを話題にしたりする。
◆ひな祭りに興味をもてるように、ひな人形を子どもと飾り、歌や絵本を用意する。
(絵本：『モモちゃんのひなまつり』
『のはらのひなまつり』
♪：『うれしいひなまつり』)
○歌をうたったり、ひな飾りを見ながら、モモの花やひなあられなどの由来を話題にしたりして、子どもの健康が願われていることを共に感じられるようにする。

反省・評価のポイント

★グループ活動を通して、自分の考えを伝えたり、友達の話を聞いたりして認め合う姿が見られたか。
★遊びの取り組みや季節の変化を生かしながら、子どもが興味をもって活動を楽しめるような援助ができたか。

2月 週の計画

4週 2/24(月)～29(土)

今週の予定　誕生会、園外保育

前週の幼児の姿

○友達と誘い合って縄跳びやルールのある遊びを繰り返し楽しんでいる。
○劇ごっこや誕生会の出し物を友達と考えを出し合いながら、見通しをもって遊びを進めていこうとしている。
○つぼみなどを見つけ、冬から春への移り変わりを感じている。

○友達や5歳児とのやり取りを楽しみながら、自分たちで遊びを進めようとする。… Ⓑ
○春の訪れを感じ、伝統行事や風習に関心をもち遊びに取り入れようとする。… Ⓒ
・他クラスの友達とイメージを共有しながら、協力して誕生会を行なう。
・5歳児と一緒に鬼ごっこやボール遊びをする中で、5歳児に期待と憧れをもつ。
・友達と新しいルールをつくって、遊びを楽しむ。
・友達と草花の変化などを見つけて春の訪れを感じる。
・ひな祭りに関心をもち、ひな人形を飾ったり見たりして、ひな人形を作る。

◆誕生会の出し物を4歳児クラスで協力して計画し、準備できるような時間や場を設ける。
○クラス以外の友達と活動する中で、誕生児を祝い、様々な友達と協力する楽しさや活動をやり遂げようとする気持ちを支えながら、必要な援助を行ない、実現していく。
◆5歳児がしている遊びに憧れをもって見たり、まねたりする姿を受け止め、やってみたい遊びに取り組めるよう、必要な遊具や用具、素材などを用意する。
（指編み、あやとり：いろいろな太さや色の毛糸
中当てドッジ：ライン引き　など）
○保育者もあやとりや指編みをしたい4歳児と共に遊びの仲間に入れてもらい、5歳児とのやり取りのきっかけをつくったり、見本を見せてもらったりしながら関わりが深まるようにする。
◆戸外ではそれぞれの遊びを楽しめるよう、動線を考え、危険がないようにラインを引くなどしてコーナーに分ける。
（色鬼、高鬼、ケイドロ、中当てドッジ　など）
○友達と相談しながら新しいルールを考え、遊びを変化させる楽しさを味わえるように、子どもの発想や思いを受け止め、取り入れて、周囲に知らせていく。
○5歳児と遊ぶ中で「やさしくおしえてくれたよ」「ルールをかんたんにしてくれたよ」などうれしかったことを共有し、5歳児への憧れの気持ちを受け止める。
○5歳児と遊んだ話題から、進級したらできることややってみたい遊びなどに、期待をもてるようにする。
◆園庭では、保育者自身が草花の変化が見られる場所や日だまりなどを把握しておく。日だまりでゆっくり過ごせるように、ござやベンチなどを用意する。
○園内の春探しをして、モモのつぼみ、ヒヤシンスの開花、チューリップの芽、草花の様子、日ざしのぬくもりなど、子どもの小さな発見やつぶやきを受け止め、春の訪れや生長の不思議を楽しみ共感する。
◆ひな人形作りを継続してできるように、様々な素材を準備しておく。
○いろいろな素材や用具を選んだり、ひな人形やひな飾りを作っている姿を認めたりして、飾って楽しむ、友達の作った人形に興味をもつなど、表現活動の楽しさを味わえるようにする。

反省・評価のポイント

★自分たちでイメージしたものを、友達と話し合いながら形にして、披露してみんなで楽しむことができたか。
★気候や天気に応じて、戸外へ遊びに出掛け、園庭での遊びが安全で充実するような環境整備や用具の準備は十分にできていたか。

2月 日の計画

2/6（木）

ねらい
- ○友達と工夫しながら、イメージを膨らませて表現することを楽しむ。
- ○戸外で伸び伸びと体を動かして遊ぶ。

内容
- ○海の世界をイメージしながら必要な小道具を工夫して作る。
- ○友達と思ったことや考えたことを言葉でやり取りして伝え合う。
- ○鬼ごっこや縄跳び、ボール遊びなどを友達や異年齢児と楽しむ。

環境を構成するポイント	予想される幼児の活動	保育者の援助
○部屋の温度や湿度を調節し、快適に過ごせるようにする。	○登園する。 ・挨拶や身支度をする。	○一人ひとりと挨拶を交わしながら、健康状態を把握する。
○遊びが展開するよう、玩具や用具を用意する。 （空き箱、画用紙、セロハンテープ、のり、油性フェルトペン、トランプ、カードゲーム、ボール、毛糸　など）	○好きな遊びをする。 （室内：ブロック、製作遊び、カード遊び、あやとり、指編み など 戸外：鬼ごっこ、ボール遊び　など）	○子どものやってみたい遊びや思いを受け止め、イメージしたもので遊べるよう寄り添っていく。 ○劇遊びの歌を歌詞やリズムと合わせて表現しながら歌う姿を認め、劇遊びへの期待が高まるようにする。
○互いの表情や動きを見ながら楽しく歌えるよう、円になれるスペースを確保する。	○集まって、劇遊びの歌をうたう。	○相談しながら小道具作りをする姿を見守り、自分の思いを言葉で伝え合うことができるように必要に応じて保育者が仲立ちする。
○小道具作りに必要な素材や用具を用意する。 （布、スズランテープ、色画用紙、セロハンテープ、クラフトテープ、段ボール板、絵の具　など）	○劇遊びに必要な小道具を作る。 ・素材を選び、工夫して作る。 （海の波、海藻、魚、衣装　など）	○子ども一人ひとりの表現の工夫を認め、意欲的に取り組めるようにする。 ○できた小道具を使って、せりふを言ったり身に着けたりして遊ぶ姿を見守り、発表会の期待へつなげていく。
	○手洗い・うがいをする。 ○昼食の準備をし、食事をとる。	○昼食に使われている食材を話題にするなど、楽しい雰囲気で食事ができるようにする。
○昼食後は静かに過ごせるように、マットを敷き、絵本などを用意して、休息する場を設ける。	○好きな遊びをする。 （戸外：鬼ごっこ、縄跳び、ボール遊び　など）	○ルールのある遊びは、守って遊ぶことが楽しいと思えるように、必要に応じて仲立ちや助言をする。
○充実感や満足感が味わえるよう、一日の活動を振り返る時間をつくる。	○一日を振り返る。 ○降園する。	○一日の活動や出来事を振り返り、翌日への期待を高めるとともに、劇遊びなど経験したことを子どもが保護者に話をするきっかけとなるようにする。

反省・評価のポイント
- ★海の世界をイメージしながら、自分なりの表現を楽しむことができたか。
- ★子どもの発想や考えを尊重し、異年齢児や友達と自分たちで劇遊びを進めていけるような関わりができたか。

CD-ROM ▶ 2月 ▶ 4歳児_2月_6日の計画

2月 日の計画

2/25(火)

ねらい

○誕生会の準備を通して、他クラスの友達と協力する。
○友達や5歳児と関わり、自分たちで遊びを進めて楽しむ。

内容

○他クラスの友達と誕生会の出し物を話し合い、喜んで準備する。
○友達や異年齢児と相談し、ルールを共有しながら遊ぶことを楽しむ。
○園庭の草花の芽やつぼみなどの変化に気付く。

環境を構成するポイント	予想される幼児の活動	保育者の援助
○部屋の温度や湿度を調整する。 ○気候に合わせて自分で衣類の調整ができるように、上着掛けなどを廊下に出しておく。 ○前日までの遊びの続きや誕生会の準備ができるように必要な素材や用具を整えておく。 (毛糸、布、フェルト、プラスチック針、箱、色紙、リボン　など)	○登園する。 ・挨拶や支度をする。 ○好きな遊びをする。 (室内：プレゼント作り、あやとり、カード遊び　など 戸外：鬼ごっこ、中当てドッジ、春探し　など)	○子ども一人ひとりと挨拶を交わし、健康状態を把握する。 ○誕生日会に見通しをもちながら、自分で材料を選んで、工夫してプレゼントを作る姿を見守り、共感していく。 ○5歳児の遊びに興味をもつ姿を受け止め、共に見たり、仲間に入って遊べるように仲介したりする。 ○各クラスやグループの取り組みや子どもの様子を保育者間で共有する。
○グループ活動の出し物に必要な素材や用具を整える。 ○他クラスと誕生会の準備が楽しめるよう十分に時間を設ける。	○誕生会の出し物の準備をする。 ・司会や質問コーナーの内容を考える。 ・クイズ、なぞなぞを考える。 ・得意技を見せ合う。 (手品、けん玉、あやとり、縄跳び、ダンス　など) ・部屋の飾りを作る。	○他クラスの子どもの様子を共に把握して関わるようにする。 ○友達と話し合って出し物の内容を考えたり、うまくできるように何度も繰り返し行なったりする姿を認める。 ○見せ合ったり声を掛けて知らせたりして、各グループの状況を共有できるようにする。
	○手洗い・うがいをする。 ○昼食の準備をし、食事をとる。	
○戸外では様々な遊びが充実するように動線を考え、ポールなどでコーナーを区切って場を確保する。	○好きな遊びをする。 (戸外：鬼ごっこ、ケイドロ、中当てドッジ、春探し　など)	○友達と相談しながらルールをつくって遊びを進めていく様子を見守る。 ○トラブルを解決しようとしてうまくいかないときには、保育者も遊びに参加し、仲立ちや提案を行なう。
	○一日を振り返る。 ○降園する。	○子どもが楽しんだことや工夫したことを共有し、明日に見通しをもち、期待をもって登園できるようにする。

反省・評価のポイント

★遊びの中で、自分の考えを伝えたり、友達と協力したり、5歳児と関わったりして楽しむことができたか。
★グループで積極的に取り組んでいる一人ひとりの姿や思いを大切にしながら環境の構成や援助ができたか。

CD-ROM ▶ 2月 ▶ 4歳児_2月_25日の計画

3月の計画

進級を楽しみにし、園の遊びや生活に自信をもって

生活

園生活も残り少ない日々の3月です。5歳児の「修了証書授与式」（卒園式）の準備で、4歳児も5歳児も浮き立っています。そのため、じっくり、しっかり、ゆったりと過ごすこともままならない状況が続きます。

人との関わり

4歳児と5歳児は、この行事に向けて、互いの呼吸を合わせながらのリハーサルに臨みます。4歳児には、5歳児を送り出すことに寂しさがありつつも、4月からの園生活に思いを巡らす月になります。

季節ごよみ

○暖かい日もあるが、まだ肌寒い日もある。

○ホトケノザやオオイヌノフグリが咲いている。

○ウメの花が咲き、フキノトウが芽を出している。

○年長児は進級就学祝い会（修了式）の準備や練習に取り組んでいる。

○天気の良い日は暖かく、サクラのつぼみが膨らんでいる。

○チューリップの芽が出始めている。

○サクラの開花が見られる。

○暖かい日が増え、ダンゴムシやアリが活発に動き始める。

○新クラスへの移行に伴い生活の場所が変わる。

遊びへの取り組み

進級することの自覚や楽しみをもちながら、5歳児の保育室をのぞいたり、自分たちの保育室を片付けたり、3歳児を自分たちの保育室に案内したりして、4月からの生活を迎えようとしています。4歳児の姿にエールを送り続けましょう。

保育なるほど解説！

「進級する子どもたちへ」

子どもにとって大きいクラスは憧れであり、進級することに胸を膨らませています。したがって、この時期の指導計画作成では、その期待に応えつつ、子ども一人ひとりがその子なりに「大きくなった自分」を自覚して、自信をもって行動できる場や機会をつくっていくことが大切です。そこで得た「自分の力に対する信頼」が、新年度の新しい環境を受け止めて、これまでの環境との違いや段差をのり越えて、人や物との新たな関わりをつくりながら成長していく力になるからです。

3月 月の計画

※ねらい(…Ⓐなど)が、月案と週案で関連し合っていることを読み取ってください。

クラスづくり

○友達と心を通わせながら自分たちで遊びを進めていく楽しさを十分に味わえるようにする。
○3・5歳児と関わる機会を通して、思いやりの心を育んだり、憧れの気持ちを抱いたりしながら自信をもって進級できるようにしたい。
○身近な動植物の変化に気付くことで春の訪れを肌で感じ、子どもたちの興味・関心を広げていきたい。

前月末の幼児の姿

生活

○基本的生活習慣がほぼ身につき、自ら進んで行なったり、友達と知らせ合ったりしている。
○保育者や友達と食事を楽しみながら、食材や調理の仕方に興味をもった会話が聞かれる。
○ひな人形を保育者や友達と飾ったり、自分のひな人形を作ったりして、ひな祭りに関心をもっている。

人との関わり

○誕生会にクラスで出し物をする、生活発表会で劇や合奏を経験するなどして、友達と協力する楽しさや達成感、充実感を味わっている。
○劇で使った小道具や衣装を使い、友達とイメージを共有しながら遊びを広げている。
○異年齢児と関わる中で、相手の思いを考えて関わる気持ちや憧れの気持ちを抱いている。

遊びへの取り組み

○霜柱や氷を探したり、自分たちで作ったりして、冬の自然にふれて遊んでいる。
○水栽培のヒヤシンスが開花したことやチューリップの葉やつぼみが出てきていることを喜び、友達に伝えたり、絵本や図鑑で調べたりしている。

ねらい

○進級する喜びや期待をもち、自分たちで生活を進めようとする。…Ⓐ
○保育者や友達と思いを通わせ、意欲的に遊ぶ。…Ⓑ
○身近な自然の変化に気付き、春の訪れに興味・関心をもつ。…Ⓒ

幼児の経験する内容

○友達とイメージを共有しながら、必要な物や場を自分たちで準備し、遊びや生活を進めようとする。
○進級が近づいていることに喜びを感じ、保育室の清掃や5歳児からの当番活動の引き継ぎなどに意欲をもって取り組む。
○季節の行事に興味・関心をもって参加し、伝統的な日本の文化にふれる。
○避難訓練を通して安全について関心をもち、自ら考えて行動しようとする。
○5歳児のお別れ会を開いたり卒園式に参加したりする中で感謝や祝福の気持ちを言葉や歌などで伝える。
○5歳児の保育室で遊ぶ、当番活動の仕方を教えてもらうなどして5歳児に憧れたり、進級に期待をもったりする。
○3歳児や未就園児とふれあい、丁寧に関わったり世話をしたりすることで自分の成長を感じる。
○友達と気持ちを合わせて歌をうたったり、トーンチャイムを演奏したりする。
○日ざしの暖かさや春の草木の芽吹き、生き物の動きが活発になったことなどに気付き、春の訪れを感じる。
○栽培物の生長に関心をもち、大切に育てようとする。
○自分の思い出に残っている物のイメージを膨らませ、絵で表現して楽しむ。

家庭・地域との連携
保護者への支援も含む

★園便りで園運営に対する協力に感謝の気持ちを伝えたり、新年度の予定を知らせたりする。
★自分たちで遊びや生活を進めている様子をクラス便りやホームページ、掲示板などで紹介し、保護者が我が子の成長を感じられるようにする。
★進級に対して期待とともに不安を抱いている保護者と個人懇談を行なったり、口頭や連絡帳でのやり取りを密にしたりして、安心して新年度が迎えられるようにする。

CD-ROM ▶ 3月 ▶ 4歳児_3月_月の計画

健康・食育・安全への配慮
養護の視点も含む

○その日やその時間の気候に合わせて、子どもが自分で衣服の調節を行なえるよう声を掛ける。
○ひなあられ、ひし餅、ちらし寿司、ハマグリのお吸い物などを食べたり見たりする機会をもち、日本の伝統的な食文化について関心をもてるようにする。
○遊具の使い方や保育室や廊下での過ごし方などを子ども同士で知らせ合えるように声を掛け、子ども自身が安全に留意できるようにする。

指導計画から学ぶ 保育力アップ

一人ひとりの成長を確かめながら

木の芽が膨らみ、花壇や畑の栽培物の生長が目に見えて感じられる季節です。子どもたちの言葉や行動の中にも、一年間の暮らしの中での育ちが感じられるようになります。時間を見つけて、園内外を歩いてみましょう。自然の中で、私たちも育っていく存在であることを、子どもたちと一緒に感じ、5歳児クラスに向け、そっと背中を押すような日々にしましょう。

環境の構成と保育者の援助

自分たちで遊びを進められるように

○子どもが遊びに必要な物や場所を自分たちで準備できるよう、環境を整えておく。
○サッカーや中当てのルールを工夫したり、縄跳びの跳び方や回数を友達と比べたりなどしながら繰り返し楽しむ中で、自分たちで遊びを進めている姿を大切にする。
○5歳児の遊びを見たり加わったりして、ルールや遊び方を教えてもらい、異年齢児で遊ぶ楽しさを味わえるようにする。
○互いの思いがうまく伝わらないときは、保育者が仲立ちし、自分とは違う思いも受け入れて、遊びに生かせるようにする。

進級への期待を膨らませ、進んで活動に取り組む

○曲を録音したCDや楽器を手の届く所に用意しておき、やりたいときにトーンチャイムの演奏ができるようにする。
○子ども同士でお別れ会の内容や順序について話し合ったり、プレゼントの用意を進めたりできるように、必要に応じて助言する、共に行なう、励ますなどしていく。
○5歳児から引き継いだ当番活動に進んで取り組めるよう励ましたり、頑張りを認めたりして、自信につなげる。
○次に保育室を使う3歳児のことを話題にし、気持ちを込めて丁寧に掃除や整理整頓ができるようにする。
○卒園式の練習や当日の活動での5歳児の姿に心を留めて参加している姿を認め、5歳児へのお祝いの気持ちに共感する。
○未就園児に親しみをもち、遊びに誘ったり、世話をしたりしている姿を大切にする。

自然を遊びに取り入れていけるように

○季節に応じた絵本や図鑑、子どもが使えるデジタルカメラを用意し、興味に応じて見たり、使ったりできるようにする。
○「たいようがあたたかいね」「はしるとあせをかくね」といった子どもの声を受け止め、共感する。
○生き物の動きが活発になってきたこと、草木のつぼみの膨らんでいることなど、子どもの発見を受け止めて周囲にも知らせ、春の訪れを感じられるようにする。
○育てている花や野菜について調べたり、写真を撮って比べたりしている姿を大切にし、生長に期待を寄せられるようにする。

ゆったり過ごすために… ～園で長時間過ごすための配慮～

春の訪れを感じよう

○日が長くなっていること、日だまりの暖かさ、草花の芽吹きなどに気付くたびに話題にし、春の訪れが感じられるようにする。
○日中と夕方の寒暖差が大きいので、戸外で遊ぶときは衣服の調整や水分補給が自分で行なえるようにことばがけをする。
○異年齢児で過ごす時間をつくり、興味・関心を共有できるようにする。
○進級について共に喜び、一人ひとりの心境に寄り添っていく。

保育者のチームワーク

★お別れ会や当番活動の引き継ぎを行なえるよう、保育者間で連絡を取り合い、時間や場を調整する。
★進級に向けての意欲や不安を保育者間で共有し、一人ひとりに応じた関わりができるようにする。

反省・評価のポイント

★進級に期待を寄せながら、保育者や友達と好きな遊びを繰り返し楽しんだり、異年齢児と関わったりできていたか。
★子どもが自分たちで意欲的に遊びや生活を進められるように環境構成や援助ができたか。

※ねらい(… Ⓐ など)が、月案と週案で関連し合っていることを読み取ってください。

3月 週の計画

1週 3/2(月)～7(土)

今週の予定：ひな祭り会、お別れ会の計画・準備

前週の幼児の姿

○クラスで出し物をし、祝う喜びや仲間意識を感じている。
○5歳児と一緒に遊んだり、指編みやあやとりを教えてもらったりして憧れの気持ちを抱いている。
○ひな人形を保育者や友達と飾ったり、絵本を見たりして、ひな祭りに興味をもち、自分のひな人形作りを楽しんでいる。

ねらい(○)と内容(・)

○ひな祭りに関心をもち、伝統文化に興味をもつ。… Ⓐ
○友達とイメージを合わせて遊びや活動を進める楽しさを感じる。… Ⓑ
・ひな祭り会に参加し、由来や食文化に関心をもつ。
・作ったひな人形を互いに見合い、友達の作品の工夫や一人ひとりの良さに気付く。
・保育者や友達と好きな遊びを繰り返し楽しむ。
・保育者や友達とお別れ会の準備を進めながら、5歳児の卒園を祝う気持ちをもつようになる。
・友達と歌をうたったりトーンチャイムを演奏したりすることを楽しむ。

具体的な環境(◆)と保育者の援助(○)

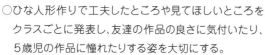

◆ひな祭り会への関心が高まるよう、絵本や紙芝居を置いておいたり、当日の献立を掲示したりしておく。
(紙芝居：『なぜ、おひなさまをかざるの？』『ひなのやまかご』)
○ひな祭り会に参加し、歌をうたったり、保育者の劇を見たり、ちらし寿司を食べたりして季節の行事に関心をもてるようにする。
(♪：『うれしいひなまつり』)
◆作ったひな人形を子どもと遊戯室に並べて飾り、見られるようにしておく。
○ひな人形作りで工夫したところや見てほしいところをクラスごとに発表し、友達の作品の良さに気付いたり、5歳児の作品に憧れたりする姿を大切にする。
◆遊びに必要な遊具や場所を自分たちで準備できるよう、戸外の環境を整えておく。
(短縄、下駄、ボール、一輪車、カラー標識、ライン引き用のじょうろ　など)
○鬼ごっこや中当てなど、気の合う友達や5歳児と好きな遊びを繰り返し楽しめるように、保育者も遊びに加わったり、新たなルールや遊び方を提案したりする。

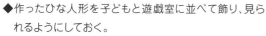

◆お別れ会の流れを記入する模造紙を貼っておき、クラスで話し合いの時間をもつ。自分の好きな素材を使って5歳児へのプレゼントや室内飾りが作れるよう、必要な物を準備しておく。
(色紙、画用紙、フラワーペーパー、油性フェルトペン　など)
○お別れ会でしたいことを発表し、自分の思いを言ったり、友達の思いを聞いたりできるようにする。様々な思いがあることを理解し、折り合いをつけて進められるよう、仲立ちする。
○プレゼントの製作中に「誰にあげたい？」「○○君は何色が好きかな？」など、相手のことを思い浮かべられるようなことばがけをし、気持ちを込めて作れるようにする。
◆曲を録音したCDやトーンチャイムを用意しておき、やりたいときに取り組めるようにする。
○5歳児への感謝の気持ちを抱きながら、友達と心を合わせてトーンチャイムを演奏したり、歌をうたったりする姿を認める。
(♪：『にじ』『ともだちになるために』『蛍の光』)

反省・評価のポイント

★日本の伝統文化であるひな祭りやひな飾りに関心をもつことができたか。
★自分の思いを伝えたり友達の互いを聞いたりしながらお別れ会の準備を進められるような援助や環境構成ができたか。

CD-ROM ▶ 3月 ▶ 4歳児_3月_1・2週の計画

3月

週の計画

2週

3/9(月)〜14(土)

今週の予定：お別れ会、避難訓練、誕生会

前週の幼児の姿

○ひな祭り会に参加し、由来や意味を知ったり、友達の作ったひな人形の良さに気付いたりしている。
○好きな遊びを友達と繰り返し楽しんでいる。
○お別れ会の計画をし、5歳児に贈るプレゼントや室内飾りを楽しんで作っている。

○保育者や友達と目的をもって遊びや活動を進める楽しさを味わう。… Ⓑ
○園内での安全な遊び方や災害時の避難の仕方を知り、行動しようとする。… Ⓐ
・保育者と一緒にお別れ会を進め、5歳児をお祝いする。
・5歳児に教えてもらいながら意欲をもって当番活動を行なおうとする。
・一年間で一番楽しかった活動を思い出し、絵で表現する。
・室内外の安全な過ごし方を改めて理解し、行動に移す。
・津波の避難訓練に参加し、緊急時の適切な過ごし方を知る。

◆お別れ会ができるようにプレゼントや室内飾り、トーンチャイムなどを子どもと共に準備する。
○お祝いや感謝の気持ちをもちながらお別れ会を進めている姿を認め、自信をもったり、進級への期待を高めたりできるように、必要に合わせて助言する。
（♪：『ともだちになるために』『にじ』
トーンチャイム：『蛍の光』
プレゼント：首飾り）

◆5歳児の当番活動に参加できるよう、保育者間で日時を調整しておく。
○5歳児の当番活動を見て興味をもっている姿や、教えてもらいながら一緒にしている姿を認め、意欲が高まるようにする。

◆一年間の写真を掲示しておいたり、自分の好きな素材で表現できるように必要な物をそろえたりしておく。
（画用紙、絵の具、墨、筆、パス、色紙、はさみ、のり　など）
○一年間で一番楽しかった活動を発表する場を設け、自分の思いを言葉で表現したり、友達の話を聞いたりして、イメージが膨らむようにする。
○自分の好きな素材を使って楽しみながら絵を描いている姿を認め、子どもの気持ちに共感したり、その活動の思い出を話したりし、表現が広がるようにする。
◆室内外の環境について定期的に安全点検をしておく。
○遊びの中で安全な遊具の使い方や室内の過ごし方などを子ども同士で知らせ合っている姿を認め、一人ひとりの子どもが意識して行動に移せるようにする。
◆火災、地震、津波など、災害ごとの身の守り方を絵で掲示しておき、子どもが目にできるようにしておく。
○避難の仕方や「おはしも」の約束の意味について話し合う機会をもち、ふだんから緊急時の行動について意識できるようにする。
○津波の避難訓練を行ない、保育者の指示を聞き、自分で考えて適切な避難ができるようにする。

反省・評価のポイント

★子どもが自分たちでお別れ会を進めようとしたり、当番活動に意欲をもって参加したりできていたか。
★イメージを膨らませたり、好きな素材を選んで表現したりできるような環境構成やことばがけができたか。

3月 週の計画

3週 3/16(月)～21(土)

今週の予定：修了式（卒園式）、春分の日

※ねらい（…Ⓐなど）が、月案と週案で関連し合っていることを読み取ってください。

前週の幼児の姿

○自分たちでお別れ会を進め、5歳児に喜んでもらったことで満足感や自信をもっている。
○当番活動について興味をもち、意欲をもって行なっている。
○「おはしも」の約束を守り、自分で行動の仕方を考えながら避難訓練を行なっている。

ねらい（○）と内容（・）

○卒園式の意味が分かり、5歳児との関わりや遊びを楽しむ。…Ⓐ
○身近な自然に興味・関心をもち、春の訪れを感じる。…Ⓒ
・5歳児の保育室や棚を見たり、玩具で遊んだりして、進級を楽しみにする。
・5歳児へのお祝いの気持ちを抱き、卒園式の練習や当日の活動に参加する。
・日ざしや風の暖かさを感じながら戸外で体を動かして遊ぶ。
・栽培物の世話をして生長を楽しみにする。
・身近な生き物を見つけたり、調べたりして興味をもつ。

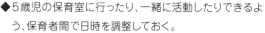

具体的な環境（◆）と保育者の援助（○）

◆5歳児の保育室に行ったり、一緒に活動したりできるよう、保育者間で日時を調整しておく。
○5歳児の保育室に行き、棚や物の場所を教えてもらう、玩具で遊ぶ、ふれあい遊びをするなどの中で、憧れの気持ちや進級への期待をもてるようにする。
◆卒園式では5歳児の顔を見ながらお祝いの言葉を言ったり、歌をうたったりできるように座る場所を設定する。
○卒園式の練習での5歳児の様子から卒園式が大切な式であることが分かり、祝福や感謝の気持ちが増すよう、心を込めてお祝いの言葉を言う姿や歌をうたう姿を認める。（♪：園歌、『ともだちになるために』）
◆春の過ごしやすい気候の中で、戸外遊びの環境を自分たちで作れるように場や用具を準備しておく。
（ござ、ベンチ、ボール、短縄、虫取り網、虫かご　など）
○中当てや縄跳びなど、保育者も遊びに加わり、暖かい日ざしの中で体を十分に動かして遊べるようにする。
◆ヒヤシンスの植え替えや野菜の世話に必要な物を用意しておく。
（シャベル、プランター、土、じょうろ、肥料　など）
○ヒヤシンスを土に植え替える中で、「かれないの？」「またはながさくなんてふしぎだね」といった子どもの疑問や気付きに共感し、周りにも広げて興味が深まるようにする。
○伸びていくエンドウのつるや土から見えてきたタマネギを見つけて友達に知らせている様子に共感し、植物の生長に関心が高まるようにする。
○園庭に咲き始めたオオイヌノフグリやホトケノザを見つけて、保育者や友達に知らせている姿を丁寧に受け止め、春の訪れを感じられるようにする。
◆いつでも虫探しができるように、必要な用具を用意しておく。
（絵本、図鑑、虫取り網、虫かご、虫メガネ　など）
○園庭で見つけたアリやダンゴムシ、冬眠から目覚めたアメリカザリガニなどに興味をもち、自分たちで生態を調べたり、写真を撮って比べたりしている姿を大切にし、生き物への関心が高まるようにする。
（絵本：『しぜん　あり』『ダンゴムシ　みつけたよ』
図鑑：『ザリガニ・カメ・カエルずかん』）

反省・評価のポイント

★5歳児が卒園式に向かう姿にふれ、子どもが5歳児と過ごす喜びや憧れを感じられていたか。
★身近な春の自然に興味・関心をもてるような環境構成や援助ができたか。

CD-ROM ▶ 3月 ▶ 4歳児_3月_3・4週の計画

3月 週の計画

4週 3/23(月)〜31(火)

今週の予定 次年度新入園児一日入園、大掃除

前週の幼児の姿

○5歳児の保育室で遊んだり当番活動をしたりして、憧れの気持ちをもったり進級を楽しみにしたりしている。
○卒園式の意味が分かり、お祝いや感謝の気持ちをもって参加している。
○栽培物の世話や身近な生き物に触れ、春の訪れを感じている。

○異年齢児や未就園児と遊ぶ楽しさを味わう。… Ⓑ
○進級を楽しみにし、遊びや生活に意欲をもって取り組む。… Ⓐ
・好きな遊びを友達と十分に楽しむ。
・異年齢児と遊んだり、食事をしたりして関わりを楽しむ。
・未就園児の来園を楽しみに待ち、親しみをもって関わる。
・入園式の歌や言葉などを考え、進級してからの活動に期待を寄せる。
・進級してくる3歳児のことを思いながら、保育室や廊下を掃除する。

◆子どもたちが好きな遊びを集中して楽しめるように、遊ぶ場所を調整したり、素材や遊具を十分に用意したりする。
○友達と好きな遊びを繰り返し楽しむ中で、自分の思いを伝えたり、相手の思いを聞いたりしている様子を認める。
○クラスで過ごす日数をかぞえたり、室内の玩具で名残惜しそうに遊んだりする姿を見守り、進級を楽しみにしている気持ちに共感する。
◆他年齢児と活動を共にできるよう、日時や場所を保育者間で調整しておく。机や配膳台を用意しておく。
○遊んだり、食事をしたりする中で、年上の子どもに頼る3歳児の姿や年下の子どもに優しく接する4歳児の姿などを認め、憧れの気持ちや自分が大きくなった喜びを感じられるようにする。
◆未就園児が遊びたいと思う玩具を用意する、活動する場所を広く確保するなど、当日の環境を子どもと相談しながら整える。
○未就園児と遊びたいことやしてあげたいことを発表する機会をつくり、楽しみに待てるようにする。
○未就園児に親しみをもって関わり、手をつないで保育室に案内する姿や遊びに誘う姿を認め、自信につなげる。

◆前年度や自分たちの入園式のときの写真を掲示しておき、活動内容をイメージしやすいようにしておく。
○入園式の歌や言葉、プレゼントなどについて考え、5歳児としての初めての活動に期待をもてるようにする。
(♪:『チューリップ』『トントントントンひげじいさん』
プレゼント:折り紙のチューリップ、イチゴ、ハートなど)
◆子どもたちが自分たちで掃除できるように、必要な用具を用意しておく。
(雑巾、バケツ、室内用のほうきとちりとり、靴箱用のほうきとちりとり、モップ、新聞紙)
○次の4歳児が気持ち良く保育室を使えるように、掃除や整頓をする場所を話し合い、役割分担する、丁寧に掃除するなど、意欲をもって進めている姿を認める。

反省・評価のポイント

★異年齢児や未就園児と関わって遊べるように環境構成や援助ができたか。
★進級を楽しみにし、遊びや生活に意欲をもって取り組めていたか。

3月 日の計画

3/4（水）

ねらい

○体を動かして遊ぶ心地良さを感じる。
○友達と考えを出し合ってお別れ会の準備を進めることを楽しむ。

内容

○戸外で保育者や友達と好きな遊びを繰り返し楽しむ。
○互いに考えを出し合い、話し合ってお別れ会の内容を決める。
○5歳児へのお祝いの気持ちを高めながら、歌をうたったりプレゼントを作ったりする。

環境を構成するポイント

○固定遊具の安全点検をしておく。
○戸外で体を動かして遊べるように遊具を準備しておく。
（ボール、砂遊び用の遊具、短縄、一本下駄　など）

○砂場の玩具を洗えるようにたらいに水を張っておく。

○お別れ会までの日程を記入した模造紙を貼っておき、子どもとやり取りした内容や順序を書き込めるようにしておく。
○好きな素材を選んで製作できるように準備しておく。
（色紙、マスキングテープ、フラワーペーパー、油性フェルトペン　など）
○遊戯室に舞台やトーンチャイムを準備しておき、お別れ会当日と同じ環境を整えておく。

○昼食後は室内でじっくり遊べるようにそれぞれの遊びの場所を確保しておく。
○全員の子どもから見える位置に座り、絵本の向きや角度に配慮する。

予想される幼児の活動

○登園する。
○朝の身支度をする。
○戸外で遊ぶ。
（ボール、一輪車、砂場、縄跳び、鉄棒、鬼ごっこ、一本下駄　など）
○片付けをする。
○朝の集いをする。

○お別れ会について話し合う。
（会の内容・順序、プレゼントを渡す相手）

○5歳児へのプレゼントを作る。
（首飾り）
○遊戯室で歌をうたう。
（♪：『ともだちになるために』『にじ』）
○トーンチャイムを演奏する。
（♪：『蛍の光』）
○昼食の準備をし、食べる。
○室内で遊ぶ。
○片付ける。
○絵本を見る。
（絵本：『おおきくなるっていうことは』）
○帰りの集いをする。
・一日の振り返りをする。
・挨拶をする。
○降園する。

保育者の援助

○一人ひとりと明るく挨拶を交わし、表情や動きから健康状態を把握する。
○遊びの中で数に興味をもてるよう、ブランコや縄跳びの回数を自分で数える姿を認めたり保育者が数えたりする。
○自分がしたいことを話したり、友達の思いを聞いたりしている様子を大切にし、一人ひとりが目的をもって取り組める内容になるよう、仲立ちをする。
○「◇君の好きな色知ってる？」「一緒に○○したね」と話し掛け、プレゼントを渡す5歳児のことを考えながら製作できるようにする。
○気持ちを込めて歌をうたったり楽器を演奏したりしている姿を認め、お祝いの気持ちが高まるようにする。
○給食に使われている食材や調理法について話題にし、食への関心が高まるようにする。
○一日の活動について話し合い、お別れ会までの日程や内容を確認して、期待をもちながら降園できるようにする。

反省・評価のポイント

★お別れ会の内容を、友達の思いを聞きながら決めたり、5歳児のことを思いながらプレゼントを作ったりできていたか。
★好きな遊びを繰り返し楽しめるように、場や時間などの環境を整えることができたか。

CD-ROM ▶ 3月 ▶ 4歳児_3月_4日の計画

3月 日の計画

3/24（火）

ねらい
- ○体を動かして遊んだり、繰り返し遊んだりすることを楽しむ。
- ○3歳児と関わる中で、思いやりの気持ちをもったり、自分が大きくなった喜びを感じたりする。

内容
- ○戸外で体を動かして好きな遊びを楽しむ。
- ○3歳児に親しみや思いやりの気持ちをもち、関わり合って過ごす。
- ○年下の子どもと過ごしたり、世話をしたりする中で、自分の成長を感じる。

環境を構成するポイント	予想される幼児の活動	保育者の援助
○子どもが興味をもった物を調べられるように、春の虫や花の図鑑、絵本、写真などを用意しておく。 ○十分に遊びを展開できるように場所を確保したり、必要な道具を自分たちで準備したりできるように環境を整えておく。 ○ボールやじょうろを用意しておき、子どもが自分たちで準備できるようにする。	○登園する。 ○朝の身支度をする。 ○戸外で遊ぶ。 （縄跳び、一本下駄、サッカー、虫探し、一輪車、鉄棒、水やり　など） ○片付けをする。 ○朝の集いをする。 ○3歳児と中当てをする。	○朝の身支度や手洗い・うがいなどを丁寧に行なっている姿を認め、自信につなげる。 ○水やりや草抜きなどの世話をする中で、栽培物の生長に気付き、友達と共有している姿を認める。 ○4歳児が主体となってチーム分けをしたり、ゲームを進めたりしている姿を認め、3歳児のことを気遣う気持ちを高める。
○昼食時は、3歳児と4歳児が自由に座れるように配慮する。 ○異年齢で会話しながら食事が楽しめるよう、ゆったりと時間をとる。	○3歳児と昼食をとる。 ・自分と3歳児の分の椅子と手拭きなどを遊戯室に運ぶ。 ・給食の用意をする。	○3歳児の荷物を運んだり、案内したりしている様子を認め、大きくなった喜びを感じられるようにする。 ○「4さいになったら○○をするよ」「○○のおもちゃがあるよ」など、3歳児が進級を楽しみにできるような話をしている姿を認める。
○全員の子どもから見える位置に座り、絵本の高さや角度に配慮する。	○絵本を見る。 （絵本：『とんことり』） ○帰りの集いをする。 ○降園する。	○降園時、保護者に一日の活動について伝える。
○午睡中は子どもの様子に留意し、空調を調整したり、汗を拭いたりして快適に眠れるようにする。 ○好きな遊びをゆったりと楽しめるようにマットやござを用意する。	○着替えて、午睡をする（預かり保育）。 ○起床し、排せつする。 ○おやつを食べる。 ○室内で遊ぶ。 （パズル、あやとり、ゲーム　など） ○降園する。	○まだ寝ている友達を起こす、友達のおやつを運ぶなど、進んで活動している様子を褒め、自信につなげる。 ○家庭的な雰囲気の中で降園までの時間をゆったりと過ごせるように子ども同士の遊びを見守る。

反省・評価のポイント
- ★子どもが3歳児を思いやり、自分に自信をもって活動できたか。
- ★自分たちで遊びを進めたり、繰り返し遊んだりできるような環境構成や援助ができたか。

文章表現・文法チェック

指導計画など、文章を書いた後には、必ず読み返してチェックするようにしましょう。
気を付けておきたいポイントを紹介します。

である調とですます調をそろえよう

一つの文章の中に、「である調」と「ですます調」を混在させると、統一感がなくなり、わかりづらくなります。しっかりとした印象を与える「ですます調」を場面に応じて使い分けるようにしましょう。

文例

× 自分のしたい遊びがはっきりとしてきましたが、物の取り合いが増えてきている。

「である調」

○ 自分のしたい遊びがはっきりとしてきたが、物の取り合いが増えてきている。

「ですます調」

○ 自分のしたい遊びがはっきりとしてきましたが、物の取り合いが増えてきています。

並列で文章が続くときは…

同じ概念のものを並べて使うときには、「たり」や「や」を使います。そのとき、「～たり、～たり」と必ず2回以上使い、「や」も2回目以降は読点で区切るなどしておきましょう。

文例

× 冬の冷たい風にふれたり、霜柱に触れて遊ぶ。

○ 冬の冷たい風にふれたり、霜柱に触れたりして遊ぶ。

× ミカンやカキやクリなど～

○ ミカンやカキ、クリなど～

「の」を置き換えよう

助詞の「の」が3回以上続くと文章が読みづらくなります。そこで使われている「の」にどのような意味があるか考え、置き換えられるものは置き換えることで、読みやすくしましょう。

文例

× テラスの机の上の容器に、～

○ テラスの机に置いた容器に、～

主語と述語

文章の中で、「何が（誰が）」を示す主語と、「どうする、どんなだ、何が」にあたる述語が対応するようにしましょう。

文例

× 保育者がそれぞれの話を聞いて受け止め、仲良く遊ぶ。

○ 保育者がそれぞれの話を聞いて受け止め、仲良く遊べるように手助けをする。

第3章

計画サポート集

ここでは、指導計画以外の様々な資料や計画例を掲載しています。
園全体で共通理解をもって進めていけるようにしましょう。

施設の安全管理

保育中の子どもたちの事故防止のために園内外の安全点検に努めると同時に、保育者間で共通理解を図る必要があります。下に示す一例を見ながら、あなたの園をイメージしてみましょう。

施設の安全管理チェックリスト

保育室

※園によって園内の設備は様々です。一例としてご覧ください。

出入り口

- □ドアを塞ぐ物や開閉の妨げになる物は置かれていないか
- □ドアを閉じたときに指を挟むことを防止できる（安全装置）ようになっているか

備品

- □ロッカーの上に重い物や落下して壊れる物（花瓶や絵本や図鑑）が置かれていないか
- □ピアノは固定されているか
- □ピアノの上に物が載っていないか
- □椅子の重ね方は高すぎないか
- □椅子の片付け収納の場所は子どもの行動の妨げにならないか

教材

- □紙類の整理はされているか、床に落下しているものはないか
- □子どもの作った作品は整理して置かれているか
- □紙や素材は床に落ちていないか

窓・ベランダ

- □身を乗り出すことを可能にするような高さのある台や物が窓の下やベランダに置かれていないか
- □ベランダに落下物になるような物が出したままになっていないか（ほうき・ちり取りなど）
- □飛散防止フィルムは剥がれていないか

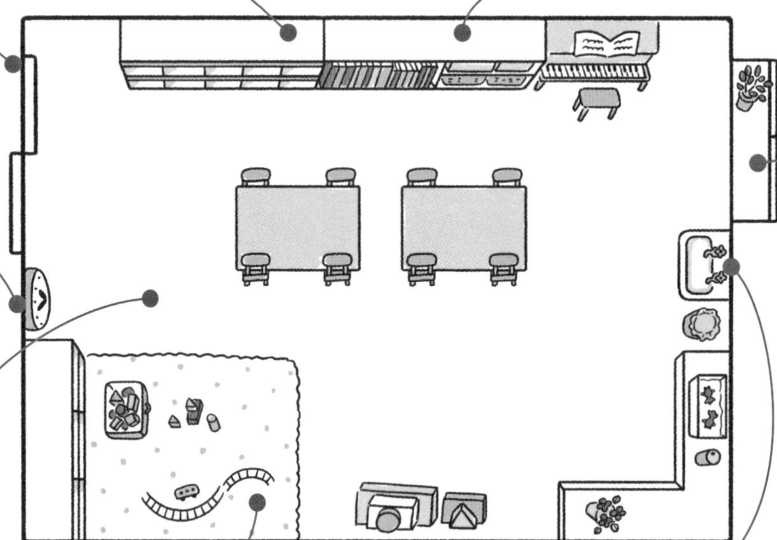

壁・天井

- □子どもの首にかかるようなひもやリボンなどはないか
- □掲示物やびょうなどが外れていないか
- □時計は固定されているか

床

- □床板は破損はないか
- □床板は滑りやすくなっていないか
- □押しピン、ガラスなど危険物を放置していないか

遊具

- □積み木やブロックは落下の危険がない高さになっているか
- □発達に応じて遊具や用具が置かれているか

Ex. **3歳児**：はさみを机の上で取って使えるように、机上に立てて管理する。
4歳児：壁掛けホルダーを使用して、製作コーナーの付近に用意する。
5歳児：自分の道具箱で管理する。

水道とその周辺

- □蛇口の開閉はスムーズであるか
- □清潔に保たれているか
- □排水の状況は良いか
- □石けんは補充されているか
- □給水用のマットは安全に置かれているか

電気

- □コンセントは安全に使われているか
- □スイッチに不具合はないか
- □照明に不具合はないか

ホール

- □不要なもの・危険なものはないか
- □巧技台や体育用具など、安全点検がなされ、安全に保管されているか
- □時計や掲示物は落ちないように固定されているか
- □床がぬれて滑りやすくなっていないか、汚れていないか

CD-ROM ▶ 計画サポート集 ▶ 施設の安全管理チェックリスト

✓チェックリストの使い方

このチェック項目は、月に1回の定期的な点検に向け作成されたものです。付属のCD-ROM内のデータには、貴園の環境に合わせて書き換えていただけるように一覧になっています。貴園に合わせてアレンジする過程で、保育中のヒヤリ・ハッとする場や園独自の設備、災害時の安全も含めて話し合いましょう。また、日常の点検の参考資料としてもお役立てください。

園庭

※園によって園内の設備は様々です。一例としてご覧ください。

共通チェック

- □ 不要な物・危険な物は置いていないか
- □ 危険な物など放置していないか
- □ ぬれて滑りやすくなっていないか、汚れていないか

園庭

- □ 遊具が動線を塞いでいないか
- □ プランターの置き場所や畑は安全か
- □ 周辺の溝に危険物はないか
- □ 溝の蓋は完全に閉まっているか、また、すぐに開けられるか
- □ 石・ごみ・木くず・ガラス破損など、危険物はないか
- □ でこぼこや穴はないか

避難経路

- □ 危険物などがなく、正常に通行できるか
- □ 非常口の表示灯はついているか

駐車場

- □ 周りの柵や溝の蓋が破損していないか
- □ マンホールの蓋は完全に閉まっているか
- □ マンホールの蓋は、すぐに開けられる状態になっているか
- □ 石・ごみ・木くず・ガラス破片など、危険な物は落ちていないか

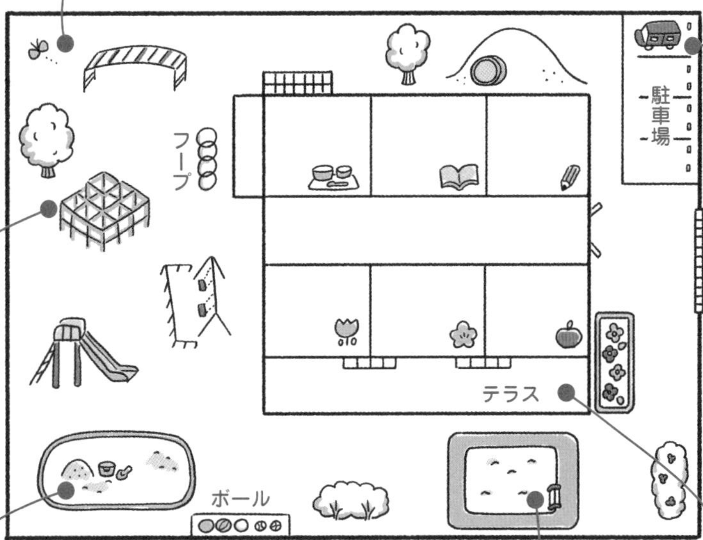

固定遊具

- □ 腐食や破損はないか
- □ ネジの緩みはないか
- □ 落下したときのクッションはあるか

砂場

- □ 砂の状態はよく、砂の中に危険物・汚物（とがっている物、ネコのふんなど）はないか
- □ 遮光用のテントがあるか
- □ 保護ネットはあるか

廊下

- □ 消化器は指定場所に安全に設置されているか
- □ 通路を塞ぐ物はないか

プール

- □ プールの周辺に不要な物、危険な物はないか
- □ 遮光用のネットがあるか
- □ プール監視役の体制は整っているか

テラス

- □ 不要な物・危険な物は置いてないか
- □ ぬれて滑りやすくなっていないか、汚れていないか（雨の日は特に注意しましょう）
- □ 紫外線を遮るテントやグリーンカーテンがあるか

健康支援

子どもの生命の保持と健やかな生活の確立は、保育の基本となります。子ども一人ひとりの健康状態、発育・発達の状態に応じて、心身の健康増進を図り、疾病等の対応に努めましょう。ここでは、2つの保健計画例を紹介します。

健康支援のポイント

❶常に健康観察を

常に、子ども一人ひとりの健康状態を把握しておきます。常に子どもの健康状態に気を配り、きめ細かな観察を心掛けましょう。

❷早期発見で適切な対処を

早期発見と適切な処置が求められます。嘱託医など、医療機関とも連携を取り、迅速に対応してもらえるようにしておきましょう。

❸保護者や保育室との情報共有

子どもの健康状態や体質などについてできるだけ、保護者と情報共有をしておきます。全職員が見られるように記録に残し、適切な処置を取れるように話し合っておきましょう。ふだんの様子を把握しておくことが、異状のときに正しい判断につながります。

健康観察チェックポイント

子どもの健康状態を把握するために、毎日の健康観察を欠かさず行ないましょう。

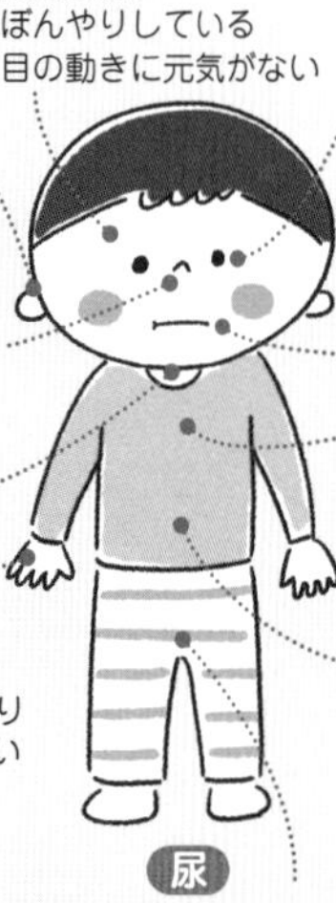

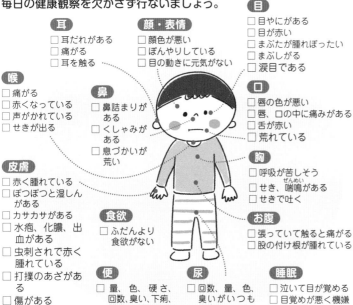

耳
- □耳だれがある
- □痛がる
- □耳を触る

顔・表情
- □顔色が悪い
- □ぼんやりしている
- □目の動きに元気がない

目
- □目やにがある
- □目が赤い
- □まぶたが腫れぼったい
- □まぶしがる
- □涙目である

喉
- □痛がる
- □赤くなっている
- □声がかれている
- □せきが出る

鼻
- □鼻詰まりがある
- □くしゃみがある
- □息づかいが荒い

口
- □唇の色が悪い
- □唇、口の中に痛みがある
- □舌が赤い
- □荒れている

皮膚
- □赤く腫れている
- □ぽつぽつと湿しんがある
- □カサカサがある
- □水疱、化膿、出血がある
- □虫刺されで赤く腫れている
- □打撲のあざがある
- □傷がある

胸
- □呼吸が苦しそう
- □せき、喘鳴(ぜんめい)がある
- □せきで吐く

食欲
- □ふだんより食欲がない

お腹
- □張っていて触ると痛がる
- □股の付け根が腫れている

便
- □量、色、硬さ、回数、臭い、下痢、便秘などいつもと違う

尿
- □回数、量、色、臭いがいつもと違う

睡眠
- □泣いて目が覚める
- □目覚めが悪く機嫌が悪い
- □眠りが浅い

参考：2012改訂版　保育所のおける感染症対策ガイドライン（厚生労働省・平成24年11月）

保健年間計画

【保健目標】	1．健康な心と体をつくる
	Ⅰ　期　（4～5月）
目標	・心身ともに安定して過ごす ・生活リズムをつくっていく
実施内容	・登園時と長時間保育前に健康チェックを行ない、保育中の観察、家庭との連絡等により子どもの健康状態を把握する ・新しい環境での生活による疲れに注意する ・室内の衛生・消毒・換気の管理、テーブルと椅子の配置状況に留意する ・気温差、運動後等衣服の調節をする ・園庭および室内の安全点検を行なう ・入室時、食前食後に行う手洗い、うがいを指導する
保健活動	4月　春の定期健康診断 4月　身体測定（胸囲、頭囲含む） 5月　身体測定（身長・体重） ・月1回身体測定 ・月1回頭髪チェック ・健康教育
家庭との連携	・新入園児保護者への健康指導、保健活動の説明 ・生活リズムを整えるための生活指導 ・体調不良、肥満、アレルギー等の個別相談、指導 ・健診結果記載健康連絡カード配布 ・月1回身体測定表配布 ・健康関係、感染症発生状況、検診のお知らせ等の掲示 ・園だよりに「保健のはなし」掲載
幼児向け健康教育	4月　目に見えない菌て何だろう 「手洗い・うがい指導、せき・くしゃみをするとき、トイレの使い方」 5月　虫歯をやっつけろ 「歯科、口腔内衛生指導」
職員研修	4月　感染経路を学び、感染防止と対策について理解を深める

CD-ROM ▶ 計画サポート集 ▶ 保健年間計画

子どもたちの健康管理のために園で取り組む内容の年齢別年間計画表の一例です。全職員が確認できるようにしておきましょう。

2．衛生的な生活をする	3．安全に過ごす	4．自分の体に関心をもつ
Ⅱ 期 （6月～8月）	Ⅲ 期 （9月～12月）	Ⅳ 期 （1～3月）
・夏を元気に過ごす ・自分の体を知り、自主的な健康管理をする	・活動を通して寒さに慣れる ・戸外で遊び丈夫な体をつくる ・感染症の予防を知る	・戸外で体を動かし元気に過ごす ・進級・就学に向けて生活を整えていく ・自分や他人を大切にする気持ちを育てる
・梅雨期の健康と衛生に注意する ・睡眠、休息を十分に取れるようにする ・室内の温度、湿度を適切に保つ ・汗の始末や着替えを行なうよう指導する ・シャワーを浴びて清潔に保つ ・皮膚疾患の予防と早期発見に努める ・衛生的で安全なプールの管理を実施する	・気温や運動後等に合わせ衣類を調節する ・戸外活動の増加にあたり、事故やけがの防止に努める ・室温、湿度調節や換気の状態に留意する（温度 20 ～ 22℃、湿度 60％を目安）（気温、体調に応じて配慮する） ・うがい・手洗いの大切さを指導する	・室内と戸外の衣類を調節する ・暖房中の換気や室温、湿度を適切に保つ ・流行性疾患の発生に注意し、職員・保護者で情報を共有しながら迅速に対応する ・うがい、手洗いの習慣を身につけるようにする ・進級・就学に向けて情緒の安定に努め、生活を整える
6月　下旬よりプール開始 6月　歯科検診、眼科検診、耳鼻科検診 ・プール消毒剤、残留塩素濃度測定器の整備 ・プール清掃、危険な場所と危険物の点検 ・月1回身体測定（身長・体重） ・月1回頭髪チェック ・健康教育	10月　秋の定期健康診断 10月　身体測定（胸囲、頭囲を含む） ・月1回身体測定（身長・体重） ・月1回頭髪チェック ・健康教育	3月　新入園児面接・健康診断 ・月1回身体測定（身長・体重） ・月1回頭髪チェック ・健康教育
・プール遊び実施に向けての注意、指導 ・夏を健康に過ごすための生活指導（体調管理、スキンケア　等） ・プールカード配布 ・月1回身体測定表等配布 ・園だよりに「保健のはなし」掲載	・薄着と健康な体づくりについて指導 ・健診結果記載健康カード配布 ・月1回身体測定表配布 ・園だよりに「保健のはなし」掲載	・冬に多い感染症について注意喚起（インフルエンザ、感染性胃腸炎等） ・子どもの1年間の成長・発達を個別に通知 ・身体測定表配布 ・5歳児健康カード返却 ・園だよりに「保健のはなし」掲載
6月　楽しくプールに入ろう 「プール開始前の健康管理と安全指導」 7月　暑い日の過ごし方 「水分補給、汗の始末、休息等健康管理」 8月　元気に過ごす秘密 「生活リズムについて知る」	9月　けがをしたとき、具合が悪いとき 「危険な場所と行動、血が出るわけ」 10月　目を大切にしよう 「目の働きと目を守るためにすること」 11月　風邪をひかないために 「うがい・手洗い指導で実際に体験する」 12月　動物になって跳んで、転がって動こう 「敏しょう性や関節の動きを知る」	1月　食べ物の旅 「体内の仕組みと排便の大切さを知る」 2月　鼻と耳が大切なわけ 「鼻のかみ方、かんだ紙の始末について」 3月　みんな心も体も成長したね！ 「自分の1年間の成長を知り、相手の心と体を大切に思う気持ちを育む」
6月　安全な水遊びと感染症の対応	9月　運動によるけがを防止する 11月　下痢・嘔吐の処理方法を学ぶ	2月　就学、進級等環境の変化と心身の安定

避難訓練

災害時の行動の仕方を身につけさせるためには、信頼関係のもとに子どもが保育者の指示に従い、一人ひとりが落ち着いた行動が取れるようにすることが大切です。また、避難訓練は、非常時に保育者や職員が落ち着いて状況を把握し、判断し、子どもを誘導できるかの訓練であることを自覚して行ないましょう。

（参考文献　幼稚園教育要領解説）

避難訓練のポイント……保育者が意識すること

❶不安や恐怖心を与えない

まず、保育者自身が落ち着いて指示を与えることが大切です。非常ベルを怖がるときは、園内放送や言葉で伝えます。避難方法に慣れさせておくなど、子どもたちが混乱しないように考えます。

❷職員間の話し合いを大切に

想定しておくべき事態や避難方法など、職員間で意見を出し合い、共通認識をもてるようにしましょう。避難訓練後、今回はどうだったか、改善できるところはあるかなどを振り返り、万一に備えて備蓄します。

❸地域の諸機関と連携を

地域の医療機関や消防署、警察署、区役所などの統治機関、また、地域住民と協力し、緊急時に地域一体となって、子どもたちを守る体制を整えておきましょう。緊急避難時の経路も話し合っておくといいですね。

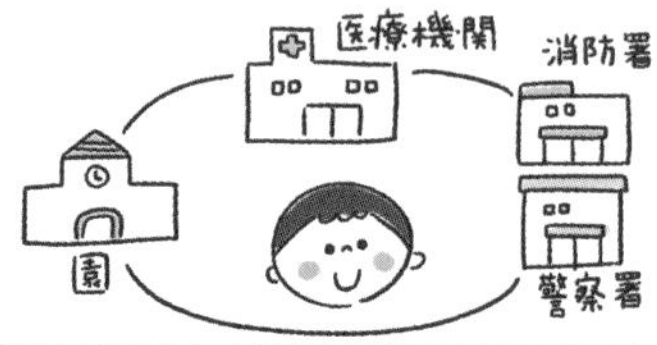

避難訓練のポイント……子どもが身につけること

いろいろな災害があることを知り、避難の仕方が分かって行動する

❶話を聞いて必要なことに気づく

❷分かったことを基に予測し、見通しをもって行動する

❸自分の命を大切にする気持ちをもつ

幼児の防災って？……日頃の意識と指導が大切です！

地震や火災など、命に関わる災害は、いつ起こるか分かりません。日頃から防災意識をもって、いざというときに備えましょう。

4歳児の防災訓練

ねらい：避難訓練の必要性が分かり、保育者の話を聞いて自分で行動できるようになる

日頃の保育の中で、保育者の話を聞いて心を通わせたり、期待をもったりして信頼関係を深めていくようにします。その上で、様々な災害に応じた行動の仕方について、自分で行動できるように知らせ、訓練を繰り返し重ねることで自分で行動をする力の基礎を培います。

保育者の指示が分かり行動できるようになる

避難訓練の放送の意味が分かり行動ができるように、保育者は「頭の後ろを押さえることが一番大事（命を守るために）」だったね」とその理由を伝えながら行動ができるようにします。

経験を通して予測しながら行動できるようになる

避難訓練が終わった後に、「今日は火災の避難訓練だったから、ハンカチで口を押さえましたね。ハンカチがポケットになくて困った人は…」など、具体的に行動を振り返って行動の意味に気付く機会をつくります。この経験が重なることで、状況からの予測ができるようになっていきます。

命の大切さに気が付く

日常から小動物や昆虫の飼育などの様々な機会を通して、命や命を守ることの大切さを知らせていきます。

避難訓練年間計画

定期的な避難訓練の年間計画の一例です。貴園の想定しうる災害に備えて作成してください。

月	時	想定	ねらい	訓練方法	備考
4	午前	地震 火災	○避難時の約束事を知る。 ○地震・火災発生放送の内容をよく聞く。 ○幼児クラスの子どもは職員の笛の合図で集まる。	○その場で「ダンゴムシのポーズ」になる。 ○放送の指示に従って安全に避難する。 ○「お・か・し・も」の約束を知らせる。	○消防企画に基づき、任務、訓練方法を確認、係分担を行なう。 ○全職員が放送機器の使用方法を確認し、使用方法を知る。 ○消火器置き場の確認、非常持ち出し袋、帽子、靴の確認。 ○防災頭巾の使用。
5	午前	総合訓練 地震 起震車体験 消火訓練	○地震の揺れを体験しながら身を守る方法を知る。 ○火災発生時、避難放送を静かに聞き、指示を待って慌てずに行動する。（職員の訓練） ○消火器の扱い、連絡系統の確認を行なう。	○非常放送により避難する。 ○起震車に乗り、地震の揺れを体験する。 ○「お・か・し・も」について確認。 ○消防署からの訓練の指導を受け、消火訓練をする。	○避難時の安全行動を知らせる。 ○防災頭巾の使用。 ○起震車体験（各自治体の防災課へ起震車の出動を依頼）。 ○避難場所への連絡を行ない、連携を図る。
6	午前	洪水・津波	○水害時の避難の仕方（避難経路）を知る。 ○安全な高台に歩いて避難する。	○５歳児クラスの子どもは、洪水時の避難場所に行く避難訓練をする。	○避難場所へ計画経路を通って移動する。（近隣機関への連絡） （職員の訓練）○防災知識、及び、災害図上訓練。
	午後	救急法	（職員の訓練）○水による事故の防災と応急救護の訓練をする。	○消防署員から、緊急時の応急救護の指導を受ける（プール開き前）。	○職員対象、AEDの取り扱いや救命救急について学ぶ。
7	午前	地震	○水遊び・プール遊び、戸外でも慌てず指示を聞いて安全な場所に避難する。	○水遊び中（無防備な体勢）に地震発生を想定し、けがのないように安全な場所に誘導する。	○水遊び中の訓練。肉声で伝える。 ○体を保護する物を素早く用意。
	土曜の午前	地震	（職員の訓練）○平常と違った環境でも慌てず機敏に行動する。	○土曜の保育室、保育者、異年齢児保育の中で、臨時職員と行なう。	○土曜当番の決定後、訓練担当者を決める。
8	午前	台風・竜巻	○指示に従い、安全に避難する。	○ドアや窓を閉め、これらから離れた場所に移動する。	○扉や窓のガラスには飛散防止フィルムを貼っておく。 ○戸外にいる場合は、素早く園舎内に入る。 ○ガス、水道、換気扇などを止める。
9	午前 〜 夕方	総合訓練 大地震・津波	○避難場所で安全に過ごし、迎えを待つ。 ○地震の怖さを知る。 ○園外でも慌てず指示を聞いて落ち着いて安全な場所に避難する。 ○災害時の食事について知る。園庭で食事をする。	○放送を聞き、保育者の指示に従って安全に避難できるようにする。 ○「お・か・し・も」の約束を守って安全に一時避難場所に誘導する。 ○避難場所・経路の確認（4・5歳児）。 ○地域の避難場所では勝手に動かず、保育者と共に迎えを待つ。 ○引き取りの時間・引き取り者の氏名を厳重に確認し、確実に引き渡す。	○警戒宣言発令。 ○非常用品、食糧の点検。非常食の試食をする。 ○慌てず的確な判断で放送を指示し、落下物に注意し、安全に一時避難場所に誘導する。 ○確実に保護者に引き渡す。 ○保護者の帰宅困難も視野に入れ、職員の動きを確認する。
10	昼寝時	地震〜火災	○昼寝時に保育者から声を掛けられ、目覚めて布団をかぶって身を守れるようにする。 ○避難時の約束が身につき敏速に避難ができる。	○落下物に注意し、毛布などで頭部を保護できるようにする。 ○指示に従い出火場所を避け、約束を守って素早く避難できるようにする。	○昼寝中の訓練。
11	午前	防犯訓練	○不審者が今にも侵入しそうなときに、保育者から口頭で合い言葉を聞いて速やかに安全な所へ避難する。	○警察官の派遣を依頼し、不審者対応やさすまたの使い方の指導を受ける。関連機関への連絡方法の確認（職員対応）。	○職員対象、不審者対応について学ぶ。
12	午前	地震	○保育者の指示に従い、機敏に行動する。	○慌てず保育者の指示に従い、避難できるようにする。	○散歩中、散歩に出ている職員と園に残っている職員が連絡を取り合う。
1	午前	総合訓練 大火災・Jアラート	○保育者の指示を聞いて、安全な場所に避難する。 ○いつでもどんなときでも慌てずに機敏に行動する。	○放送を聞き、素早く保育者の所に集まる。子どもの人数を把握する。	○安全な場所にスムーズに移動できるようにする。 ○近隣への避難が必要なときの連絡方法の確認。
2	午前	火災	○声掛けだけで緊急の事態が分かり、保育者の指示に従い、避難する。 ○火災の怖さや暖房器具の危険なことを知る。	○放送設備の故障を想定して、口頭で火災発生を知らせ、避難できるように訓練をする。	○放送設備故障（音と声で知らせる）
3	午前	火災	○保育者の声掛けだけで緊急事態が分かり、指示により避難する。 ○次の指示を静かに待ち、約束を守って安全に避難する。	○放送設備の故障を想定して、火災発生を大声で知らせる。	○大声で知らせる。年間計画の反省と評価。
	予告なし	地震〜火災	○どこにいても何をしていても慌てず、近くの保育者の所で素早く身を守り避難する。 ○次の指示を静かに待ち、約束を守って安全に避難する。	○園庭、保育室、トイレなどどこにいても近くにいる保育者の所に集まるようにする。子どもを集め安全を確保しながら各クラスの人数を把握する。 ○慌てずに避難できるようにする。	○予告なし。 ○園児を誘導し安全を図るとともに初期消火にあたる。 ○送迎時の場合、可能な限り保護者も一緒に避難してもらう。

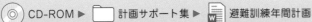

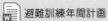

食育

食育は、園において大切な保育の内容として位置づけられています。子どもたちの豊かな食体験を保障し、一人ひとりの実態に合わせてよりよい指導を行なうために計画を立てて取り組む必要があります。食育に関する計画の例を紹介します。立案の参考にしてください。

立案のポイント

❶いろいろな食材や調理形態に触れる

食材は軟らかさ、硬さなどいろいろな口触りの違いがあり、また、焼く、揚げる、煮るなど調理方法で、トロトロ、パリパリ、など食感が変わります。初めて食べるときの印象をよくし、いろいろな食感を経験させましょう。

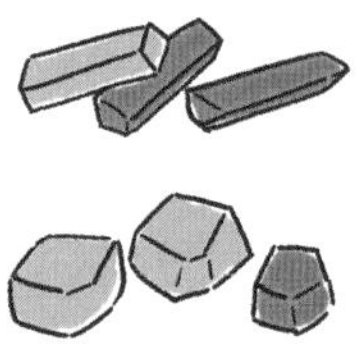
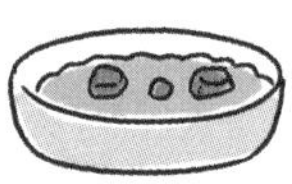

❷いろいろな食具を使う

食具はその社会の文化です。スプーンは手首のグリップの使い方がポイントです。砂遊びのプリン作りで手首を返すことが経験できます。箸はスポンジをつまむ遊びや、クレヨン、鉛筆の正しい持ち方と共に身につきます。

❸楽しい食事タイム

食事は楽しく食べてこそ栄養として身につきます。食育のねらいにもありますが、仲良しの友達と共体験できるように、保育者が仲立ちとなって、一緒に食べる環境づくり・気配りを心掛けましょう。ふだんの食事量を把握しておくことが、異状の早期発見につながります。

食育年間計画

【年間目標】・おいしく楽しく食べる喜びを味わう

期	1期（4～5月）
行事	入園式、保護者会、こどもの日、遠足
3歳児	・保育者や友達と一緒に食べる楽しさを感じる ・身近な食べ物に関心をもつ ・行事にちなんだ食事を知る
4歳児	・新しい環境での食事の仕方を知り、みんなで楽しく食べる ・食具の使い方や姿勢に気を付けて、食べようとする ・行事食に関心をもつ
5歳児	・みんなで食べる喜びを味わい、進んで食事をする ・食事の準備や片付けが分かり、自分たちで行なう ・行事食等を通して、日本の伝統文化に関心を高める
調理体験	・おにぎり作り ・ソラマメの皮むき ・タケノコの皮むき
栽培	＜苗植え＞ナス、トマト、オクラ プチトマト、ピーマン、キュウリ、 サツマイモ
食育環境	・採光に配慮した衛生的で落ち着きのある食事環境
保護者支援	・子どもの健康状態、発育状態、栄養状態、生活状況等を共有し、咀嚼や嚥下機能に応じて食品の大きさ、硬さ等に配慮し必要な栄養が摂取できるように保護者と連絡を取り合いながら進めていく。

CD-ROM ▶ 計画サポート集 ▶ 食育年間計画

・いろいろな食べ物への興味、関心を高める　　・食べ物の大切さを知り感謝の気持ちをもつ

2期（6月～8月）	3期（9月～12月）	4期（1月～3月）
衣替え、歯と口の健康週間、七夕、夏祭り	敬老の日、秋分の日、衣替え、運動会、イモ掘り、遠足、勤労感謝の日、作品展、餅つき、冬至	鏡開き、節分、立春、生活発表会、ひな祭り、卒園式
・食事をすることを楽しみにする ・栽培している夏野菜の生長を楽しみにし、見たり触れたりする ・食事のマナーを知り、行なおうとする ・保育者に加減してもらい、意欲をもって食べる	・季節の食材に触れ、色、形、大きさ等に関心をもつ ・年上の子どもや身近な大人と食を通して触れ合うことを楽しむ ・自分が食べた食器を自分で片付けようとする	・自分の体をつくるために食事が大切であることを知る ・献立名や食材に興味をもち、進んで食べようとする ・スプーンやフォークを正しく使いながら食べる
・食器や食具の扱い方や片付けを知り、丁寧に行なう ・夏野菜の生長に興味をもち、収穫した野菜を味わう ・自分が食べ切れる量が分かり、満足感をもって食べ終える	・楽しく食事をするために必要なマナーを知る ・行事食に興味をもち、身近な大人や異年齢児と関わることを楽しむ ・自分の体と食べ物の働きの関係性に気付き、進んで食べようとする	・みんなで心地よく食事をするためのマナーを守ろうとする ・食事によって異なる食具を正しく使って食べようとする ・調理をする人がいることが分かり、感謝の気持ちをもつ
・友達と一緒に食事の場を整えたり、主体的に当番活動や片付けを行なう ・夏野菜等栽培物の世話を通して食べ物の大切さ、命の大切さに気付く ・自分たちで育てた夏野菜を収穫したり食べたりし、食への関心を高める ・健康と食べ物との関係に関心を高めバランスよく食べる	・みんなで食事をするために心地よいマナーを守り、楽しく食べる ・異年齢児と会食する中で、小さい子どもに優しく接しながら楽しく食べる ・時間を意識して食べようとする ・高齢者や地域の方と食を通して関わり、親しみや相手を大切にする気持ちをもつ	・いろいろな友達や保育者と一緒に食事を楽しみながら、共感し合う喜びや信頼感をもつ ・学校給食を体験し、小学校給食に期待をもつ ・調理をする人、生産者、様々な食物に感謝の気持ちをもって食べる
・カレー作り ・トウモロコシの皮むき ・エダマメの枝取り	・お月見団子作り ・焼きイモ作り ・餅つき	・クッキー作り ・煮大根作り
<収穫>	<苗植え> ジャガイモ、ダイコン、ニンジン、キャベツ	<収穫>
・年齢・発達に合ったテーブル、椅子、食具の整備　・調理見学、調理員とふれ合う場づくり ・野菜等の栽培を通して、土、雨、太陽光等自然の恵みに気付く環境づくり		
・献立表配布、給食サンプルの公開、調理レシピ紹介、離乳食試食会、給食試食会、食事時間の保育参観（参加）、芋煮会、PTA、共済行事等の実施 ・食物アレルギー、体調不良、障害をもつ子どもについて配慮すべき事項を共有し、嘱託医等と相談しながら保護者と合意の下で適切に進める		

子育て支援

子育て支援とは、保護者を支えることで、間接的に子どもの育ちを支えることです。乳幼児の保育をする際に、保護者との信頼関係を築くことは子どもを共に育てていく上で最も重要です。園生活において一人ひとりを大切にすることと同様に、各家庭の状況を理解した上で、その家庭に合わせた保護者支援を行なっていきましょう。また、地域の子育て家庭への支援も職員間で情報共有し、積極的に地域と連携しながら進めていきましょう。

園の役割

乳幼児施設においては、様々な家庭環境の子どもを保育しているため、現在の社会的な背景を理解し、子育て支援に積極的に取り組むことを使命と考える。

子育てを巡る環境の変化

○家族形態の変化（核家族化・ひとり親家庭の増加等）により親の子育て負担感が増大した。
○地域社会における人とのつながりが希薄になる傾向があり、人と関わる経験が少ないため、子育てに対する不安やストレスを抱えている親が増えている。
○子どもに関する理解が不足している。または、ネット等による情報を過信し、子どもと比較する。
○仕事と育児の両立のバランスが難しい。

保護者に対する支援の基本

傾聴
保護者の話を評価せずに耳を傾ける
→
受容
保護者の気持ちを受け止める
→
共感
保護者の気持ちを共に感じる
→
支援を考える
保護者がつらく感じている理由や支援方法を考える

留意点　・子どもの最善の利益を考慮する　・保護者と共に、子どもの成長を喜び共有する
・保育者の専門性や、施設の特性を生かした支援をする。

1. 相談助言に当たって

・子どもと保護者の関係を丁寧に見取り、保護者の状況を踏まえて、保護者の養育力が向上するように支援する。
・相談、助言に当たっては保護者の気持ちを受け止め、相互の信頼関係を基本に保護者の自己決定を尊重する。
・保護者の要望を受け止め、相手の立場に立って聞くことを主として誠実に対応する。
・保護者や子どものプライバシーの保護、情報の秘密保持を遵守する。
・地域資源の活用、地域の関係機関・団体との連携及び協力を図る。

2. 入園している子どもの保護者に対する支援

●日常の保育における様々な機会を活用して行なう支援

日々のコミュニケーション
・送迎時の対応　・園だより
・クラス便り　・連絡ノート
・電話連絡　・情報交換

保護者が参加する行事
・保育参観　・保育参加
・個人面談　・1日保育者体験
・PTA行事　・父の会

家庭教育学習
・講演会　・教育懇談会

＜個人面談を行なう際の注意事項として＞

○基本的に複数の保育者で面談を行なう。
○個人面談前までに個人記録（所定のもの）をまとめる。
　特に気になる保護者の場合は事前に園長に相談をする。
○面談で保護者から出された質問等で回答に迷った場合は即答せず「園長と相談します」と話し、後日対応する。
○個人面談の日時を決定する際は、きょうだいで在園している場合は同じ日に予定する。
○面談の記録を取り、次年度の担当に引き継ぐようにする。

＊担当職員だけではなく、園長・副園長・教頭・主幹保育教諭・特別支援コーディネーター・栄養士・看護師・調理員が組織として子どもや家族の支援にあたることを共通理解とする。
＊必要に応じて専門機関への紹介、情報提供の対応を考える。保護者の自主活動を援助する。

●仕事と子育ての両立等の支援

家庭状況により、お迎え時間が一人ひとり異なることで、子どもが不安になったり寂しい思いをしたりしないように、保育方法を工夫する。

延長保育等では、一人ひとりがゆったりと過ごすことができるように工夫する。

保育中に体調不良になった場合（37.5℃以上の発熱・感染症等）は、早めに保護者に連絡し、お迎えの調整や、悪化して休みが長引くことがないように配慮する。

●子どもの障害や発達上の課題が見られる保護者への個別支援

日頃の子どもの様子を小まめに伝えながら情報を共有し、家庭での様子や気になることはないかなど保護者の思いを確認する。

保護者から話を聞いたり、役所の窓口を通して関係機関と連絡を取り、支援に生かしていく。

療育機関にすでにかかっている場合には、その機関と連携を行ない、個別支援計画等を作成し、保護者と支援方法を確認しながら進めていく。

●保護者の育児不安等への対応、保護者の希望に応じた個別支援

職員間で情報を共有する

園内で職員の役割分担を明確にした組織図を作成し、確実な情報共有に努める。必要に応じて園長が窓口となり専門機関との連携を図る。

個別支援を行なう

保護者の要望を聞き、不安が解消される方法を一緒に考える。子どもと保護者への援助計画や支援の記録を作成する。

支援計画の基本

保護者の育児不安や悩みなどに対して、保育者の専門性やスキルを生かして支援を行なう。
送迎時の対話や連絡帳などで得た情報を分析し、援助事項を職員会議で確認し、適切な対応をするための支援計画を作成する。
担任が替わっても子どもや保護者に対しての支援に一貫性をもち、継続して行なっていく。

● 虐待が疑われた場合の対応

園で虐待の疑いを発見 園長に報告 →（報告・相談）→ 役所の担当窓口
役所の担当窓口 →（助言・指導）→ 園

- 園児の保護者に状況を確認する
- 虐待の事実を記録や写真に写す
- 虐待の緊急度を判断する

役所に報告し、指導を受けたら →

- 役所の担当窓口と連携して継続して協力体制を組む
- 状況と今後の対応について職員間で共通認識する
- 子どもと保護者への支援を開始し、記録に残す

虐待を疑われる子どもの特徴

- 発育不良（低身長・低体重）・栄養障害
- 体の不自然な傷・骨折・やけど・清潔保持の状況・激しいかんしゃく
- おびえ・極端に落ち着きがない
- 笑いが少ない・泣きやすいなどの情緒不安定
- 言葉が少ない・多動・乱暴で攻撃的な行動
- 食欲不振・極端な偏食・拒食・過食・虫歯が多い

家族の態度

- 子どものことについて話したがらない
- 子どもの体にある傷について説明が不十分である
- 必要以上にしつけが厳しい

● 虐待の早期発見、早期対応のための役割分担

園長	・職員から報告を受け、虐待の有無を確認する。 ・保護者への対応を行なう。 ・役所の担当窓口等、関係諸機関に連絡する。 ・園の対応方法について検討し、職員会議において周知する。
副園長	・園長と共に、虐待の有無を確認する。 ・子ども、保護者への対応を行なう。 ・保育室の様子を確認する。
主任	・子どもの虐待の有無を確認する。 ・虐待に関する情報を収集する。
看護師	・園児の身体的、精神的な状況を確認する。 ・受診が必要な状況か判断する。
その他の職員	見たこと、気付いたこと等を主任・副園長に報告する。

※個人情報の保護は必須であり、子どもや保護者の話をするときは、職員室、相談室、保健室などを使用し、外部に聞こえない状況をつくることを徹底する。

3. 地域における子育て支援

● 目標

○乳幼児施設では、地域の保護者等に対する子育て支援を積極的に行なうように努める。
○地域の子育て支援を利用することで、親子の愛着関係を深め、家庭の育児力を向上させる。

子育て支援のポイント

子育ち支援…子どもが育っていく
親育ちの支援…親が育っていく
親子関係の支援…子育て、親育て

親が相談できる身近な施設 → 親が安心感をもつ → 子育ての自信が生まれる → 自己肯定感が育ち、周りの人を思いやる → 施設が地域の子育ての核として信頼される

- 施設の特性を生かし、職員がその専門性を発揮して子育て支援に関わることが重要である。
- 職員が子育て支援がもつ役割の重要性を認識し、地域の親と子どもが安心して気持ちよく利用できるように発信し、園全体で温かな雰囲気づくりを心掛けることが大切である。

● 活動

- 園庭開放、園見学、体験保育、保育参観、一時保育、病後児保育、休日保育
- 育児講座、育児相談、栄養相談
- 交流の場の提供
- 子育てに関する情報の提供
  子育てイベントのパンフレット設置
  園行事のポスター掲示、インターネットで情報提供等
- 園だより、保健だより、給食（食育）だよりの掲示
- 給食試食会
- 未就園児の会

CD-ROMの使い方

ここからのページで、CD-ROM 内のデータの使い方を学びましょう。

! CD-ROM をお使いになる前に必ずお読みください

本書付属の CD-ROM は、「Microsoft Word for Microsoft 365」で作成、保存した Word のファイルを収録しています。お手持ちのパソコンに「Microsoft Word 2016」以上、または「Microsoft Word for Microsoft 365」がインストールされているかどうか、ご確認ください。
付属の CD-ROM を開封された場合、以下の事項に合意いただいたものとします。

●動作環境について

本書付属の CD-ROM を使用するには、以下の環境が必要となります。CD-ROM に収録しているデータは、Windows 版の、Microsoft Word for Microsoft 365 で作成しています。処理速度が遅いパソコンではデータを開きにくい場合があります。

○ ハードウェア
Microsoft Windows 10 以上
○ ソフトウェア
Microsoft Word 2016 以上、
または Microsoft Word for Microsoft 365
○ CD-ROM を再生するには CD-ROM ドライブが必要です。
※ Mac OS でご使用の場合はレイアウトが崩れる場合があります。

●ご注意

○ 本書掲載の操作方法や操作画面は、「Microsoft 365 Personal」上で動く、「Word」を使った場合のものを中心に紹介しています。お使いの環境によって操作方法や操作画面が異なる場合がありますので、ご了承ください。
○ データは Microsoft Word for Microsoft 365（バージョン 2009）で作成されています。お使いのパソコン環境やアプリケーションのバージョンによっては、レイアウトが崩れる可能性があります。
○ お客様が本書付属の CD-ROM のデータを使用したことにより生じた損害、障害、その他いかなる事態にも、弊社は一切責任を負いません。
○ 本書に記載されている内容に関するご質問は、弊社までご連絡ください。ただし、付属の CD-ROM に収録されているデータについてのサポートは行なっておりません。

※ Microsoft Windows、Microsoft Word、Microsoft 365 は、米国マイクロソフト社の登録商標です。
※ その他記載されている会社名、製品名は、各社の登録商標及び商標です。
※ 本書では、TM、®、© マークの表示を省略しています。

● CD-ROM 収録のデータ使用の許諾と禁止事項

CD-ROM 収録のデータは、ご購入された個人または法人・団体が、営利を目的としない掲示物、園だより、その他、家庭への通信として自由に使用することができます。ただし、以下のことを遵守してください。

○ 他の出版物、企業の PR 広告、商品広告などへの使用や、インターネットのホームページ（個人的なものも含む）などに使用はできません。無断で使用することは、法律で禁じられています。なお、CD-ROM 収録のデータを変形、または手を加えて上記内容に使用する場合も同様です。
○本書付属の CD-ROM 収録のデータを複製し、第三者に譲渡・販売・頒布（インターネットを通じた提供も含む）・賃貸することはできません。
○ 本書付属の CD-ROM は、図書館などの施設において、館外に貸し出すことはできません。
（弊社は、CD-ROM 収録のデータすべての著作権を管理しています）

● CD-ROM 取り扱い上の注意

○ 付属のディスクは「CD-ROM」です。一般オーディオプレーヤーでは絶対に再生しないでください。パソコンの CD-ROM ドライブでのみお使いください。
○ CD-ROM の裏面に指紋をつけたり、傷をつけたりするとデータが読み取れなくなる場合があります。CD-ROM を扱う際には、細心の注意を払ってお使いください。
○ CD-ROM ドライブに CD-ROM を入れる際には、無理な力を加えないでください。CD-ROM ドライブのトレイに正しくセットし、トレイを軽く押してください。トレイに CD-ROM を正しく乗せなかったり、強い力で押し込んだりすると、CD-ROM ドライブが壊れるおそれがあります。その場合も一切責任は負いませんので、ご注意ください。

CD-ROM収録データ一覧

付属のCD-ROMには、
以下のWordファイルを収録しています。

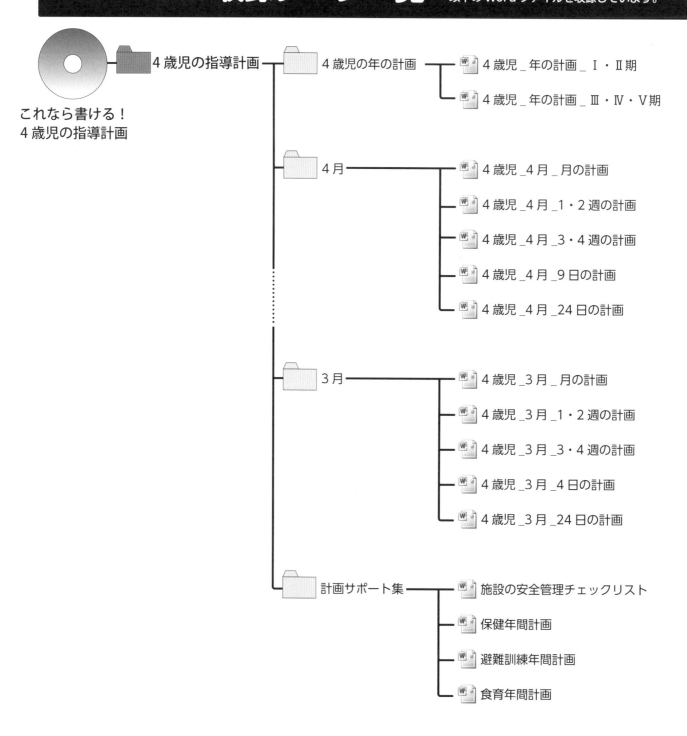

これなら書ける！
4歳児の指導計画

- 4歳児の指導計画
  - 4歳児の年の計画
    - 4歳児_年の計画_Ⅰ・Ⅱ期
    - 4歳児_年の計画_Ⅲ・Ⅳ・Ⅴ期
  - 4月
    - 4歳児_4月_月の計画
    - 4歳児_4月_1・2週の計画
    - 4歳児_4月_3・4週の計画
    - 4歳児_4月_9日の計画
    - 4歳児_4月_24日の計画
  - ⋮
  - 3月
    - 4歳児_3月_月の計画
    - 4歳児_3月_1・2週の計画
    - 4歳児_3月_3・4週の計画
    - 4歳児_3月_4日の計画
    - 4歳児_3月_24日の計画
  - 計画サポート集
    - 施設の安全管理チェックリスト
    - 保健年間計画
    - 避難訓練年間計画
    - 食育年間計画

※CD-ROM収録のWordデータは、使いやすくするため、枠の位置や文章の改行位置などが本書と異なるところがあります。各園の様式に合わせて作り変えてお使いください。

付属のCD-ROMのWordファイルを使って

指導計画を作ろう

『Word』を使って、指導計画を作ってみましょう。付属の CD-ROM の Wordファイルは Microsoft Word for Microsoft 365 で作成されています。ここでは、Windows 10 上で、Microsoft Word for Microsoft 365 を使った操作手順を中心に紹介しています。

(動作環境についてはP.175を再度ご確認ください)

※掲載されている操作画面は、お使いの環境によって異なる場合があります。ご了承ください。

CONTENTS

基本操作

マウス

マウスは、ボタンを上にして、右手人さし指が左ボタン、中指が右ボタンの上にくるように軽く持ちます。手のひら全体で包み込むようにして、机の上を滑らせ上下左右に動かします。

クリック

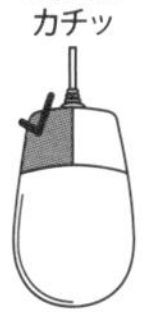

左ボタンを 1 回押します。ファイルやフォルダー、またはメニューを選択する場合などに使用します。

ダブルクリック

左ボタンをすばやく 2 回押す操作です。プログラムなどの起動や、ファイルやフォルダーを開く場合に使用します。

右クリック

右ボタンを 1 回押す操作です。右クリックすると、操作可能なメニューが表示されます。

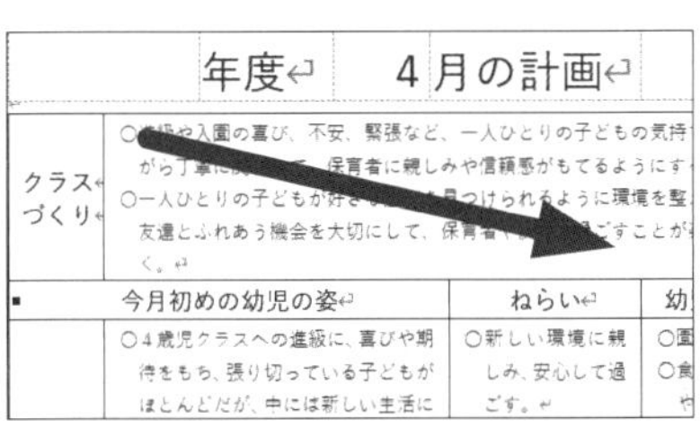

ドラッグ

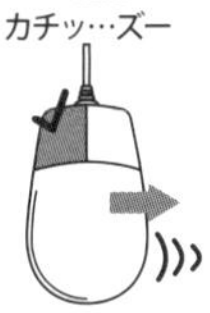

左ボタンを押しながらマウスを動かし、移動先でボタンを離す一連の操作をいいます。文章を選択する場合などに使用します。

元に戻る・進む

間違えたら↶をクリックすると元に戻り、やり直せます。↷は、その逆です。

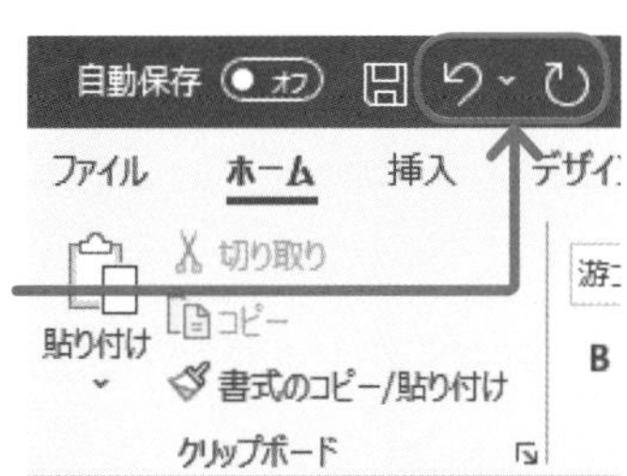

Ⅰ ファイルを開く・保存・印刷する

使用するファイルをCD-ROMから抜き出し、わかりやすいように名前を付けて保存します。使用する大きさに合わせて印刷サイズも変えることができます。

1 Wordファイルを開く

1. CD-ROMをパソコンにセットする

パソコンのCD-ROM（またはDVD）ドライブを開き、トレイにCD-ROMを入れます。

2. フォルダーを開く

自動的に「エクスプローラー」画面が表示され、CD-ROMの内容が表示されます。画面の右側にある「3歳児の指導計画」フォルダーをダブルクリックして開きます。

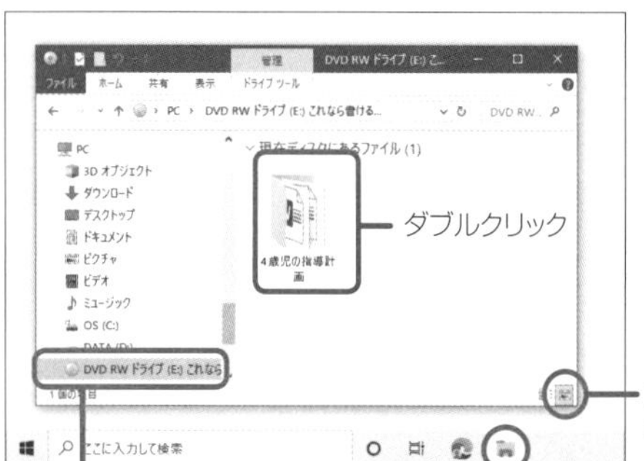

3. ファイルをデスクトップにコピーする

使用するWordファイルをデスクトップにドラッグします。

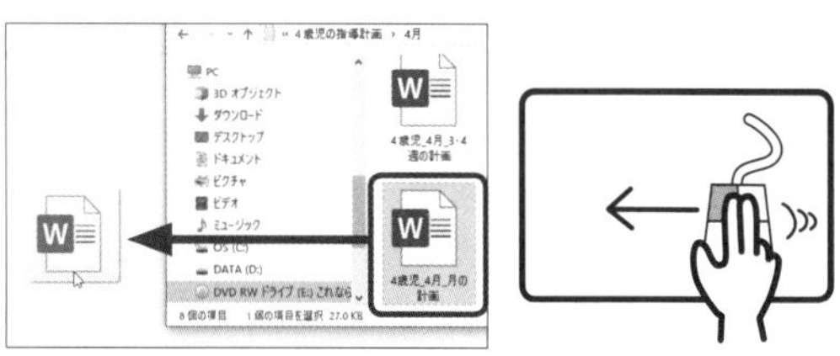

4. ファイルをダブルクリック

デスクトップにコピーしたWordファイルをダブルクリックします。

※デスクトップに保存すると、Windows10の規定ではOneDrive に保存されるので緑のチェックマークが付きます。

5. Wordファイルを開く

「Word」が起動して、下の画面が表示されます。

2 ファイルを保存・印刷する

1. 「名前を付けて保存」する

「ファイル」タブ→「名前を付けて保存」をクリックし、表示された画面で保存先（「ドキュメント」など）を指定します。わかりやすい名前を付け、最後に「保存」をクリックします。保存したファイルを開くには、タスクバーの「エクスプローラー」ボタンをクリックしファイルを保存した保存先を選択します。

2. 印刷する

プリンターに用紙をセットし、「ファイル」タブ→「印刷」をクリックします。表示された画面で、設定をお使いのプリンターに合わせ、「印刷」をクリックします。

※CD-ROM収録のWordファイルはすべて、A4サイズの設定になっています。適宜、用紙サイズの設定を変えて拡大縮小してお使いください。

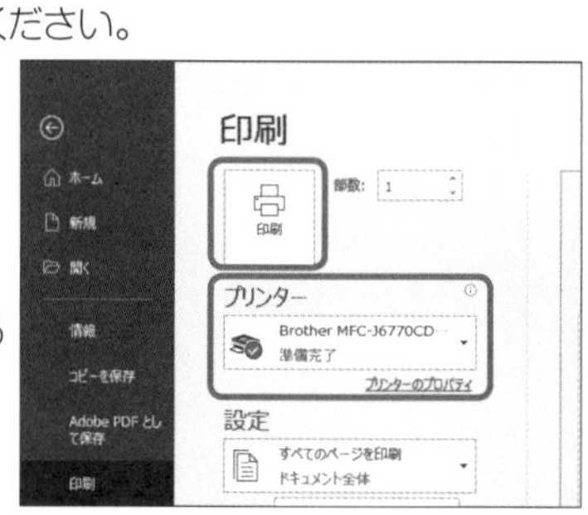

※下の画像が出てくるときは、「無視」をクリックします。

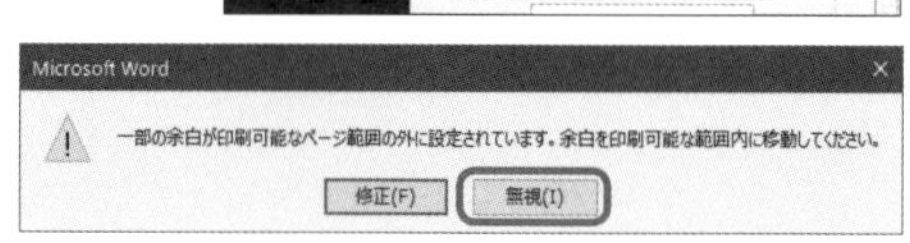

Ⅱ 文字や文章を変更する

担当クラスや、担当クラスの子どもたちの様子に合わせて、内容を変更しましょう。
書体や大きさを変えるなどアレンジしてみてください。

1 文字や文章を変更する

1. 変更したい文章を選択する

変更したい文章の最初の文字の前にカーソルを合わせてクリックし、ドラッグして変更したい文章の範囲を選択します。

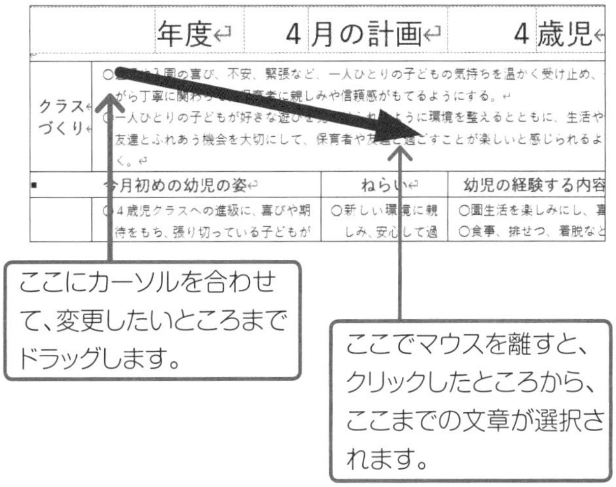

選択された文字の背景の色が変わります。

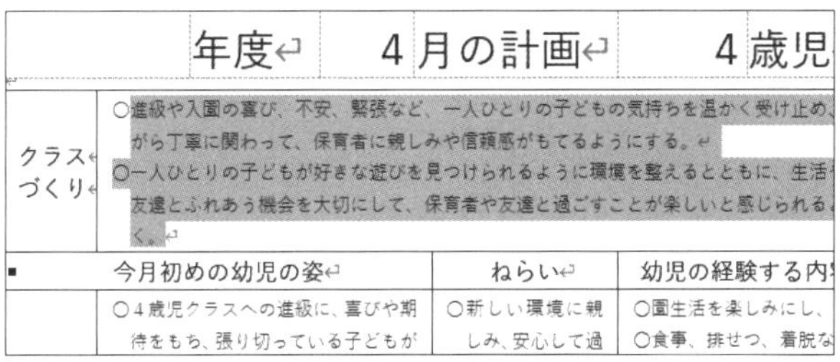

2. 新しい文章を入力します

そのまま新しい文章を入力します。

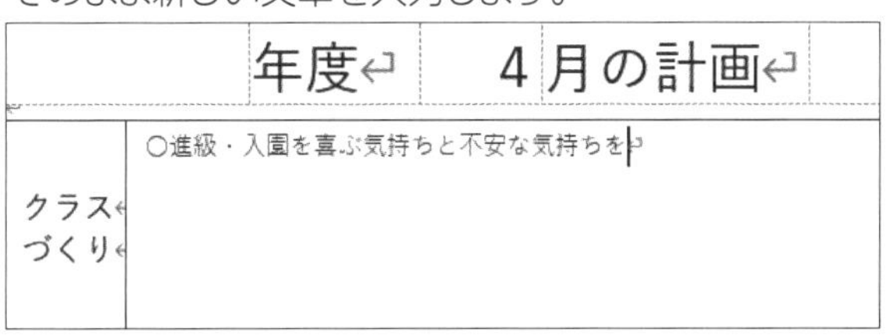

2 書体や大きさ、文字列の方向、行間、文字の配置を変える

1. 文章の「書体」や「大きさ」を変える

文章を好きな書体（フォント）に変えたり、文字の大きさを変えたりして、読みやすくしてみましょう。
まず、「1 1.変更したい文章を選択する」の方法で、変更したい文章の範囲を選択します。
次に、リボンの「ホーム」タブで「フォント」グループにするフォントサイズの右側「▼」をクリックし、書体とサイズを選びます。

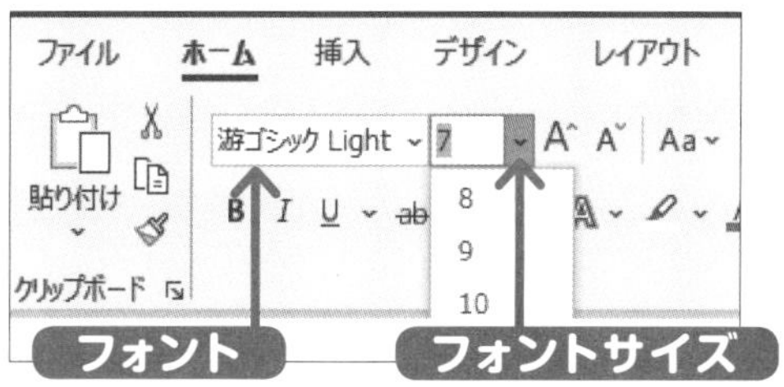

フォント名が英語のものは、日本語を表示できません。使うことのできるフォントの種類は、お使いのパソコンにどんなフォントがインストールされているかによって異なります。

数字が大きくなるほどフォントサイズが大きくなります。フォントサイズが8以下の場合は、手動で数値を入力します。

2. 文字列の方向を変更する

変更したい文章を選択し、表ツールの「レイアウト」タブの「配置」グループから希望の文字列の方向を選択します。

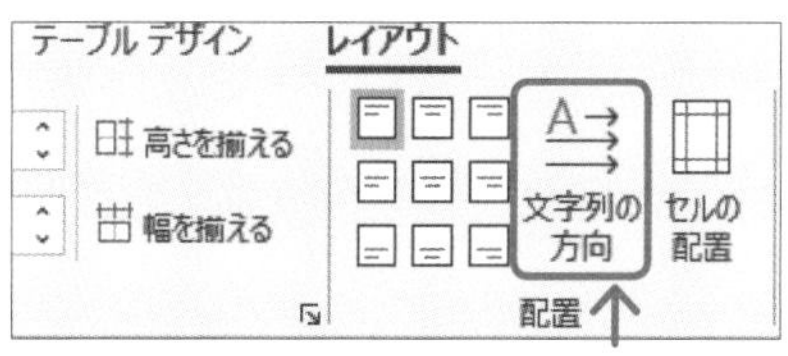

横書き

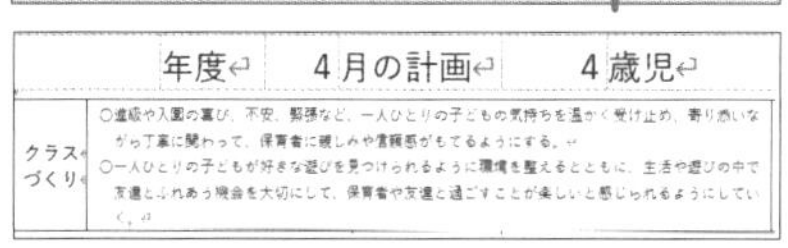

縦書き

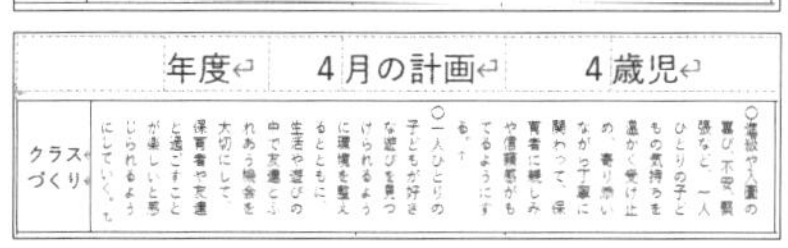

3.「行間」を調整する

行間を変更したい段落内にカーソルを移動します。次に、「ホーム」タブ「段落」グループの右下の「↘」をクリックすると、「段落」のメニューが表示されます。

「インデントと行間隔」タブの「行間」で1行・2行・固定値など任意に設定ができます。
固定値を選んだ場合は、「間隔」に、行間の数字を入力します。

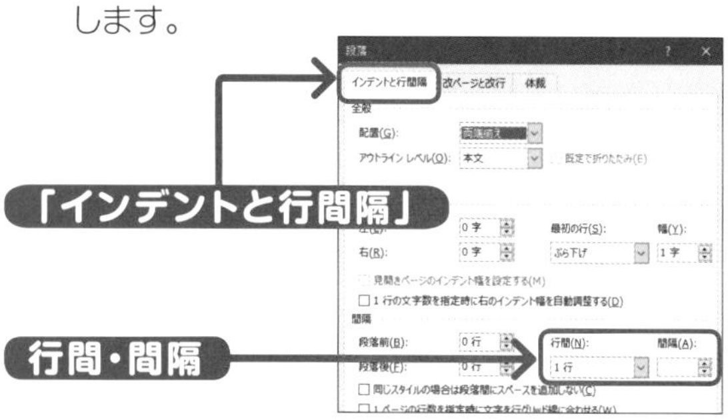

4. 文字の配置を調整する

枠の中の文字を枠の中央に表示させるには、表ツールの「レイアウト」タブ「配置」グループから「中央揃え」を選びます。

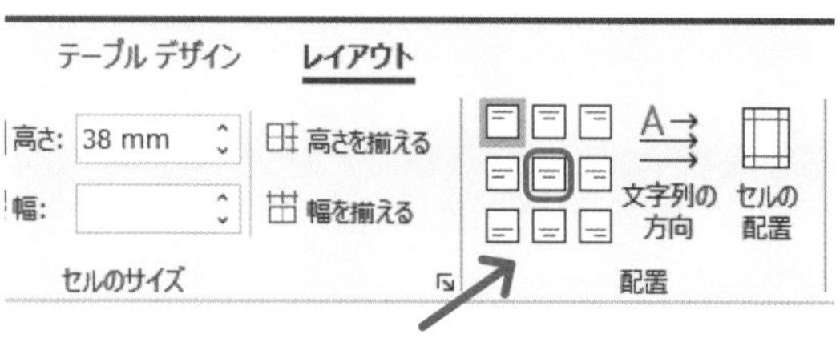

〈その他の配置例〉

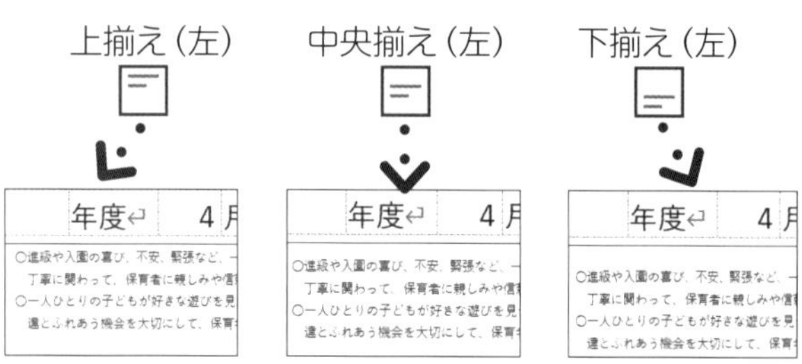

ヒント

「複写（コピー&ペースト）」「移動（カット&ペースト）」の2つの操作をマスターすると、より簡単に文字の編集ができます。

複写（コピー&ペースト）

複写したい文章の範囲を選択し、「ホーム」タブ「クリップボード」グループの「コピー」をクリックします。
キーボードの「Ctrl」キー+「C」キーを同時に押してもよい。

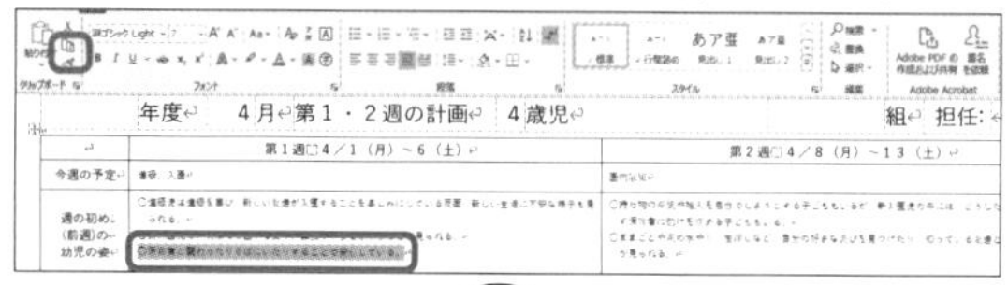

貼り付けたい文章の位置にカーソルを移動します。「クリップボード」グループの「貼り付け」をクリックすると、文章が複写されます。
キーボードの「Ctrl」キー+「V」キーを同時に押してもよい。

※貼り付けた先と書体や大きさが違う場合P.203を参考に、調整しましょう。

移動（カット&ペースト）

移動したい文章の範囲を選択し、「ホーム」タブ「クリップボード」グループの「切り取り」をクリックします。
キーボードの「Ctrl」キー+「X」キーを同時に押してもよい。

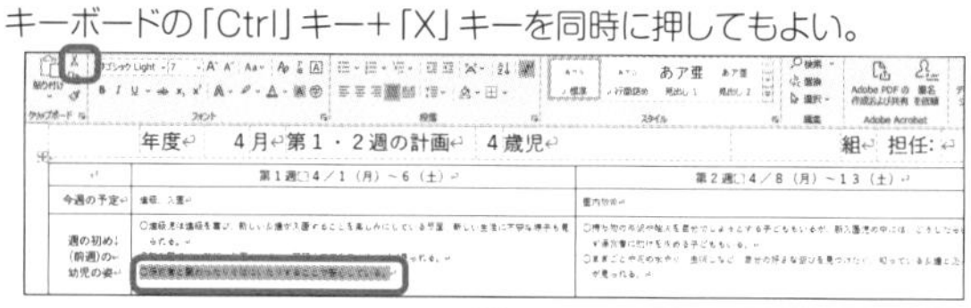

移動したい位置にカーソルを移動します。「クリップボード」グループの「貼り付け」をクリックすると、文章が移動します。
キーボードの「Ctrl」キー+「V」キーを同時に押してもよい。

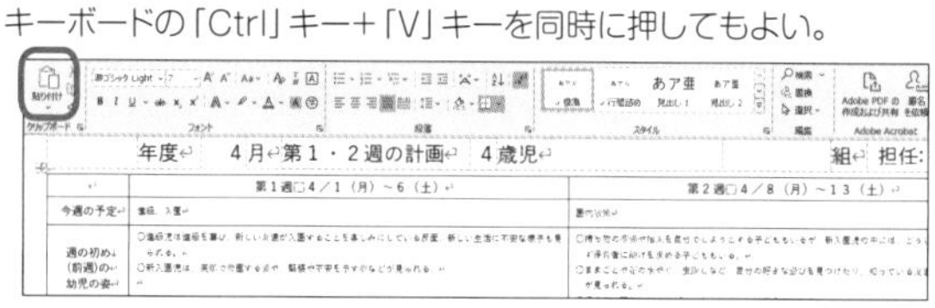

Ⅲ 枠を調整する

枠を広げたり狭めたりして調整してみましょう。
自分で罫線を引いたり消したりすることもできます。

1 枠を広げる・狭める

枠の罫線を動かすと、行の高さや列の幅を変えることができます。表の枠を広げたり狭めたりしてみましょう。

1. 表の枠を上下左右に広げる、狭める

表の枠にカーソルを合わせると、マウスポインターの形が÷や+||+になります。

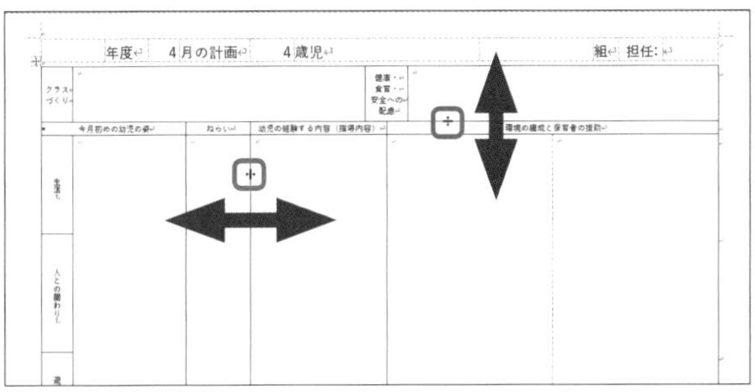

マウスをクリックしたまま上下左右にドラッグすると、枠の高さや幅を変更することができます。

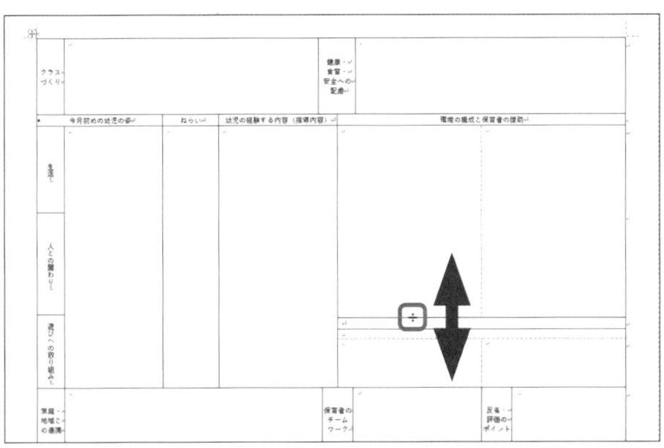

※枠を広げたことで表が1ページに収まらなくなった場合は、他の枠を狭めて調整してください。

ヒント

罫線を動かすと、近くの罫線とつながってしまうことがあります。その場合、枠ごと罫線を動かすことができなくなります。

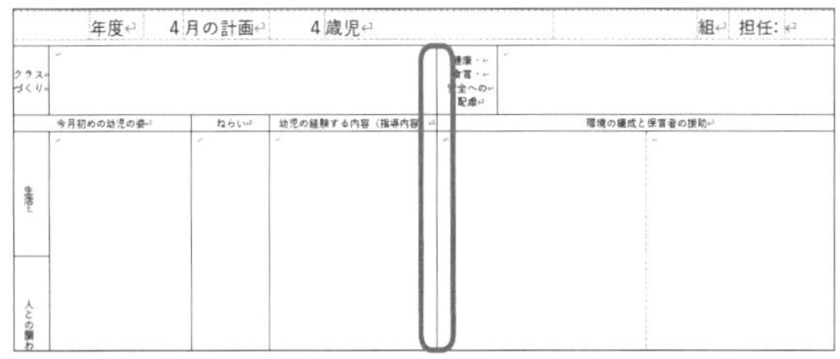

〈複数枠の選択〉

下図の2つの枠の右側の罫線を動かすには、枠内をドラッグして選択してから罫線を動かします。

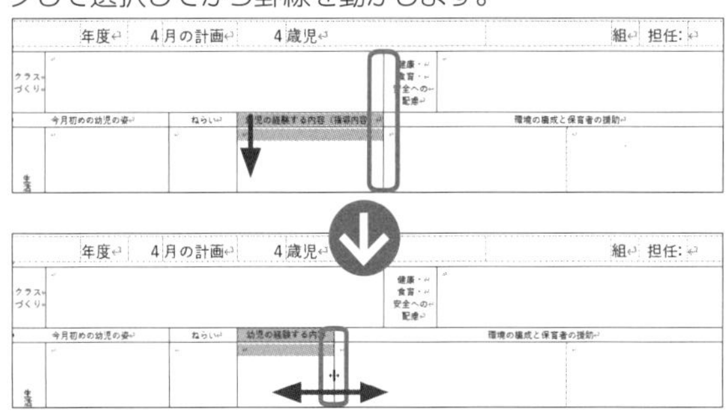

〈1つの枠の選択〉

1つの枠を選択するには、枠の左上にポインターを合わせて形状が「➚」に変わったらクリックします。または、選択したい枠内にカーソルを移動し、表ツール「レイアウト」タブ「表」グループ「選択」をクリックして「セルの選択」をクリックします。

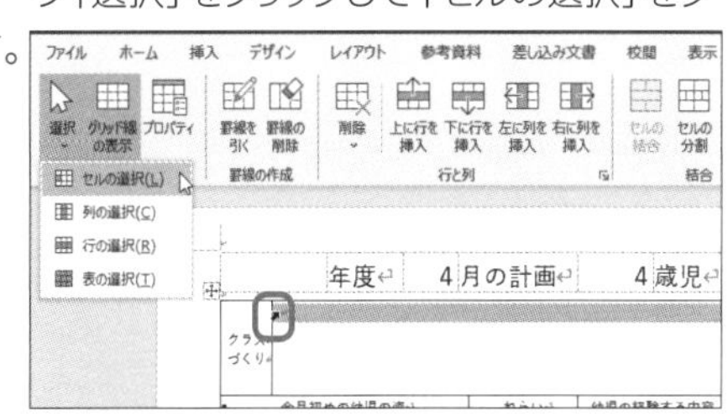

下図は選択後、右の罫線を動かしています。

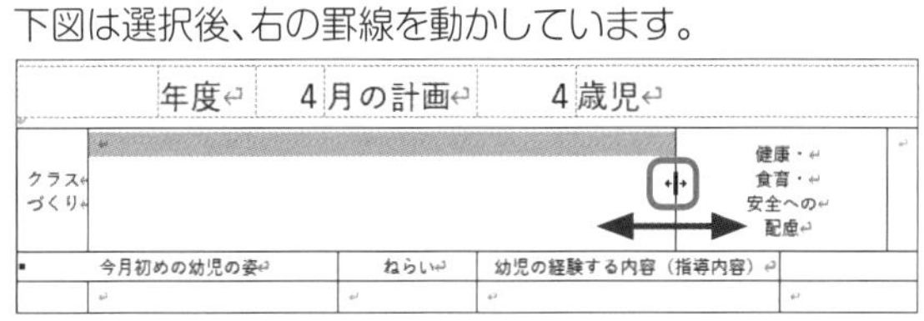

2 枠を増やす・減らす

表の中の枠を増やしたり減らしたりするときには、セルの結合・分割を使います。

1. 枠を結合して、枠の数を減らす

この3つの枠を1つに結合して、横枠（列）を1つにしてみましょう

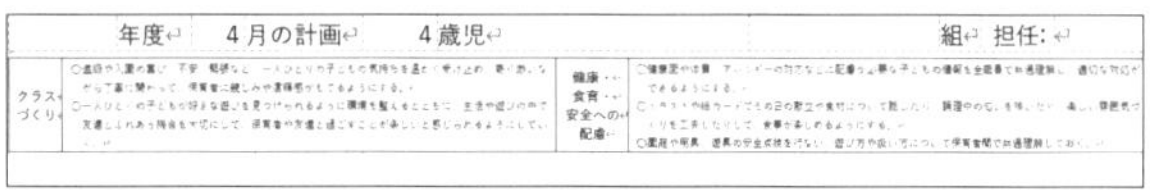

結合したい枠の範囲をドラッグして選択します。

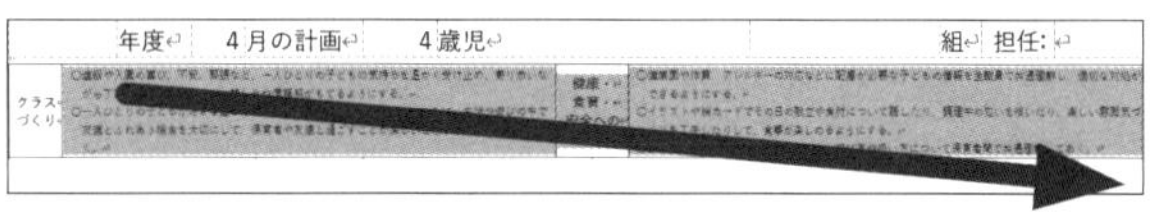

キーボードの「DEL」（「Delete」）キーを押し、文字を消去します。枠は残り、文字が消えた状態になります。

※「Back space」キーを使うと、セルまで消えてしまうので注意しましょう。

次に、再び結合したい枠の範囲をドラッグして選択し、表ツールの「レイアウト」タブ「結合」グループ「セルの結合」をクリックします。

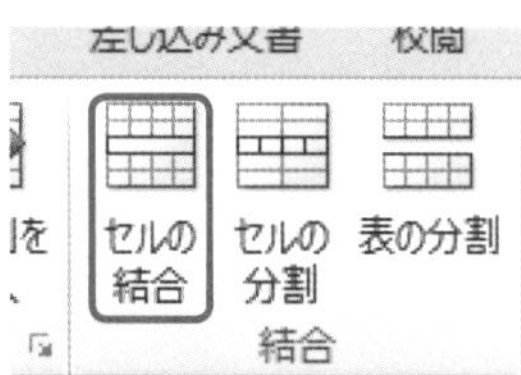

下図のように、横枠（列）の数が1つに減りました。

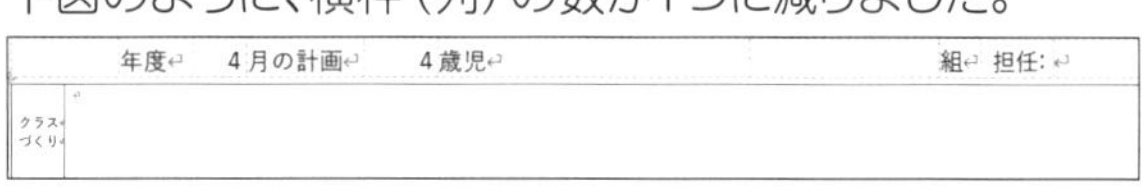

ヒント

ここをクリックすると、1つ前の操作に戻ります。

入力し間違えたり、表の形が崩れたりした場合、元に戻して、再度やり直してください。

ヒント

枠を分割して、枠の数を増やすこともできます。

この枠を横に3分割して、横枠（列）を3つに（縦枠（行）は1つのまま）してみましょう

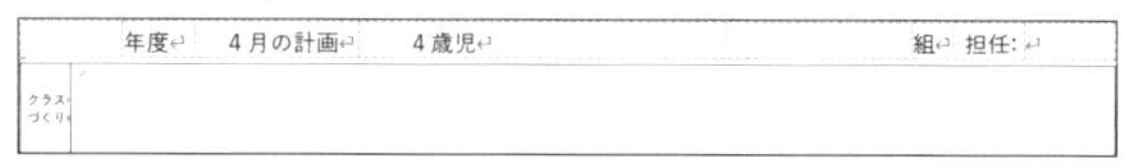

まず、マウスで分割したい枠をクリックして、表ツールの「レイアウト」タブ「結合」グループ「セルの分割」をクリックします。

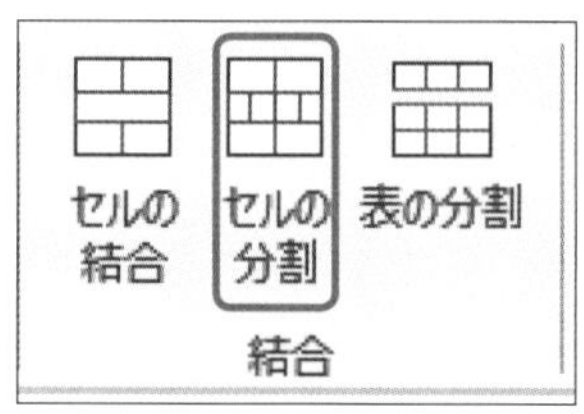

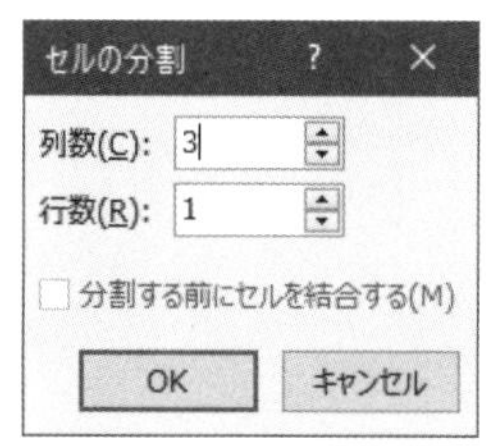

「列数」を「3」、「行数」を「1」と入力し、「OK」をクリックします。

下図のように、横枠（列）の数が3つになりました。

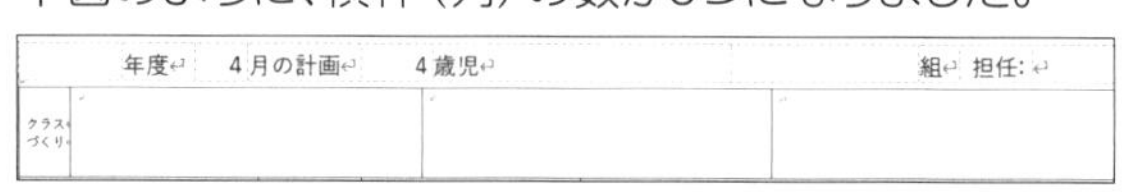

この結合、分割を使って、作りたい指導計画の様式になるように、枠組をどんどん変えていきましょう!

2. 枠の結合・分割で枠の数を変更する

この枠の数を変えてみましょう

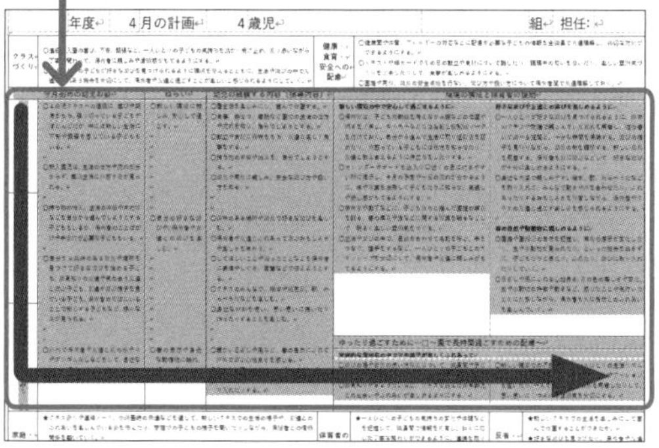

P.182の**2**1.と同様の方法で、変えたい枠の中の文字をドラッグして選択し、キーボードの「DEL」（「Delete」）キーを押して文字を消去します。
斜めにドラッグして全てのセルが選択できない場合には、何回かに分けて結合するか、上記のように直角にドラッグしましょう。

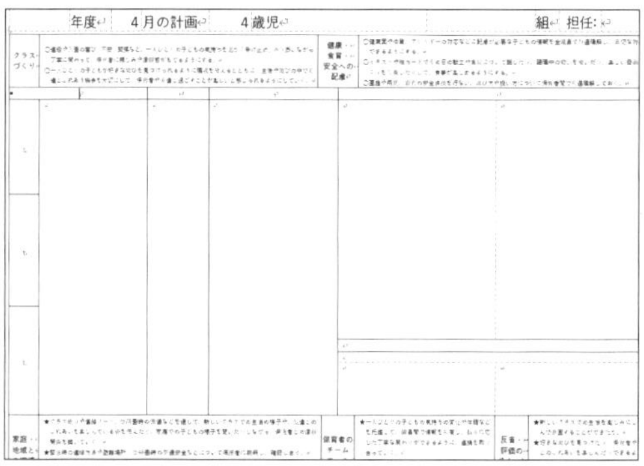

続いて、上と同様の方法で、結合したい枠の範囲をドラッグして選択し、セルを結合します。

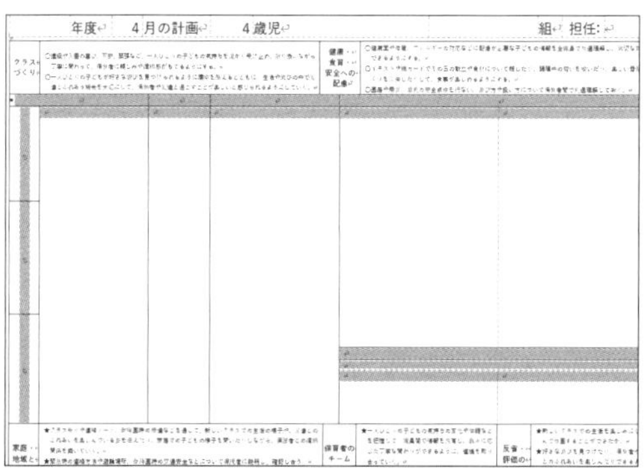

結合されました。

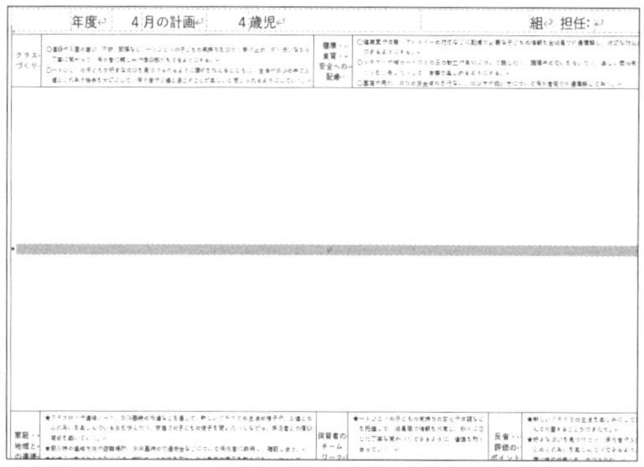

次に、P.182のヒントと同様に分割したい枠をクリックして、表ツールの「レイアウト」タブ「結合」グループ「セルの分割」をクリックし、横枠と縦枠の数を入力して分割します（ここでは、「列数」を「4」、「行数」を「2」としています）。

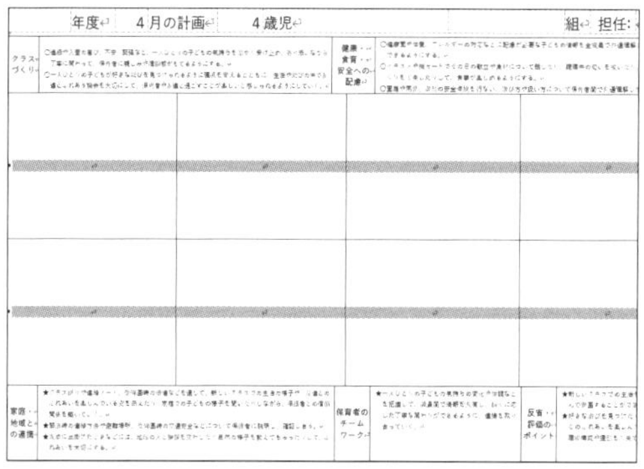

枠を作り変えたら、P.181「**1** 枠を広げる・狭める」の方法で、枠の幅を変えていきましょう。

【監修】
神長美津子
國學院大學 教授
幼稚園教育要領の改訂に関する検討委員
幼保連携型認定こども園教育・保育要領の改訂に関する検討委員
中央教育審議会 教育課程部会幼児教育部会主査代理
元・文部科学省初等中等教育局幼児教育課教科調査官
『月刊 保育とカリキュラム』指導計画総監修

【執筆】
『月刊 保育とカリキュラム』大阪4歳児研究グループ
田中亨胤　兵庫教育大学 名誉教授
森川　紅　元・姫路日ノ本短期大学 教授
山本淳子　大阪キリスト教短期大学 教授
小林みどり　兵庫大学 教授
松本紀子　東京成徳短期大学 講師
大澤洋美　東京成徳短期大学 教授

【協力】
おだ認定こども園
※所属は、本書初版当時のものです。

STAFF
本文イラスト：とりうみゆき・みやれいこ・とみたみはる・坂本直子・山岡小麦・すみもとななみ・Meriko
本文デザイン：曽我部尚之
本文整理・DTP：堤谷孝人
CD-ROM制作：NISSHA 株式会社
校正：株式会社文字工房燦光
企画編集：長田亜里沙・小川千明・北山文雄

※本書は、『月刊 保育とカリキュラム』2019 年度連載「年齢別指導計画」をまとめ、加筆・修正したものです。

▼ダウンロードはこちら

CD-ROM 収録のデータは、URL・QR コードより本書のページへとお進みいただけますと、ダウンロードできます。
https://www.merupao.jp/front/category/K/1/

※ダウンロードの際は、会員登録が必要です。

これなら書ける！
4歳児の指導計画

2021年2月　初版発行
2022年1月　第 2 版発行
監　修　神長美津子
発行人　岡本 功
発行所　ひかりのくに株式会社
〒543-0001　大阪市天王寺区上本町3-2-14
TEL06-6768-1155　郵便振替00920-2-118855
〒175-0082　東京都板橋区高島平6-1-1
TEL03-3979-3112　郵便振替00150-0-30666
ホームページアドレス　https://www.hikarinokuni.co.jp
印刷所　NISSHA株式会社

Printed in Japan
ISBN978-4-564-60945-9
NDC376　184P　26×21cm